广告学的知识构建与应用探究

王岩 著

中国书籍出版社

图书在版编目(CIP)数据

广告学的知识构建与应用探究 / 王岩著. --北京：中国书籍出版社，2020.8
ISBN 978-7-5068-7948-4

Ⅰ.①广… Ⅱ.①王… Ⅲ.①广告学 Ⅳ.①F713.80

中国版本图书馆 CIP 数据核字(2020)第 155525 号

广告学的知识构建与应用探究

王 岩 著

丛书策划	谭 鹏 武 斌
责任编辑	成晓春
责任印制	孙马飞 马 芝
封面设计	东方美迪
出版发行	中国书籍出版社
地 址	北京市丰台区三路居路 97 号(邮编:100073)
电 话	(010)52257143(总编室) (010)52257140(发行部)
电子邮箱	eo@chinabp.com.cn
经 销	全国新华书店
印 刷	三河市铭浩彩色印装有限公司
开 本	710 毫米×1000 毫米 1/16
印 张	18.75
字 数	325 千字
版 次	2021 年 4 月第 1 版 2021 年 4 月第 1 次印刷
书 号	ISBN 978-7-5068-7948-4
定 价	92.00 元

版权所有 翻印必究

目 录

第一章 广告与广告学 ··· 1
 第一节 广告概述 ··· 1
 第二节 广告学概述 ······································· 15
 第三节 广告学与相关学科的关系 ··························· 21

第二章 广告发展概述 ··· 31
 第一节 中国广告发展概述 ································· 31
 第二节 国外广告发展概述 ································· 49
 第三节 中外广告发展现状比较分析 ························· 58

第三章 广告市场与广告环境 ··································· 69
 第一节 广告市场 ··· 69
 第二节 广告环境 ··· 84
 第三节 广告产业聚集及广告产业园区 ······················· 86

第四章 广告策划 ··· 98
 第一节 广告策划的特性 ··································· 98
 第二节 广告策划的内容与程序 ···························· 100
 第三节 广告计划 ·· 113
 第四节 广告预算 ·· 116

第五章 广告创意与表现 ······································ 122
 第一节 广告创意 ·· 122
 第二节 广告表现 ·· 132
 第三节 广告文案 ·· 138

— 1 —

第六章　广告媒体的运用 ············ 158
第一节　广告媒体的分类与特点 ············ 158
第二节　广告媒体计划与媒体选择 ············ 175
第三节　广告媒体策略 ············ 178
第四节　媒体组合策略 ············ 180

第七章　广告效果测定 ············ 183
第一节　广告效果简述 ············ 183
第二节　广告效果的过程测定 ············ 190
第三节　广告效果的类型测定 ············ 205

第八章　广告管理 ············ 213
第一节　广告管理的范围与意义 ············ 213
第二节　广告管理的内容与方法 ············ 216
第三节　广告准则与广告审查 ············ 232

第九章　营销策略中广告学的运用 ············ 240
第一节　营销与广告策略简述 ············ 240
第二节　广告学整合营销传播理论 ············ 249
第三节　整合营销传播中的广告策略 ············ 263

第十章　品牌战略中广告学的运用 ············ 266
第一节　产品与品牌 ············ 266
第二节　品牌战略简述 ············ 274
第三节　品牌战略中的广告运用分析 ············ 286

参考文献 ············ 291

第一章 广告与广告学

在现代社会中,广告不仅是企业的经营手段,而且已经演变成一种重要的信息传播现象和社会文化现象。广告如同空气、水和阳光一样存在于人们的生活中,与人们朝夕相伴。本章重点介绍广告与广告学的基础知识,涉及广告的概念、构成要素、分类、功能,广告学的研究溯源、研究对象与研究方法,以及广告学与相关学科的关系。

第一节 广告概述

一、广告的定义

广告活动是随着商品经济的产生、发展而不断进步的,广告的含义也经历了一个演变和深化的过程。所谓广告,从汉语的字面意义理解,就是"广而告之",即向公众通知某一件事,或劝告大众遵守某一规定。"广告"一词,据考证是一个外来语。它首先源于拉丁文 Adverture,其意思是吸引人注意。后来,"广告"一词演变为 Advertise,其含义衍化为"使某人注意到某件事"或"通知别人某件事,以引起他人的注意"。17 世纪末,英国开始进行大规模的商业活动,这时,"广告"一词便广泛地流行并被使用。此时的"广告",已不单指一则广告,而指一系列的广告活动。

至今广告学界对广告还没有一个统一的、被公认的定义。目

前,对于现代广告的含义,国内外很多专家学者分别从不同侧面提出了有见地的见解。其中比较有影响的观点有以下几种:

美国市场营销协会(American Marketing Association,AMA)对广告的定义是:由明确的广告主在付费的基础上,采用非人际的传播形式对观念、商品或服务进行介绍、宣传的活动。

日本广告行业协会(Japan Advertising Agencies Association,JAAA)对广告的定义是:明确的信息发送方针对想要呼吁(诉求)的对象所进行的有偿信息交流。

《辞海》中对广告的定义是:向公众介绍商品、报道服务内容或文娱节目等的一种宣传方式。

《简明不列颠百科全书》中对广告的定义是:传播信息的一种方式,其目的在于推销商品、服务,影响舆论,博得政治支持,推进一种事业,或引起刊登广告者所希望的其他反应。

哈佛《企业管理百科全书》中认为:广告是一项销售信息,指向一群视听大众,为了付费的广告主的利益,去寻求有效的说服来销售商品、服务或观念。该定义较具代表性。现在所能查阅到的国外资料中,绝大部分定义与此大同小异。

《中华人民共和国广告法》将广告定义为:商品经营者或者服务提供者通过一定媒介和形式直接或者间接地介绍自己所推销的商品或者服务的商业广告活动。

我国广告学界给广告下的定义中比较流行的是唐忠朴等人在《实用广告学》中下的定义:广告是一种宣传方式,它通过一定的媒体,把有关商品、服务的知识或情报有计划地传递给人们,其目的在于扩大销售、影响舆论。

上述这些对广告定义的阐述,尽管存在较大差异,但是它们的共同点表明人们对广告的理解基本集中反映在如下几点:

(1)广告必须支付一定的费用。

(2)广告的目的是推销商品、劳务(服务)或观念。

(3)广告是一种信息传播或宣传活动。

(4)广告具有特定的目标对象。

(5)广告是一种推销性的经济、经营行为,在企业和市场之间、生产和消费之间起着沟通和催化作用。

综合以上内容,笔者认为,广告的定义可总结为:广告是广告主通过一定的宣传媒介,将有关商品或服务的信息传递给消费者,以影响其消费观念和消费行为,从而达到其预期目标的一种有偿传播活动。

二、广告的起源

广告起源最直接、最主要的动因就是人们在商品交易和其他商业活动中产生了传播信息的需求。广告的出现是和商品生产联系在一起的,其历史可追溯到上古时期。随着农业与牧业、农业和手工业两次大分工,有了剩余产品,伴随着商品生产和商品交换,广告也随之问世。早期出现了以下几种广告的雏形。

(一)叫卖广告

叫卖广告也叫"口头广告",是最原始的广告形式。这种形式一直延续至今。上海城隍庙卖梨膏糖的就有"三分卖糖,七分吆喝"的说法。

据战国时代成书的《易·系辞下》记载,殷周之时,"日中为市,致天下之民,聚天下之货,交易而退,各得其所"。要进行交易,就必然把交换的物品以叫唤、吆喝来引人注目。

屈原在《天问》中就有"师望在肆……鼓刀扬声"的描写,讲的是卖肉人姜太公"用刀子剁得响响的,吆喝声高高的"叫卖推销商品的情景。韩非子"矛盾"的故事,介绍的便是卖矛者和卖盾者在集贸市场上展开的叫卖广告的对仗。

在公元前3000年的古巴比伦,每逢载有商品的船只靠岸时,商人都要雇用叫卖人,大喊大叫,为其招揽买主。

(二)实物广告

实物广告就是陈列、展示商品,让买者挑选,这也是一种最原始的广告形式。《诗经·氓》中这样写道:"氓之蚩蚩,抱布贸丝。匪来贸丝,来即我谋。"意思是说,一个敦厚的商人,拿着布匹向我换丝,他不是专来换丝,是想和我谈情说爱啊!这里的"布"就是实物广告。实物展示是当时商品交换的必要手段。

(三)文字广告

中国的文字广告起源也比较早,距今有 3000 多年历史了,最早出现在夏、商、周三代的训诫文告和战国时期的命令上。这些广义上的广告是现代广告的雏形。现存世界公认的最古老的文字广告,是距今 5000 年前,一个埃及奴隶主悬赏寻找一个逃奴的传单广告,文字是手抄的,内容是:"哈普店里的奴隶逃跑了,希望各界合力缉捕。"这件从埃及古城发掘出来的珍奇文物,现在收藏在英国伦敦博物馆内。

公元前 29 年,古罗马的庞贝城因维苏威火山爆发,整个城市瞬间被火山熔岩吞没。但这场悲剧却给后人留下了 2000 多年前古代庞贝人极其宝贵的生活场景,人们在遗址中惊奇地发现绘有标记的商店广告和马戏海报广告。

三、广告活动的构成要素

对一项具体的广告活动来讲,其主要构成要素有广告主、广告代理商、广告信息、广告媒介、广告受众等。

(一)广告主

广告主是指为推销商品、提供服务或者传达某种观念,自行或者委托他人设计、制作、发布广告的组织或者个人。广告主是广告活动的行为主体,是广告活动的起点。做广告是一种投资,要做广告就必须付费,而做广告的费用是由广告主来承担的。因此,广告主对广告的发布具有一定的控制权,同时,广告主对自己的广告活动负有法律责任。

(二)广告代理商

广告代理商是指受广告主委托,负责广告活动的策划与执行的广告经营机构,也就是常说的广告公司。广告代理商为广告主提供广告的设计、制作、代理等服务。在广告主与广告媒介之间,广告代理商扮演着沟通桥梁的角色。依照现代广告代理制的运行规则,广告代理商通过为广告主和传播媒介提供双重服务而发挥其核心作用。

(三)广告信息

广告信息是指广告的内容及其传达的形式。广告的内容主要由广告主提供,它可以是关于产品的、关于服务的或是关于某种观念的。当这些内容被广告经营机构的创作人员赋予某种传达形式时,它在广告活动中才具有实际的意义。

(四)广告媒介

广告媒介是广告信息的载体,它是联结广告主与广告受众的纽带,是广告信息得以传播的工具。广义来讲,凡能在广告主与广告受众之间起到传递作用的载体都可以称为广告媒介。

(五)广告受众

广告受众是广告信息的接受者,是广告信息传播的对象。广告受众可以是广告主所要推广产品的消费者,可以是广告主的服务对象,也可以是广告所要传达观念的接受者。这里所说的消费者、服务对象或接受者,可以是"此时此刻"的,也可以是"未来"或"潜在"的。事实上,凡是看到、听到或接触广告的人,都可以称为广告受众。

四、广告的分类

通过对广告的分类,可以加深对广告的了解。现代广告可以

根据不同标准进行分类,常见的分类有以下几种:

(一)根据广告传播媒体分类

根据广告传播媒体分类是最常见的分类形式之一。通常所说的电视广告、报纸广告就属于这种分类。

根据媒体的不同自然属性,广告一般可分为印刷品广告、电波广告、交通工具广告和珍惜品(礼品)广告。

印刷品广告指以印刷方式表现广告内容的广告。其形式主要有报纸广告、杂志广告、包装广告、邮寄广告、招贴画广告、传单广告等。这类广告的共同特点是:保留时间较长,费用支出弹性较大,传播范围取决于发行(印刷)量和传阅率。

电波广告指借助电波这种物理媒介传播广告内容的广告,主要包括电视广告、广播广告、国际互联网广告等。这类广告的共同特点是:传播面广,覆盖率大,费用较高。一般借助瞬时记忆产生效果。

交通工具广告指以交通工具作为广告媒体的广告,包括电车广告、汽车广告、轮船广告、火车广告和飞机广告等,是户外广告的一种形式。交通工具广告具有制作简单,收费较低,能利用人们在途中的空白心理获得较高的注意率和记忆率等优点。

珍惜品(礼品)广告指在具有一定保留价值或赏玩价值的物品上进行的广告,如年历上印的广告,利用一些小工艺品做的广告等。

凡在广告前冠以媒体名称的都属这种分类,常见的还有电话广告、邮寄广告、路牌广告、霓虹灯广告、包装广告、气球广告等。

(二)根据广告进行的地点分类

根据广告进行的地点,广告可分为销售现场广告和非销售现场广告。凡是设置在商业街、购物中心、商店内及其周围的广告都叫销售现场广告,主要有橱窗广告、货架陈列广告、商店内的灯箱广告、卡通式广告等。销售现场广告具有非常独特的功能和特点,在广告发展史上占有重要地位。除了销售现场广告以外的一切广告形式都统称为非销售现场广告,如路牌广告、招贴广告、交通工具广告、霓虹灯广告、建筑物广告等。

(三)根据广告传播范围分类

根据传播范围不同,广告可分为国际性广告、全国性广告、地区性广告、区域性广告、针对某一具体单位甚至个人的广告。不同传播范围的广告需要使用不同的媒体。例如,进行国际广告,一般需要利用中国对外广播、中国对外出版的外文报刊、卫星转播的电视、互联网等具有国际传播特征的媒体。并非所有企业都需要进行全国性或国际性广告。广告主应根据自己的广告对象范围认真确定进行哪一类广告。

(四)根据广告具体目的分类

广告根据具体目的的不同一般可分为销售广告和需求广告。最终以促进商品销售为目的的广告,如商品广告、企业广告、观念广告等,在绝大多数情况下属于销售广告。但是,需求广告也可能采用这些形式。需求广告是指为了购进某种商品而做的广告,如工厂的原材料购进广告、零售批发商业企业的商品求购广告、银行鼓励存款的广告、保险公司招揽保险业务的广告等均属这一类。需求广告是销售广告的一种变化形式,销售广告的一般原理均适用于需求广告。

(五)根据广告的性质分类

1. 商业广告

商业广告是指以盈利为目的的商品和劳务广告,也称"经济广告"。它是借助传播媒体向消费者传递商品和劳务信息,并诱导和促使消费者购买的一种宣传活动。这是人们日常生活中见得最多的广告,平常所指的广告基本上指的就是商业广告。

2. 政治广告

政治广告是指政府和政府各部门对社会公开发布的广告,如交通管理、税务征收、环境保护、计划生育等方面的广告。

3. 社会广告

社会广告是指向社会提供福利、服务等方面的广告,如家政、征婚、保险、挂失等方面的广告。

4. 公益广告

公益广告是指以与社会公共利益有关的主题为主要内容的一种广告形式,一般不具有盈利目的,如宣传环保、节约能源和资源等方面内容的广告。

5. 文化广告

文化广告是指传播教育、科学、文学、艺术、新闻出版、卫生、电视、广播等各项科学文化事业信息的广告。

(六)根据广告在传播时间上的要求分类

广告根据传播时间可分为时机性广告、长期广告和短期广告。

时机性广告是指为传播某些特殊的、有明确时间要求的信息所进行的广告,包括在新产品问世、展销会开幕、产品价格变动、企业成立等某些对商品销售有利的时间和机会所进行的广告。

长期广告是指在一段较长时间内连续进行的广告,主要包括与企业战略有关的、创名牌商品的、长时间不间断地对某一种商品进行的广告活动。

短期广告一般指只在短时间内进行的广告,如季节性广告。

(七)根据广告表现的艺术形式分类

广告根据广告表现的艺术形式不同可分为图片广告、文字广告、表演广告、演说广告、情节广告、Web标志广告等。

图片广告主要指以摄影、绘画等手段制作的平面广告,它以诉诸视觉的写实或创作为形式。一般认为摄影广告的写实性和传真程度相当于绘画广告,但也应看到,摄影广告不可能完全取代绘画广告,绘画广告有其独特的魅力和适用性。

文字广告是指单纯以文字作为表现形式的广告,常见于标语广告、印刷品广告。

表演广告是用各种表演艺术形式来达到广告目的。电视广告和销售现场广告一般多采用这种形式。

演说广告指用语言艺术来推销商品的广告,主要有广播广告和销售现场广告等。

情节广告指用故事或事件作为广告表现形式的广告,几乎适用于所有媒体。

Web标志广告是在网页上利用图标进行广告,它是目前互联网广告的最主要表现形式。广告对象在Web标志上进行点击,就可以进入有关网页或网站。

广告经常采用几种艺术形式相结合的表现形式,以弥补只用单一艺术形式表现手段的不足。

(八)根据广告的表现方式分类

广告根据表现方式不同可分为印象型广告、说明型广告和情感诉求型广告。

印象型广告是指仅以给人留下印象为目的的广告,这是很常见的广告表现方式。受媒体的限制,广告时间一般都很短。因此,宣传一个简单而重要的广告主题,使人留下广告印象,往往是很多广告不得不采取的表现方式。电视、广播、路牌、交通工具等媒体在很多情况下只能进行印象型广告。

说明型广告是指对产品进行详尽说明的广告。高价耐用品、专用商品、生产资料等一般采用说明型广告。因为这类商品的购买行为多是理性的,仅靠情感诉求无法促进销售。

情感诉求型广告是指用特定的情感诉求方式进行的广告。利用人类情感中的一些永恒主题,如爱情、死亡、友谊、离别等情感和体验,来引起消费者的共鸣,并使消费者对广告的商品或企业产生特有的感情。这类广告较多用于消费品,如化妆品、饮料、食品、服装等。

以上是广告最常见的一些分类。现代广告还可以从很多角度分类,如根据商品的生命周期、广告的目标对象、广告发展阶段及广告创作思想等进行的分类也很常见。

从不同角度对现代广告进行分类,有利于准确地使用具体概念,并了解其范围和意义。广告分类是现代广告学深入研究的基础。

五、广告的功能

广告的功能是指广告的基本效能,也就是指广告以其所传播的内容对所传播的对象和社会环境所产生的作用和影响。研究广告的功能实际上就是研究广告能达到什么目的。现代广告凭着自身极强的渗透力和重复性,借着全球经济和媒体技术不断向前发展的东风,已经在社会经济、社会文化方面扮演了越来越重要的角色。下面就从社会经济和社会文化两方面来看一下现代广告的功能。

(一)广告的社会经济功能

广告起源于商品经济发展的需要,是为商品生产与商品交换服务的。虽然随着社会生活的发展,广告这种形式逐步被运用到社会生活的其他方面,或者说,人们把社会生活其他方面类似于广告的活动也视为广告(如政府的公告、个人信息的社会发布等),广告才有了更广泛的内容和含义,但即使到现代,商业广告依然是广告的一种最主要的形式。所以,广告的社会经济功能是广告最重要也是最基本的功能。广告的经济功能主要体现在以

第一章　广告与广告学

下两个方面。

1. 促进商品流通，刺激消费欲望，指导消费行为

从广告信息的传播性质来看，作为联系产、供、销和消费者以及潜在消费者之间的信息传播的纽带，广告担负着传递商业信息的重要使命。特别是在竞争异常激烈的今天，企业必须依靠这样一根纽带来与目标消费者沟通，保证产销的一致性，从而顺利实现销售目标。广告是企业营销中最常采用，而且是最为节省、极为重要的一种营销推广手段。通过广告信息的传递，能够加快商品的流通并扩大商品销售的规模和区域，促进商品的销售和服务的使用，使企业在满足消费者消费需求的过程中，实现尽可能大的商业利润。从这个意义上说，广告间接起到了促进商品生产、繁荣市场、发展经济的积极作用。

另外，从广告传播的目的性来看，广告有关商品和服务的信息传达，并非为了简单满足消费者对消费信息的需求，实际上是在不断地引导和刺激消费者超乎生理需要之上的更高层级的消费欲求，是一种劝诱和说服的信息传播过程，使消费者逐渐理解认同并接受广告信息，直至消费行为产生。奥美广告公司的创始人大卫·奥格威说："我写广告，并不要你告诉我，你觉得它有新意。我是要你觉得它很有意思，而使你买了那种产品。"一个广告的成功与否或是否达到创意的目标，首先要使这一广告引起消费者的注意，使其在内心牢牢记住这种广告产品的名称，最后导致消费者产生购买行动。所以，在商业高度发达的今天，广告的目的就不只是推销产品，而是有指导消费者行动的导购作用，由此造成社会消费的扩大和增长，从而促进社会经济的发展。

2. 促进竞争，塑造企业形象，完善经营管理

广告是企业参与市场竞争的重要手段。

一方面，广告产品和服务信息的传递可以提高产品的知名

度,扩大市场占有率,促进产品销售;也可让广告主了解市场上此类商品的价格、市场以及竞争对手的信息,并以此为依据来进行自我改进,改善自身的经营管理策略,在稳固现有市场的基础上不断采取新技术来争夺更广阔的市场。可以说,广告带动了企业的良性竞争,在竞争中胜出的企业,规模效益将提升,并且产品或服务的美誉度和认可度也会大大提高,品牌在竞争中得到成长,良好的企业形象也由此树立。

另一方面,随着科技水平的提高,同类产品和服务的同质化现象比较普遍,企业形象包装就成为企业生存和发展的支柱之一,成为企业重要的无形资产。由此很多企业也在广告中有意识地突出企业标志或企业文化、企业理念来塑造企业的良好形象,从理念、行为和视觉等方位入手来扩大企业的整体影响力,以增强消费者对品牌的信赖。

正因为广告具有上述两方面功用,当它被纳入社会的整体经济运行时起,便在宏观上成为社会经济运行中的有机构成部分。广告着力协调社会生产与社会消费,成为社会生产与消费的重要桥梁与纽带,成为社会经济发展强有力的驱动力与润滑剂。

(二)广告的社会文化功能

当今社会,广告既是一种经济行为,也是一种独特的社会文化现象。正如尼尔·M.阿普莱斯顿在《日常生活中的广告》中所说:"广告是蒙在社会之墙上的壁纸,在我们每日的生活和梦境中。"现代广告已经深入社会文化的各个领域,对人们的生活产生了深远的影响,主要体现在以下三个方面。

1. 促进社会教化,改变生活方式

传播学理论告诉我们,教化功能是媒体的重要功能之一。广告作为一种依靠媒体传播的传播形式,从其主题、内容到表现形式,或多或少、或隐或显、或直接或间接地对人们的价值观念、行为规范、生活方式等产生一种潜移默化的教化作用。在消费社会

的现实环境中,人们日常生活的兴趣、爱好、理想和行为模式不可避免地要受到广告的影响,对于青少年来说尤为显著。例如,"动感地带"所倡导的 E 时代"我的地盘听我的"广告语就成了时下很多年轻人标榜自我的个人签名,体现了一种追求个性化的自我心理。

广告主、广告人和媒介作为广告活动的主体,必须意识到广告的这种功能,主动担负起广告的社会教化的责任,在介绍商品、劳务等各类信息的同时,融入正确的教育内容,倡导积极向上的生活态度和健康的生活方式,担负起社会的责任,以促进社会向更高层次的方向发展。对非商业广告中的公益广告来说,这个功能就体现得更加明显。

2. 丰富大众文化,美化生活形态

现代广告作为一种独特的文化形式,为了实现其最本质的促销功能,常常介入社会文化中,通过不断丰富大众文化的形式作用于人们的感官,继而影响人们的价值观念。1986 年 5 月,在芝加哥举行的第 30 届世界广告大会上,美国广告界知名人士迪诺·贝蒂·范德努特指出:如果没有人做广告,谁能创造今天的文化? 你又能从哪儿为文化活动找到一种比广告媒介更生动的宣传方式呢? ……我们应该承认我们确实影响了世界的文化,因为广告工作是时代文化整体中的一部分,是文化传播的传播者和创造者。在与社会文化的相互作用中,广告有着自己鲜明的时代性、民族性和商业性,广告倡导的内容主要通过流行文化和品牌文化两种形式表现出来。人们在对流行和品牌的追逐中,满足自身的心理需求超过了对商品使用价值的需求。同时,由于广告赞助商的支持,各种体育比赛和文娱表演等文体活动精彩纷呈,极大地丰富了公众的文化生活。

广告是一种文化,是科学与艺术的结合。广告通常采用艺术的表现手法来传播信息。艺术形象在广告中是必不可少的,由于广告与生俱来的艺术特质,各式各样的户外广告已经成为城市中一道亮丽的风景线。广告提高了广告受众的文化品位和艺术审美价值,使广告受众在接受广告信息的同时,得到了美的熏陶和艺术的享受,这使广告的传播和美化生活、陶冶情操等功用都得到了极好的发挥。

3. 促进传播媒介的发展

如今,媒介生存和传媒经济都离不开广告的支撑。这里先来了解媒介经营与广告的关系。媒介的盈利需要经过两次销售过程:首先,媒介通过制作内容,以低廉的价格将内容销售给受众,形成一次销售;继而将自己的受众资源出售给广告商,完成二次销售。这便是传统大众媒介的盈利流程,流程中的二次销售正是传统大众媒介经济赖以生存的基础。因此,我们可以看出广告在媒体中的重要地位,作为媒介经济收入的重要来源,广告被更多的媒体所倚重。就我国目前的传媒状况而言,广告收入一般占媒介经营收入的50%~60%,有的高达90%以上,甚至100%。正是因为广告在媒介经济收入中占有如此之大的比例,所以传播媒介机构为了争夺到比较理想的市场份额,就必须在传播内容上贴近消费者生活,传播形式上新颖独特,注重提升信息质量,得到较好的发行量或收视率,从而赢得广告主青睐。这在客观上引发了传播媒体的竞争,促进了传媒产业的发展。不过,广告的发展与传播媒介的发展是一个相辅相成的互动过程,传播媒介的发展反过来也会促进广告业的进一步繁荣。

这里需要指出的是:广告好比一把双刃剑,作为一种社会现象,既有积极的影响,也有消极的影响。除了强大的正面功能外,其负面功能也不容忽视,如在经济利益驱使下,大量的虚假广告和低俗广告扰乱了社会秩序,污染了公众眼球,损害了人们的身心健康。这就要求我们必须在广告活动中努力发挥广告的积极功能和作用,正视和最大限度地消除其负面影响,以利于保持社会进步,推动广告良性发展。

第二节 广告学概述

广告学是研究广告活动过程及其发展的一般规律的学科。广告学是一门综合性边缘学科。它是经过广大的广告科研工作者与广告工作者的共同努力,在总结了大量的广告活动的成功与失败两方面的经验,运用先进的研究方法,借助于现代科学的分析技术,把广告知识进行系统整理、综合、总结的基础上,把经验提升到理论的高度,从而探索出广告活动的规律,形成的广告原理,进而揭示广告活动促进商品销售规律的本质。同时,广告活动又是借艺术手段来进行的,所以广告对消费者行为的影响也是通过艺术形式来进行的。

一、广告学理论的产生与发展

广告学是一门独立的学科,主要研究广告活动的历史、理论、策略、制作与经营管理。广告学包括广告史、广告写作、广告策划、广告战略、广告战术、媒体选择、广告心理、广告摄影、广告设计、广告管理、广告道德规范等一系列原理和理论。这些原理和理论揭示了广告活动的基本规律。

(一)广告学的研究溯源

广告发展历史悠久。人类祖先最开始利用姿态(如舞蹈)、声音(如叫卖)、火光(如烽火)进行广告传播,后来又发明和运用语言与文字,扩大了广告传播的深度和广度。广播与电视等大众传播媒介的出现,使人类广告传播再次发生质的变化。

19世纪以来,专业广告公司的形成、普及与发展,加速了广告研究的进程。1812年,世界第一家广告专业公司在伦敦开业。1869年,美国费城成立了艾尔父子广告公司。这些都说明,人类对广告的研究,已从静止的文字、图案,发展到动态的广告活动过程,并促成了广告学的产生。

广告实践与广告学理论是互动发展的。广告是一种具有操作性的社会实践,而广告学则是关于广告这种特殊的社会现象及其运动规律的科学理论体系。广告学最早产生于经济发达的美国。

1901年,美国西北大学心理学家瓦尔特·狄尔·斯科特在芝加哥的一次集会上,首次提出要把现代广告活动和广告工作的实践发展成为科学。1903年,他编著了《广告原理》一书,第一次把广告作为一种学术理论进行探讨,"任何一次重要的实际事业都需要有一个理论的基础"。

1908年,斯科特撰写了《广告心理学》一书,他运用心理学的原理分析了消费者的接受心理,开始了对广告理论的较为系统的探索。此外,1902—1905年,美国的宾夕法尼亚大学、加州大学、密歇根大学的经济系都开始讲授广告学方面的课程。

上述研究和理论探讨,可以说是世界广告学研究的开端,为广告学理论的形成打下了基础。

从19世纪末到20世纪初,由于市场营销竞争的需要,美国的一些经济学家开始研究市场规律的变化。1912年,哈佛大学教授赫杰特奇访问了许多大企业主,在研究了他们的市场活动和广告活动之后,编写了以讲授广告方法和推销方法为主的教科书,其中对广告理论做了较为深入的探讨。随着研究的深入,广告学逐渐从市场学中分化出来,成为一门独立的学科。1926年,美国成立了"全美市场学与广告学教员协会",对广告学展开了更加广泛深入的探讨和研究,并写出了一批广告学的教材和书籍,如1926年哈洛德的《广告文稿》出版,1928年威治米斯的《广告构图》问世。随后,一些经济发达的国家也开展了对广告学的研究,如英国等国相继出版了《广告学》《实用广告学》等著作。这一时期广告学术理论的发展,已由过去仅对市场营销中的广告策略和广告计划的单项研究,扩展为对广告中涉及的心理学、销售学、管理学的交叉研究。这一时期的研究还处在雏形阶段,未形成系统、严密的理论体系。

(二)关于广告学研究的理论基础

对于广告学研究的理论基础的认识,学术界长期以来有着不同的看法。一是认为其理论基础应是市场经济理论,因为广告是推销产品的手段,其应用范围主要在市场经济领域;二是认为广告是一种信息传播活动,其本质特征是信息传播,市场只是广告发挥其作用功能的一个重要领域。广告学在其发展过程中,应当以传播学理论作为自己的理论基础。广告学研究涉及多种学科门类,但广告学作为一门独立的学科,它不是大杂烩,它有自己的理论体系。广告学的研究对象是信息传播,它要解决的实际问题不是从经济优先的观点出发,而是从传播信息的立场出发。广告实际上做的是三件事:传播一种信息,提供一种服务,宣传一种信念。而传播学的具体研究对象是包括广告在内的所有大众传播手段,传播学的许多理论完全适合广告学的研究。

广告学应隶属于传播学研究的范畴。随着对理论问题探讨的深入,绝大多数人对广告是一种信息传播的本质特征深信不疑,并认定传播学是广告学研究的最重要的理论基础,广告学应纳入传播学的研究范畴。这种认识也被国家教育主管部门认同。原国家教委在20世纪90年代初组织对"文科专业目录"进行修订时,经专家多方论证,草案中在八大类学科净减1/3专业时,在新闻大类下却增加了"广告学专业",把原有个别学校设置的"专业方向"上升为"专业",这是很有远见的正确决定。1997年,教育部又一次大规模削减专业目录时,把新闻类从文学中独立出来,以"新闻传播类"的名称升格为一级学科,并保留了广告学专业。据中国广告协会学术委员会1997年的调查结果显示,我国的广告学专业不仅设在综合性大学、商学院、新闻学院、广播电视类学院,而且艺术学院、师范学院、印刷学院、民族学院也有,几乎所有类型的院校都对广告这一新兴的专业产生了极大的兴趣。其中,设在新闻院系所占的比例最高(占44.8%)。这些充分说明,把广告纳入传播学的研究范畴的认识居大多数。

现代广告学的综合性、边缘性与交叉性的学科特性,表面上给人一种杂乱无章的感觉,但是作为一门独立学科的规范性、科学性,我们完全可以为广告学科体系正名界定:广告本质上是属于信息传播活动,它属于传播学的研究范畴,其运用重点在于经济活动的社会实践。在这种基本认定之下建立富于完整而稳健体系的广告学。在给广告学准确的定位后,要面向世界,面向市场,面向未来,在探索与国际广告接轨的同时,注意结合中国广告的现状建构现代广告学的体例框架。

(三)关于广告学的社会学思考

20世纪90年代以来,广告学的研究开始向纵深发展。一些理论工作者不满足于现有的研究状态,提出要把广告放在更广阔的社会背景中去思考。1995年,陈宏军在《关于广告的社会学思考》中敏锐指出:"学术界对广告学的研究基本上是从两个方面进行,一是从广告学所涉及的信息传播原理去研究广告活动的内在规律,二是从广告与市场的关系中去研究广告的外在因素。无论是从哪个角度研究广告学,都应把广告放在整个社会这个大系统中去考察与分析,以便从全新的角度(人、社会、广告)去进行系统的研究。"

广告活动是一种综合性的信息传播活动,它不仅传递商品信息,而且还传递各种政治信息、社会生活信息、文化信息等。因此,从广义的广告活动来看,广告可以说是一种大众性的社会信息传播活动。如果从狭义的广告活动来看,商业广告或经济广告活动,也必须以广大的社会为背景,以特定的社会制度、社会文化、生活习惯与民族风俗等为依据,才能创作出符合特定社会条件的广告作品。

广告渗透到我们社会生活的各个方面,它与各种社会现象必然有着相互作用的关系。在这一过程中,广告不仅遵循着广告学的准则和规律,也遵循着社会学的准则和规律。只有运用社会学的整体原理,从社会这个整体出发研究广告的活动,才能够找到广告活动的内在特征。

二、广告学的研究对象与方法

(一)广告学的研究对象

具体来说,广告学研究的内容和范围大体包括以下几个方面:

广告学以广告理论、广告活动的历史、广告策划、广告制作和广告的经营与管理为研究对象,包括商业广告和非商业广告。广告学的研究侧重于商业广告。因此,就其研究的中心问题来看,都是围绕着广告在商品促销中的活动规律进行的。广告的本质特性在于它首先是一种经济活动,尽管它同时还表现为一种信息传播活动,但只有某种信息传播与企业生产经营活动挂钩,本身具有投入产出特性时才构成广告。因此,现代广告学研究的主要对象是商业性广告,即经济广告或盈利广告。从广告学研究的内容来看,它既有社会属性,又有自然属性。

广告活动是社会经济活动的一种表现形式,它不可能离开一定社会生活环境和社会制度而存在。广告的历史发展表明,一定社会制度下的生产关系决定了广告活动的基本形式和本质属性。因此,任何广告活动及其规律都要适应一定社会制度下的生产关系,并且还要受到其他一些社会因素如政治、哲学、思想、文化、道德、法律等的制约和影响。

广告活动过程又是人、财、物、信息构成的物质实践和经济运行的过程,其中各种因素的变化、组合、交互作用显示出广告活动的自然属性。因此,广告学的研究内容大致可分为两部分:一是主要研究广告活动与社会的经济、政治、文化、思想的关系,把握广告发生的历史,揭示广告发展的历史规律,以指导广告实践,研究广告在社会经济中的地位和作用,以及国家社会规范(包括法律、道德)对其的规制等,以揭示广告活动的基本规律和特征;二是研究广告活动的具体过程、运作规律以及表现艺术等,如广告策划、广告预算、广告创意、广告表现、广告媒体、广告效果评估等。

(二)广告学的研究方法

广告学是在借鉴其他相关学科知识的基础上逐步发展起来的,目前,行之有效的研究方法有基本研究方法和具体研究方法两大类。

1. 基本研究方法

基本研究方法就是以唯物辩证法为指导,运用系统论、信息论、控制论的方法来开展研究。当然,对立统一的观点、理论实践相联系的观点、发展变化的观点等都是基本的方法原则。

系统方法——运用系统论的基本原理,从目的性、层次性、整合性、协同性、最优化、定性与定量相结合等原则出发,将广告业和广告传播看作一个开放的社会子系统,置于整个社会系统大环境中,既适应整个社会大环境,也与其他社会子系统协调发展,又保持本系统的良性运行。

信息方法——运用信息论的基本原理和信息传播模型,将广告业视为信息产业,将广告传播视为信息的收集、编码、发布、解码、反馈等传递与变换过程,提高广告策划的科学性和广告信息传播的有效性。

控制方法——运用控制反馈原理,根据以往广告业和广告传播情况来调控未来的广告行为,以实现广告管理者的预期目的,保证广告传播尽量优化地运行。

2. 具体研究方法

除了以上所提及的原则性研究方法,广告学研究过程中,还大量采用社会调查、心理分析、实验法等其他学科的研究方法。其运用计算机等现代高科技研究手段,实现了研究方法的现代化。

(1)调查研究方法。

做好调查研究,是进行广告学研究和开展广告活动的基础和前提。调查研究方法主要有访问、问卷调查、现场观察等。随着科学技术和研究方法的进步,调查研究的方法更加丰富,计算机技术得到广泛应用。运用调查研究方法,还需要用统计方法作为辅助,需要对调查获取的有关资料进行数据处理、统计分析。

(2)模拟实验方法。

借鉴运用心理学、社会学的一种研究方法。一般在室内或实验地小范围内,把受众分成不同的小组和类型,对广告活动进行模拟实验,以检测了解其对广告信息传播的注意、感觉、记忆、认知和理解程度,把握可能产生的影响和效果。这种方法在广告业比较发达的国家和地区经常被运用,特别是开展大型的广告活动,做好模拟实验更为重要。这有助于广告实务研究的深入,有助于加强广告策划的预见性,减少广告成本。

广告学常用的研究方法还有很多,如对广告内容进行分析的定性研究方法,对广告效果进行分析的定量研究方法等。我们应认真学习、努力掌握并灵活运用各种研究方法,以使广告学研究更为深入和科学。而且,广告学具有综合性的认知体系,不仅要从广告自身,而且要全方位地从社会、经济、文化等大的背景来考查、把握广告活动。同时也要看到,广告学的应用性很强,广告学研究要来源于实践、应用于实践、提高发展于实践,更好地为广告实践服务。

第三节　广告学与相关学科的关系

广告学涉及社会学、经济学、心理学、新闻学、传播学、语言学、统计学、美学、管理学、市场营销学等众多学科,并且广告学本身有着自己完整的理论体系和许多分支学科。广告学是将广告以学术性的方法来教育和研究的学科。广告学的两大支柱是传播学和市场营销学。广告学作为边缘性的综合学科,与众多学科都具有密切联系。这里着重探讨广告学与以下学科的关系。

一、广告学与传播学

传播是人类社会活动中的一种信息传递过程。传播学是研究信息传播活动的学科,它系统地分析了各种传播媒体的性质、功能和特点,研究如何选择和运用各种媒体,将各种信息传递给公众。广告也是一种信息传播活动,传播是广告的桥梁和工具,因此传播学是广告学的一个理论基础。传播学的理论可以概括广告活动的全过程,其关于传播要素的理论,即发布者研究、信息研究、媒体研究、接收者研究、效果研究以及反馈理论,完全适用于广告学。广告学是在传播学所揭示的信息传播整体运动的一般规律的基础上,进一步研究广告活动过程中的特殊性和规律。

二者的区别在于侧重点不同:广告学侧重于具体应用,而传播学则侧重于理论研究。从传播学理论的高度来研究广告学的内容,是为了使之具有更普遍的科学意义,把广告的研究和实践提高到更高的水平,以取得更好的社会效益和经济效果。

广告学与传播学既有联系又有区别。

(一)联系

传播学与广告学之间的契合可以从很多方面来体现。首先,广告学广义上可以定义为一切为了互通信息、促进认知的广告传播形式。其次,广告从本质上来看就是一种信息传播活动,它在不停地传播着商品信息和某种社会价值,影响着人们的消费观念和生活习惯。而所谓传播,即社会信息的传递或信息系统的运行。定义虽然简短,但是可以从中看到传播学的一些特点。

第一,传播是一种信息共享活动。这里的共享意味着社会信息的传播具有交流、交换和扩散的性质。由此可见,传播与广告

第一章　广告与广告学

两者都以信息为依托,而且两者都有共同的目的:使受众接收到特定的信息并达到其特定的效果和目的。

第二,传播一定要在一定的社会关系中进行,又是一定的社会关系的体现。而广告的操作实践也存在着很强的社会关系网络,对广告主、目标受众、广告代理公司、广告媒体及消费者这一个关系链条产生着不同的广告作用。

第三,传播是一种行为,一种过程,一种系统。如何从广告的角度理解它们之间的关系呢?

从"行为"的角度看,广告是以人为主体,考察人的思想行为从而与之发生社会关系的一种活动。

从"过程"的角度看,广告是一个动态和运动的机制,它着重考察从信源到信宿的一系列环节和因素的相互作用和相互影响的关系。

从"系统"的角度来看,广告和传播一样,任何一个广告行为的产生,都是在一个综合的层面上考虑问题而得出的结论。不仅考察各种具体的传播过程,而且考察各种传播过程的相互作用及其所引起的总体发展变化。

由此可见,研究传播学是研究广告学的一个基础。传播学与广告学相互融合,绝不能割裂开来。广告学属于传播学的一个研究范畴,而传播学为广告学搭建了一个系统而完整的认知框架。

从研究对象来看,两者也有着异曲同工之妙。广告学的研究对象是信息传播,即传播一种信息,提供一种服务,宣传一种信念。广告是一系列信息传递活动,是一种非常典型的传播行为。它必须明确广告主的意图,在收费的基础上,把产品、服务等信息针对接受者进行传播。而传播学的具体研究对象是包括广告在内的所有大众传播手段,研究范围也囊括了所有传播媒介及附属媒介的种类、性质与功能,探讨媒介的选择与应用。因此,广告学是传播学的分支这一说法是不容置疑的。传播学可以帮助广告学走得更远,把广告的领域扩展得更宽。

从学术探究的角度来看,传播学与广告学两者之间特别的从属关系,使得大众传播的许多经典理论对广告学的研究同样具有意义。

第一,从"双向传播"来说,它是指存在着反馈和互动机制的传播活动。人类的传播活动均是具有双向性的,在双向传播的过程中,传受双方相互交流和共享信息,保持着相互影响和相互作用的关系。在广告活动中,同样存在着对"双向传播"的重视。例如,广告从业人员在策划一则广告活动之前,为了明确公众对产品的看法,制订产品的诉求和定位,都会做相关的市场调查,包括对产品、消费者、竞争对手、社会环境和自然环境等的调查。在活动结束后,也要做效果测试和公众反馈,若有不妥善的地方将进行及时修改。很明显,这是一种"双向传播"行为。

第二,从"有限效果"理论来说,它认为人们对大众传播的消息通常有很大的抵制心理,并且是由个体从其他途径获得不同观点或自身的心理过滤机制所致。人们的行为趋向分为6个层次,分别为获知、认识、喜欢、偏爱、相信、购买。因此,研究广告学的人会根据"有限效果"理论,跟进分析广告要做到什么阶段以及广告能否达到预计效果的阶段。因为一则广告并不能对所有的人产生效果,也无法把每一个人纳入诉求范围内。

(二)区别

以上所论述的,是广告学和传播学之间密不可分的联系。然而,广告学与传播学还是有区别的。广告学涉及的不是单纯的新闻传播,而是通过与其他学科的融合,与传播学之间形成了一条分水岭,踏入了市场经济领域的应用范畴。

第一,广告学是以广告现象为自己研究的出发点,而传播学是以信息传播为自己研究的出发点。广告的目的是通过传播广告信息诱导社会公众,从而促成其购买行为;传播学中信息传递的主要目的却只是与公众进行交流。从这一方面来看,广告学与市场营销得到了结合,广告学越来越体现出其针对消费者的需要和欲望,调动潜在的消费意识从而推销产品促成购买的经济行为。

第二,广告讲究突出重点信息,强化形象,可以采用多种艺术形式进行形象塑造和文案设计。传播讲究的是信息的完整性、准确性,对于传播学来说,它更偏重于新闻传播的范畴,而对于新闻来说,真实性是新闻的生命,因此其对信息的态度和处理有着截然分明的风格。

第三,广告学所研究的广告行为,是一种有偿服务,整个广告过程都需要付出费用,通过运用媒体和传播,使目标受众向最终消费者转化,从而扩大影响,增加利润,也就是以经济效益为主。相反,传播学提出的传播活动,大部分默认为一种无偿服务,旨在通过正确的舆论引导传播积极的价值观和世界观,着力于提高媒体的品位和竞争力,也就是以社会效益为主。

因此,广告学和传播学两者之间是有机的结合体,相互联系而又相互区别。如果把传播学比作根茎,广告学比作枝叶的话,根深才能叶茂。利用广告学来引导对传播学进一步的框架性学习,利用传播学深化广告学的学科基础,是我们的目标,也是实现传播学与广告学学科共赢互助局面的关键。

二、广告学与市场营销学

(一)联系

市场营销学是一门有一百多年历史的学科,它的形成阶段大致是在1900—1930年。在这段时期内,广告问题和产品的定价、销售问题一起,构成了早期营销文献的主要内容。许多人把市场营销理解为推销和广告,但推销和广告只是市场营销这座冰山露出的小尖顶而已。我们将市场营销定义为:个人和群体通过创造产品和价值,并同他人进行交换以获得所需所欲的一种社会及管理过程。

广告学的建立是市场经济孕育的结果。市场营销学是在19

世纪末 20 世纪初,资本主义经济迅速发展时期创建的,广告学也在这一时期兴起。从一开始这两门学科就紧密地结合在一起,相互影响,密不可分。研究广告学,需要从市场营销的角度去审视;研究市场营销学,又必须考虑广告原理的运用。它们同属于经济范畴,都是企业经营管理的重要组成部分,二者的最终活动、目的也是一致的。学好广告学,有必要了解市场营销学方面的知识,特别是一些经典理论和最新理论的应用。

(二)区别

市场营销可以理解为与市场有关的人类活动,即以满足人类的各种需要、欲望和需求为目的,通过市场把潜在交换变为显性交换的活动。广告是针对消费者的需求和欲望,刺激消费者热情,调动潜在消费意识,最终促成购买行动的传播活动。

三、广告学与消费心理学

科学的广告术是依照心理学法则设计的。心理学是研究人的心理活动及其规律的科学。心理学是一门基础理论学科,又是一门有着广泛应用价值的学科,是广告学研究的理论基础之一。一则广告从策划、设计、制作到广告时间、空间的选择,媒介的运用,都会遇到一系列心理学问题。

一则广告能否成功,就要看它是否能够打动消费者的心理。要提高广告效果,实现广告目标,就要使广告符合人的心理活动规律。在广告业发展的历史中,心理学受到了广告主的极力推崇。广告主认为,心理学可以帮助揭开消费者购买动机的秘密,于是需求与动机、注意与记忆等各种心理学的研究方法被大量运用到广告研究中,推动了广告心理学的发展。在现在和未来的信息社会里,各种信息势如潮涌、浩如烟海。为了吸引消费者注意自己的信息,广告传播者必须运用心理学知识,深入研究公众的认识规律和思维规律,针对不同社会层次的消费者的心理要求策

第一章 广告与广告学

划和设计广告,增强广告的有效性。

消费心理学是心理学的一个重要分支,它研究消费者在消费活动中的心理现象和行为规律。消费心理学是研究人们在生活消费过程中,在日常购买行为中的心理活动规律及个性心理特征的学问。

消费心理学以市场活动中消费者心理现象的产生、发展及其规律作为学科的研究对象,其侧重点在市场营销活动中的消费心理现象,消费者购买行为中的心理现象。

消费心理学是消费经济学的组成部分。研究消费心理,对于消费者,可提高消费效益;对于经营者,可提高经营效益。消费心理学与广告心理学有着十分紧密的关系,了解消费心理学的概念和其发展过程,能更好地帮助我们理解两者的关系。

广告心理学是心理学和广告学的交叉学科,主要探讨心理学的理论如何应用于广告传播的具体实践活动。有的学者把广告心理学定义为"说服大众购买商品和劳务,为促使其采购,而研究其心理与行为的学问"。还有学者把它定义为"研究广告活动中有关信息传播、说服购买心理规律的一门学科"。

由于广告传播是传播活动的一种,对广告心理的研究应该在传播活动的框架下进行。从这个角度讲,广告心理学是探讨参加广告传播活动的人在广告活动中的心理现象及其存在的心理规律的一门学科。

从广告传播过程来看,参加广告传播活动的人主要有两类:广告主和受众。但是随着广告代理制的建立和普遍运用,广告主已经不直接参与广告传播活动。广告传播活动的传播者主要指在广告公司工作的、直接从事广告专业活动的职业广告人,其在传播过程中的心理现象及其规律直接影响了传播的效果。所以,广告心理学主要是研究职业广告人在制作广告、参与广告传播过程中的心理现象及其内在规律以及广告受众接受广告信息过程中的心理现象及其内在规律。广告受众是广告传播的目标,广告受众对广告信息的接受状态(伴随接受状态的是受众的接受心理)直接影响广告传播效果,所以广告受众接受广告信息的心理过程及其内在规律是广告心理学研究的核心内容。

值得一提的是,广告受众是指通过广告传播媒介接受广告信息的人,其与消费者是有区别的。就某一个商品的广告而言,这一广告的受众不一定是这一商品的消费者;反之,这一商品的消费者也并不一定是这一广告的受众。当然,就广告主而言,他当然希望他的广告信息经某一媒体传播之后,该媒体的所有受众均成为自己企业的消费者,但这是一个十分理想的状态,很难达到。

综上所述,广告心理学与消费心理学既有联系又有区别。

(一)联系

首先,两者均属于应用心理学的学科范畴,都是将心理学的基本理论应用于具体的实践活动。

其次,两者的研究方法相同。消费心理学的观察法、访谈法等研究方法也适用于广告学的研究,上述方法都是收集广告调查资料和进行广告受众分析的有效研究方法。

最后,研究内容具有交叉性。当某一个人既是广告受众又是消费者时,这个人就成为这两门学科共同的研究内容。研究内容甚至可以包括作为消费者的广告受众和作为广告受众的消费者这两种角色、两个身份的相互影响。

(二)区别

首先,研究对象不同。消费心理学是以市场活动中消费者心理现象的产生、发展及其规律作为学科的研究对象;广告学是探讨参加广告传播活动的人在广告活动中的心理现象及其存在的心理规律的一门学科。

其次,广告受众和消费者属于不同的概念。广告受众就是接受广告信息的受众。一方面,它属于传播学范畴,具有受众的一般意义;另一方面,它又是特定的,指传播过程中的广告信息接收方。消费者就是指以非营利为目的地购买商品,或者接受服务的人。消费者购买或者接受某种商品或者服务,只要不是用于交易,不是为了盈利为目的,都可以看作一种消费;不管他购买这个商品是自己使用,是送人,还是用于其他的目的,都可以看作消费者。

最后,研究所处的学科框架不同。消费心理学的研究是基于消费经济学的研究框架,广告学的研究是基于传播学的研究框架。

四、广告学与公共关系学

(一)联系

广告活动需要公共关系的指导,它们之间实际上体现了一种战术与战略的关系。广告作为战术行动,其活动展开的各个环节、各个阶段,往往需要依据公共关系的总体战略来运筹。通过公关活动,可以更准确地了解广告的诉求对象,了解目标市场与广告覆盖面的一致性,可以帮助选择适用的传播媒体、确定适当的广告时间等。有公共关系的指导,企业的广告活动会更有针对性,目的性更强。

广告活动需要公共关系的推动,增强其说服力和传播效果。如果在展开广告活动的同时也组织一些公共关系活动,就能为广告传播营造良好的气氛和环境,使诉求内容更易于被目标消费者所接受和认同。特别是企业为推出新产品、新品牌而开展的广告活动,由于公关活动促进了企业与社会公众之间的交流,加深了消费者对企业的印象,在心目中建有一个良好的形象,就可能引起目标受众对广告和新产品的注意,容易产生好感,调动起消费热情和购买欲望。公共关系活动需要广告活动配合。

(二)区别

公共关系是长远的、稳定的、具有战略性的信息传播活动,需要善于抓住各种契机。广告则可以随时随地发挥作用。企业在整合信息传播活动中,就需要这种战略与战术的配合。从某种程度上也可以说,公共关系是放大的广告,是广泛意义上的广告活动。有些广告,如企业广告、公共关系广告等,就把公共关系和广告的功能融为一体,起到两方面的作用。

第二章 广告发展概述

随着商品经济的发展、科技的进步和大众传媒的普及,广告越来越成为现代人生活不可或缺或无法回避的一部分。不同的社会背景和历史时期使中外广告的发展历史呈现了不同的特点。本章就来概述中外广告发展的情况。

第一节 中国广告发展概述

Advertising一词源于拉丁文Adverture,意为"唤起大众对某种事物的注意,并诱导于一定的方向所使用的一种手段"。大约在1872年,日本首次将Advertising译为"广告"。20世纪初,"广告"一词出现在中文当中,意为向公众"广而告之"。虽然在中国古代典籍中没有"广告"一词,但作为世界上最早拥有广告的国家之一,中国的广告活动最迟在原始社会晚期就已产生。

随着历史的不断推进与演变,广告形式也随之发生变化,呈现出多样性、独特性、时代性等特征。基于不同的广告形式,可将中国广告史划分为以下三个阶段:原始社会末期到鸦片战争前阶段,鸦片战争到中华人民共和国成立前阶段,中华人民共和国成立后艰难恢复与快速发展阶段。

一、原始社会末期到鸦片战争前阶段

(一)实物广告

广告是人类商品经济发展的必然产物,社会分工的细化导致

商品生产和商品交换的出现,信息交流便成为一种必然,广告也就随之出现。《易经·系辞》中记载:"神农氏作,列廛于国,日中为市,致天下之民,聚天下之物,交易而退,各得其所。"这段文字描述了约公元前5000年神农之世,中国上古先民陈设货物进行物品交易的盛况。我们不难想象当时集市贸易的热闹场景,以及充盈其间的实物陈列和叫喊吃喝的广告雏形。于是,一般认为7000年前神农集市的出现,标志着我国原始商贸及广告的发端。此后,随着生产力的发展、社会分工的深化,剩余产品越来越多,物质交换活动也越来越频繁,交换品的种类和地域不断扩大,以此催生出更多的广告形式,并以更富技巧的手段传递沟通商品信息达到商品交换的目的,实物、叫卖、招牌、幌子和印刷品等原始形态的广告也就应运而生。

实物广告是以商品自身为媒体的广告形式,是一种最原始、最直接的广告形式,也是古代商品交换、推销货物时最为普遍应用的广告手段。商人或持所售商品,或将经营的商品摆放、悬挂于店铺门前,或陈列于顾客易见之处以招揽生意,均可视为实物广告。《诗经·卫风·氓》中"氓之蚩蚩,抱布贸丝",氓所抱之"布"与所贸之"丝"显然都属于实物广告形式。

与之相类,典出《史记·司马相如列传》的"文君当垆"的故事(图 2-1),不仅让我们看到了摆放在旧时酒店土台上的酒瓮这种实物广告形式,同时再一次感受到了名人效应为商家带来的利好。并且,更令人称奇的是,古人竟然也使用现代广告人所喜欢的"3B原则"(即 Baby,Beast,Beauty)中的"美女"作为广告创意元素,来提升广告效果。

实物广告虽然是最原始、最简单的广告形式,但往往很多时候看起来最简单直接的方式,恰恰正是最有效、最有力的推销手段。因为其直观的特点,所以具有其他广告形式无法比拟的优势,它可以使产品给人留下极其深刻的印象。如果再辅以产品演示或名人推荐,则更能增强消费者的信赖感,并激发其占有欲,从而产生良好的广告效果。

图 2-1 文君当垆卖酒图

(二)叫卖广告

俗话说"卖什么吆喝什么",伴随实物广告出现的是叫卖广告。叫卖广告也称"口头广告",是通过言语呼喊达到吸引消费者购买的目的,是最原始、最简单,也是至今仍然最为常见的广告形式之一。例如,明代冯梦龙所编《警世通言·玉堂春落难寻夫》中"却说庙外街上,有一小伙子叫云:'本京瓜子,一分一桶,高邮鸭蛋,半分一个'"的关于叫卖词的记录,显示了商贩以特殊商品和价格低廉作为吸引消费者的手段。此时,叫卖广告已开始使用朗朗上口、便于理解的叫卖词作为推销商品的噱头。

商品经济的发展进一步促进实物种类的增多,作为一种十分便捷且有效的广告手段,叫卖广告被商贩普遍采用。为了易于消费者辨识加深印象,不同行业渐渐形成唱念做打各有特点、抑扬顿挫相对固定的腔调,使人一听便知贩卖何物,诸如"磨剪子来戗菜刀"之类具有特殊韵味、保有远古遗风的吆喝声,更是成为一种独具魅力的文化形态;又因其从一个侧面鲜活重现古代市井风情,所以被称为"现代都市最濒危的声音",引起众多历史学家、文化学者以及艺术工作者们的广泛关注。众所周知,元曲"货郎儿"曲牌,最早便是沿街叫卖的货郎为招揽顾客而唱的,后来演变为民谣,最终演变为艺人曲目,被一代代传唱至今。

继而，又有商贩借助各种器材(图2-2和图2-3)使叫卖变得省力，而且传播效果更好，这就又形成了与叫卖广告相伴而生的音响广告。一般认为早在西周时期，我国便出现了音响广告。《诗经·周颂·有瞽》中有"箫管备举"的诗句，据汉代郑玄注："箫，编小竹管，如今卖饧者吹也。"唐代孔颖达也认为："其时卖饧之人，吹箫以自表也。"可见西周卖糖食的小贩就已经开始注意利用吹箫管之声招徕生意。而走街串巷的布贩摇晃的拨浪鼓、油贩敲打的梆子，还有货郎手持的小铜锣，我们在很远处就能分辨这些特殊音响所代表的不同行业，至今仍能够在集市或村庄街巷中见到。

图2-2 磨刀匠使用的惊闺叶

图2-3 糕点、糖果小贩使用的小铜锣

叫卖广告具有普遍适用、成本低廉、简单易行的优点,但同时也存在传播范围有限、场所不固定、受叫卖人身体素质影响较大等方面的局限。尽管有着诸多缺点,但这一广告形式却被一代代沿袭下来。时至今日,我们还会被偶尔听到的叫卖声唤醒旧时温暖的记忆,从而情不自禁产生浓厚的消费兴趣。由此,不难想象在技术手段有限的古代社会,它所发挥的举足轻重的作用了。

(三)店铺广告

随着社会政治、经济的发展,民众聚居的城邑与货物集散的集市的结合越来越密切,在"城"与"市"不断融合的过程中,集政治、军事、经济、文化等综合性功能于一身的古代城市最终形成并且规模迅速扩展。与之同步,一部分有实力的"行商"不再走村串寨、劳碌奔波于"城"和"市"之间,而是渐渐转变为"坐贾",他们有着固定的经营场所,靠名号、声誉和专项经营来吸引消费者光顾。稳定的商业场所,经过不断的发展扩张后,逐渐发展成拥有门面的店铺。此后,花样繁多的店铺广告也就成为城市中最有代表性的广告形式了。

北宋末年画院待诏张择端在公元1111—1125年间所绘风俗画《清明上河图》(图2-4)举世闻名,在长528.7cm、宽24.8cm的长卷中,帝京汴梁内外繁华之状跃然纸上,太平盛世、海晏河清之意毕现。从某种意义上来讲,这本身就是一种体制恢宏的政治宣传广告。而从其间所描绘帝都东水门外直达虹桥的繁华景象里更可以清晰地看到宋时繁复多样的广告形式。其中,计有广告招牌23处、广告旗帜10面、灯箱广告4块、大型广告装饰彩楼、欢门(两宋时酒店为招揽顾客,在店门口用彩帛、彩纸等扎的门楼,后来建筑廊间半月形雕饰的门,也叫"欢门")5座,共计40余处,仅汴州城东门外附近的十字街口,就有各商家设置的招牌、横匾、竖标、广告牌30余块,各种广告形式层出不穷,足证宋时我国广告业之发达。尤为难得的是,图中保留了迄今为止世界上最早的灯箱广告。

图 2-4 清明上河图(截图)

1. 幌子

幌子广告,也被称为"招幌广告",是为了吸引顾客的注意,而在门前悬挂的一些布招。幌子的出现与原始人的图腾崇拜有着最直接的渊源。图腾崇拜的形象多以雕刻、绘制的方法呈现在木板或石壁上。国家形成后,一些国家的国徽、族徽以及王冠的图形较多地使用在旗帜上,也可以视为非商业性质的幌子广告。

作为商业广告形式的幌子最初被称为"悬帜"。《韩非子·外储说》中有"宋人有沽酒者,升概甚平,遇客甚谨,为酒甚美,悬帜甚高",这应该是对我国酒家酒旗最早的记录。此后,这种以异常醒目的视觉形象标示店铺经营商品类别或服务项目等属性的广告形式迅速普及,几乎为各行各业商家所必备,因而又被人称为"行标"(即行业标记)。

招幌广告一般以商品或可以借代的物品图案为基本造型,生动形象、简洁明快、一目了然,容易被顾客所接受。根据其标示方式大致可将其分为形象幌、标志幌和文字幌三类。

其中,形象幌最为常见,多以实物(或实物的一部分)、实物模型以及商品的附属物等构型。例如,卖麻者挂一束麻,即以实物

第二章 广告发展概述

作标志的原始形态的招幌。若店铺经营之物不宜久挂,或体积过大难以悬挂,或实物太小不够醒目,这样商家便悬挂与实物形象一致的大模型作幌子,以象形物代替实物,其实是实物幌子的变异形式,如鱼店门前悬挂大木鱼、蜡烛店挂木质红漆大烛为记等均属此类(图2-5)。当酒、油等商品无法悬挂时,聪明的商家便启用能引起人们联想的商品相关物来标示,如悬挂酒壶、油瓶作为标记等。

图 2-5 香烛铺幌子

标志幌多为旗幌,尤以酒旗最为普遍,杜牧"水村山郭酒旗风"的诗句可谓妇孺皆知,《水浒传》里"三碗不过冈"的酒旗更引出一段英雄传奇。除旗幌外,古代旅店、饭店常经营至深夜,故以灯笼作为标识物的"灯幌",宛如现代的灯箱广告般,亦为人司空见惯。此外,旧时剃头行业往往悬挂白布旗帘,上书"朝阳取耳""灯下剃头"等字样标明服务项目,兼具标志幌和文字幌的特征。

由于古时普通百姓识字不多,所以文字幌多仅以单字或双字来简单标明经营类别,如茶、酒、帽、药、米、当等(如图 2-6)。当然,也有部分商家意识到树立品牌的重要性,或以店名,或以竞争优势书于招幌中进行宣传。

图 2-6 当铺幌子

古人在使用幌子时,还会辅以音响手段,不仅醒目,更能悦耳。例如,北京新街口外"宝兴斋"香蜡胰子铺的门帘前挂一铜铃,风吹便叮当作响,人称"响铃寺",由此可见商家的经营智慧。

幌子是一种商业传统,是一种古代艺术,更具有极为丰富的文化内涵,因其经济实用,成为众多商家首选的广告手段。即便是在崇尚新潮的现代社会中,相信一面布幌也会为店家带来意想不到的效果。

2. 招牌

常与幌子并举的是招牌,主要是用来指示店铺的名称和记号,可称为店标(店铺的名称),它由文字和图案等构成。根据位置不同可将招牌分为竖招(挂在墙、门、柱上竖写的招牌)、横招(镶刻在门前牌坊上横题的字号或悬挂在屋檐下的匾额)、坐招(置于门前或柜台上的招牌)和墙招(书于墙面的文字,多为本店经营范围、类别等内容)四类(图 2-7)。

第二章 广告发展概述

图 2-7 《清明上河图》中古代的落地招牌和悬挂招牌

招牌是由悬帜发展而来的，唐五代时仅在官府统一管理的市场内有招牌，至宋代几乎每家店铺都有自己的招牌，以文字标明店铺名称、用图画显示行业性质的招牌已遍及城乡，如膏药店画膏药，铁铺店面前画刀、钳标记等。

至明清两代，招牌广告无论从内容还是形式上都更加成熟。这表现在三个方面：第一，出于行业竞争考虑，为达到最佳传播效果，招牌的质地、造型、做工、色泽、纹样以及悬挂方式等设计制作均变得异常考究。例如，采用上好楠木，以传统工艺漆制的黑色底面、四周镶花边纹饰、正中配耀眼金字或红赤字的牌匾，显得古朴、大方、稳重，为众多商家所使用。第二，为提升店铺身价和档次，不少店主重金礼聘名人题匾，并且在匾文上做文章。或以吉祥如意为主题，如专做清朝宫廷生意的"内联陞鞋店"取"大内""联升三级"之意，投宫廷官宦所好以招揽生意；或借文人典故、历史故事为题大肆宣传，如明朝奸臣严嵩常派人去"六必居"买酒，店主最终成功求得真迹等；尤其是一些采用传统对联形式题写的匾文，更是脍炙人口，如旅店"未晚先投宿，鸡鸣早看天"，九江得阳楼"世间无此酒，天下有名楼"，朱元璋为阉猪人家写的"双手劈开生死路，一刀斩断是非根"，祝枝山为酒馆写的"东不管西不管，我管酒管；兴也罢衰也罢，请吧喝吧"等，这无疑使得招牌这一商业手段具备了浓厚的文化内涵，甚至成为书法艺术的珍品。第三，宋代以前招牌仅仅是店铺的标志，到明清两代招牌已不再是以单调的姓氏或街坊名字为字号,而是被赋予更深远的含义,成为商家物质财富和精神财富的象征,被视为立身之本、传家之宝。例如,这一时期商家注重以儒家"以义取利"的思想为主导,在商业活动中特别讲究商业道德与信誉,如已有300余年历史的北京同仁堂药店"童叟无欺"的商业信条,著名的"全聚德"烤鸭店"全仁聚德,财源茂盛"的经营理念等。因此,招牌事实上已经成为商家的品牌标识,一代代商人则会视如性命般倾全力来保护和珍惜招牌的声誉。

3. 店内装饰

随着商品经济的发展,商家竞争日趋激烈,商人在提高商品、店铺知名度和影响力方面的投入也越来越大。一些大的商铺不仅要有华贵、艺术的招牌,还要有富丽堂皇的店内装饰。由此,店内装饰也成为广告竞争的主要形式。在《清明上河图》中可以看到一家"正店",其店面装饰已十分讲究;宋人孟元老在《东京梦华录》中记载鼎盛时期的丰乐楼"三层相高,五楼相向,各有飞桥栏槛,明暗相通,珠帘绣额,灯烛晃耀";同为宋人的吴自牧所著《梦粱录》对杭州的描述"今杭城茶肆亦如之,插四时之花,挂名人画,装点门面",更是足以见得当时商人们已重视店堂装饰。而此后元、明、清各朝这种店堂装饰更是"竞比奢华"。除上述三种主要形式外,古代酒店还经常采用彩楼等广告形式,其实质是店铺的门面装潢,使之别具一格便于识别,起到类似于招牌广告的作用,如《东京梦华录》中便有"凡京师酒店,门首皆彩楼、欢门"的记载。可见,古代的店铺广告不仅仅具有商业价值,其浓厚的民俗特色、文化内涵更是后人了解古代社会历史文化不可或缺的重要组成部分。

(四)印刷广告

印刷广告是古代广告中比较先进的一种形式。现收藏于上海博物馆的北宋时期济南刘家针铺的广告铜板,是我国现存最早

第二章 广告发展概述

的工商业印刷广告。铜板四寸见方,上刻"济南刘家功夫针铺"字样,中间是白兔抱铁杵捣药的图案,在图案的左右各有四字——"认门前白"和"兔儿为记",铜板下半部刻有说明商品质地、做工、销售办法的文字:"收买上等钢条,造功夫细针,不偷工,民便用,若被兴贩,别有加饶。请记白(兔)。"铜板画面布局合理,构图严谨,借神话传说为商标图案,寓意产品工艺精良,劝说消费者对产品树立信心。文字、商标、宣传语及说明一应俱全,可以说是相当完善的古代印刷广告,它既可以作针铺的外层包装纸印制,又可以作为单独的商品宣传单或广告招贴发放。这则广告是迄今为止所发现的世界上最早的印刷广告,比欧洲出现的第一张印刷广告早四五百年(图 2-8)。

图 2-8 济南刘家功夫针铺的广告铜板

元代商家已普遍使用印刷广告,并开始把广告印在包装纸上作为商品包装的重要构成,这就发展出了包装广告。至明清时期,我国还出现了套色印刷的木版年画,多以民间故事、戏剧人物为题材,辅以福禄寿喜等字样,色彩艳丽、图文并茂、生动有趣,商家多用这些木版画作商品包装。直至民国时期,木版画仍是宣传商品以及商家经营信息的重要手段。

总体而言,与经济发展相适应,我国广告萌生于原始社会,并在进入封建社会之后持续发展,出现了多种形式的广告,但在自给自足的自然经济条件下,这种发展却非常缓慢。鸦片战争以后,伴随西方经济文化对中国社会生活影响的不断扩大和深化,我国广告发展也步入了一个新的阶段。

二、鸦片战争到中华人民共和国成立前阶段

鸦片战争后,中国沦为半殖民地半封建社会,"五口通商"口岸被迫开放,外国商品大量涌入中国市场,给封闭的内地市场带来巨大冲击。帝国主义为了达到资本最大化,在大量倾销商品的同时,也带来了各种广告形式,出现了报纸、杂志、路牌、霓虹灯、车身以及橱窗陈列等广告。广告形式的多样化进一步促进了广告行业的产生,同时催生了对广告行业理论方面的研究著作。可以这样说,是现代工业革命带动了中国近代广告业的发展。与古代相比,在广告形式、广告行业的产生与发展方面,近代广告业都取得了极大进步。

(一)形式多样的近代广告

中国近代广告最大的突破或最突出的特征是开始利用先进的传播媒介传递广告信息,而报刊广告和电台广告是最主要的两种形式。

1. 报刊广告

中国近代广告业的发展与社会商业和报刊业的发展具有密不可分的关联。外国资本和商品在鸦片战争后开始大量涌入中国市场,刺激了中国民族商业和商品生产的发展,民族资本主义萌生,由此一大批拥有爱国之心的民族资本家展开了与外国商人之间的激烈竞争,这就加速了中国近代广告业的发展。为推销商品、报道商情,商业报纸开始在中国兴起,这些报纸大都设有"各

行告白""各货行情""航船日期"等专栏,登载商业广告,有些报纸甚至用近2/3的版面,为商品贸易宣传造势。1861年英商在上海创办了第一家商业中文报纸《上海新报》,1868年英美创刊的《中国教会新报》(《万国公报》的前身)等报纸均刊登了大量英商企业广告,有银行广告、药房广告、货轮广告等。由此,报纸广告逐渐成为这一时期企业商家开展广告宣传的首选形式。19世纪末至20世纪初,中国人自己创办的报刊,如《昭文新报》《循环日报》《汇报》等也汲取外商办报经验,设置专门的广告版面,为民族工商业与外商产品竞争提供有力支持。更重要的是,随着报刊广告的繁荣,还造就了一个新的行业——广告代理商,这标志着中国近代广告发展进入了一个全新的历史阶段。

清末民初,杂志广告也开始盛行起来,如1833年在广州出版的我国境内第一家中文杂志《东西洋考每月统计传》月刊,其内容除包括社会新闻、政治、科学外,还刊登商业动态;而1904年由商务印书馆创办的、我国期刊史上首屈一指的大型综合性杂志《东方杂志》,更是每期都刊登商业广告。

随着报刊广告的繁荣,中国近代广告表现形式和制作水平也获得了极大提高,到20世纪30年代,风格各异、图文并茂的报刊广告,已成为这一时期都市文化、商业文明的最好写照。

2. 广播广告

1922年,美国商人奥斯邦于上海建造了一座50W的电台。随着中国无线电公司的成立,我国电波广告的序幕也逐渐拉开。紧接着美商新孚洋行和开洛公司的广播公司也相继开播。1927年3月18日,上海新新公司为推销自制的矿石收音机,开办了一座十分简陋的广播电台,这是中国第一家民办广播电台,播出内容包括行市、时事与音乐等。不久,在天津、北京也陆续开设了电台。到1936年,仅上海就有华资私人电台36座、外资4座、国民政府电台和交通部电台各1座。这些广播电台都主要靠播放广告来维持自身运营,而且为了吸引广告商和听众,不断推出各种形式的广播和广告节目,这就同时推动了广播业和广告业的发展。

广播广告的出现,颠覆了传统的广告形式,它不仅扩大了广告宣传的范围,而且传递的商品信息较报刊广告更加多样与灵活。

3. 户外广告

人们对商品的需求越多,对商品信息的关注度也就越高。这一时期的户外广告以霓虹灯广告、路牌广告、车身广告等为主。

(1)霓虹灯广告。

1926年,上海南京东路伊文思图书公司在橱窗内设置了"皇家打字机"的霓虹灯广告,这是我国第一个霓虹灯广告。第二年,由上海远东化学制造厂为上海中央大旅社制作的霓虹灯广告竖立起来,这是我国第一个露天霓虹灯广告。此后越来越多的商家用霓虹灯装点门面,古老的招牌广告获得了现代形式的全新展现,而且交相辉映、闪烁不停的霓虹灯也点亮了都市的夜晚,成为大都会的重要标志。

(2)路牌广告。

20世纪20年代,竖立在路边、屋顶的路牌广告也成为都市的一道风景线。早期的路牌广告常使用木架支撑,铁板装饰,油漆绘制,放置在交通路口、铁路沿线或车站人流较多的地方。路牌广告多是香烟、化妆品、药品和电影广告,为吸引注意力,多采用巨幅、美女、明星等手段。例如,旧上海的"人丹""五洲固本皂""冠生园糖果饼干""三和酱菜""先施化妆品"等路牌广告,都是无人不知、无人不晓的著名品牌的户外广告。

(3)橱窗广告。

橱窗广告由实物广告发展而来,并配合着光影、电力以及音响等形式,吸引顾客的注意。在人群涌动的街头,明净的橱窗内或放以实物,或张贴精美海报,来吸引顾客驻足,从而步入商店细观或选购。20世纪20年代初,橱窗广告就已经被精明的商家作为有效的广告手段加以利用。20世纪30年代中期,上海的四大百货公司率先在各自门前设置大型橱窗广告,同时以收取租金的方式租赁橱窗的陈设场所,其中的商机不言自明,之后的一些中小商店纷纷效仿,设置橱窗广告。

(4)车身广告。

车身广告可以追溯到20世纪20年代初,那时汽车在上海刚刚出现,就有一些聪明的厂商利用运送货物的汽车,在车厢两侧打上企业名称、商标、品牌等,做起不花钱的户外移动广告,向路人和客户传递商品信息。1908年3月5日,上海第一条有轨电车线路在英美公共租界正式通车营业,贯穿上海最繁华的闹市中心。在旧上海,每当开辟一条新线路,新闻界都会对此做一番报道,这引来了广告商标新立异的创意,策划了电车广告的新形式。此后,广告便随着公共车辆在川流不息的人群中运动,展示有关药品、饮料、化妆品、香烟的文字和图案,给人留下深刻印象。

这一时期,样品广告、招贴广告等也不断推陈出新,争奇斗艳的广告鳞次栉比,充分显现着大都会商业的繁荣。

(5)月份牌广告。

借用在中国最有群众性的民间年画配以月历节气,融入商品广告信息的月份牌年画是近代风行中国城乡的一种重要广告形式(图2-9)。其画面除了商品宣传外,表现的大都是中国传统题材的形象,或山水,或仕女人物,或戏曲故事场面等,后来则多以时装美女为主要形象。其在艺术手法上最初以中国传统工笔淡彩或重彩作表现,后来发展为以西洋擦笔水彩细腻的写实手法作表现,色彩明净鲜丽,并且大都用技术更为先进的铜版纸以胶版彩色精印,上下两端还镶有铜边,上端铜边居中穿孔,便于张挂。这些月份牌大多免费赠送给顾客,人们则将这种配有月历节气的商品宣传画整年张挂在家里,既可装饰欣赏,又可查阅日期节气,对商人而言,则无疑发挥了更加理想的广告效果。

图 2-9 以时装美女为主要形象的月份牌广告风靡全国

(二)广告行业的产生与发展

19世纪末至20世纪初发展的中国新闻业,客观上推动了广告业在20世纪30年代达到鼎盛。广告代理商开始在我国出现,企业和报社内部纷纷成立广告部门、专业广告公司等相关行业组织,这些都标志着中国广告业发展到了一个新的阶段。

广告代理商是由报纸广告代理人演变而来。早期报馆广告代理人既拉广告生意赚钱又兼卖报纸盈利。随着社会分工的进一步细化,这些代理人逐渐演变为专业代理人,单纯依靠给报纸、杂志拉广告为业。后来,早期广告代理人四处奔走为报纸承揽广告业务并从中收取佣金的模式,已无法保障报馆长期稳定的收益,于是报馆内部开始设置广告部,而合作关系良好的一部分广告代理人也就随之演变为报馆广告部的正式雇员。与之相呼应,企业、商家出于推广商品、参与竞争的考虑,也越来越倚重广告,像南洋兄弟烟草公司、中国化学工业社、信谊药厂等一批有实力、有远见的企业,在企业内部成立了广告部,使广告设计制作能力和销售推广效果都获得了极大提高。那些没有条件设立广告部的中小型企业,则寻求专门的广告代理商设计和制作广告,由此引发了 20 世纪初期,一批专营广告制作业务的广告社和广告公司在上海、北平、天津、重庆等地纷纷涌现。

广告公司的兴起是我国广告发展史上的又一个里程碑。1909 年,吴兴人王梓濂在上海三马路设立了第一个由华人开办的"维罗广告社",这标志着华人广告职业和职业广告人的诞生。20 世纪 20 年代前后,外商在上海设立的广告公司与日俱增。

随着广告业的兴起,各类广告行业组织也相继成立。1919 年我国最早的广告行业组织"中国广告公会"在上海成立;1927 年,旨在维护和争取共同利益、解决上海同行之间业务纠纷的"中华广告公会"由维罗、耀南等六家广告社发起建立,该公会此后历次更名,1946 年改为"上海市广告商业同业公会",发展了 90 多个会员,几乎囊括当时上海的全部广告公司,是中华人民共和国成立前规模最大、持续时间较长、影响最广的广告行业组织,用以制定行业标准,解决同行业内部的纷争,争取共同的利益。

与此同时,国民政府也对广告活动实施管理,在民法、刑法、交通法、出版法中均有涉及广告的条款,并开始征收广告税。但由于战争不断,广告活动实际上几乎是处于放任自流的无政府状态,广告管理基本上仅仅表现为行业内部的自我约束,因此虚假广告、不道德竞争现象时有发生,消费者权益难以保证。

三、中华人民共和国成立后艰难恢复与快速发展阶段

中华人民共和国广告行业的发展先后经历了恢复—停滞—发展三个时期。

(一)恢复时期

中华人民共和国成立初期,资金短缺,原料匮乏,经济处于风雨飘摇极端危难时期。为稳定经济形势,人民政府采取了各项有效措施,在广告业比较集中的沪、京、津、渝等地率先成立相应的广告管理机构,同时,还举办过几次全国性展览会和国际博览会。

伴随国民经济的复苏,各地传媒业也开始进入恢复发展期:《北京日报》《解放日报》《文汇报》《大众日报》等上百种报纸从中华人民共和国成立之初陆续创刊、复刊,并纷纷刊登广告;北京、上海、南京、天津等83座广播电台在中华人民共和国成立不久也开设了广告节目。除此之外,这一阶段党和政府对广告事业也给予了高度重视:1956年6月刘少奇视察中央广播事业局,肯定了广告对于经济建设的积极作用,对轻视广告的思想提出了批评;1957年,商业部派观察员赴布拉格出席由3个国家参加的国际广告工作者会议,这是中华人民共和国成立之后政府第一次与外国广告界的业务接触;1958年,商业部在北京组织召开国际广告会议,介绍国外广告业发展现状,并对我国广告业发展进行研讨,此次会议最突出的成就是归纳出我国社会主义广告政策性、思想性、真实性、艺术性的特点,继而以此为指导,推动了我国广告业的恢复与发展。

(二)停滞时期

尽管有政策支持和国家领导人的关心重视,但总体来看,中华人民共和国成立后广告业恢复和发展进程依然举步维艰,甚为缓慢。特别是从20世纪50年代末至60年代初,我国与国际广告界的接触交流几乎断绝,国内几乎没有商业广告可言。在中国广告史上,这一阶段的广告业几近空白,陷入全面停滞阶段。

(三)发展时期

1978年12月中共中央十一届三中全会召开。此后,随着商品生产不断发展,对外贸易极速增长,这就势必要求企业重新开拓市场、迅速扩大销路。与此同时,各地报社、广播电台、电视台出于自身经营发展的需要,也开始小心翼翼地尝试恢复广告业务,这就为广告业的恢复和发展提供了契机。正是社会经济全面复苏带动了传媒产业的进步,继而为广告业的辉煌提供了可能,而随着广告业的发展,新时期以来广告管理的不断完善与规范,广告研究与教学也迅速升温,这又反过来推动了我国传媒业空前繁荣、对外贸易快速增长以及国民经济整体的持续发展。所以,从这个意义上来讲,中国广告业真正进入全面繁荣、蓬勃兴盛阶段,实现多元、高效发展,是以1979年作为新的历史起点的,而这一年也因此被人们称为中国广告"元年"。

至1979年12月底中央人民广播电台开始播放广告,并于1980年1月开播广告节目,商业广告在全国各类媒体上惊艳亮相,且迅即融入人们的日常生活中,作用于社会的方方面面。由于其强力介入,很快便彻底激活了我国传媒产业,特别是全面更新了传媒经营观念,促成其运营模式和发展格局的逐步蜕变,使传媒业与广告业携手共赴辉煌。

第二节 国外广告发展概述

在世界各国,广告的产生与发展都遵循着共同的规律:伴随商品生产而产生,跟随经济的兴旺而发展,适应科技的进步而更新。科学技术的每一次变革都会带动传播手段的革新,从而对广告发展产生巨大推力。因此,依据广告技术发展水平,一般可以将世界广告发展历程分为三个阶段:从远古到15世纪四五十年代,以德国工匠谷登堡发明铅活字印刷术并得到广泛应用为标志,世界广告走过了漫长的原始阶段,此阶段广告只能依靠手工绘制与抄写,数量及传播范围均十分有限;15世纪中叶至19世纪中期,是广告发展的近代阶段,印刷广告成为这一阶段最主要的广告形式;19世纪中期以后,世界广告发展到以媒介大众化和行业专业化为基本特征的现代阶段,特别是20世纪80年代以来,广告已不再单纯是一种商业宣传手段,而是发展成为一门综合性的信息产业,广告传播活动走向全面整合。

一、原始广告

世界上最早的广告是通过声音传播的叫卖广告。早在奴隶社会初期的古希腊,贩卖奴隶、牲畜的商人们就开始通过有节奏的吆喝来达到吸引注意、公开宣传的目的;此后,古罗马大街上也充盈着商贩的叫卖声;而位于非洲北海岸(今突尼斯)、与罗马隔海相望的古代商业高度发达的迦太基(该词源于腓尼基语,意为"新的城市"),更曾因无数响彻全城的叫卖声而闻名;同样,根据保留下来的刻有楔形文字的瓦片记载,早在公元前3000—前2000年,古巴比伦就已经有商人雇佣叫卖人通过口头叫卖招揽顾客。

除商业目的外,早期广告还有很多带有政治宣传色彩,如公元前3000年的古亚述帝国、古巴比伦王国,以及距今2600年的迦勒底人,都曾建筑刻有文字和图案的纪念牌,以宣扬统治者的赫赫战功。

目前,学界公认的世界上最早的文字广告,大约出现在公元前1000年的埃及尼罗河畔的古城底比斯。一位奴隶主为缉拿逃奴谢姆,在莎草纸上手写了一则悬赏广告,其内容为:"男奴谢姆(Sham)从善良市民织布店主人哈布处逃走,坦诚善良的市民们,请协助按布告所说将其带回:他身高5英尺2英寸,面红目褐,有告知其下落者,奉送金环一只;将其带回店者,愿奉送金环一副。——能按您的愿望织就最好布料的织布师哈布"。这则广告现存于英国博物馆中,是典型的手抄式"广告传单"。

几乎与文字广告同时出现的是具有象征意义的商标字号,它是由实物广告演变而来,也是一种古老的广告形式。在这一阶段这类具有象征意义的商标字号已经被人广泛且长久地使用了。如古罗马时期,用一个正在喝酒的士兵的图案表示酒店,以山羊标记奶品厂,用骡子拉磨盘表示面包房,而一个孩子被鞭子抽打则是一所学校采用的标记;流传至中世纪的英国,一只手臂挥锤表示金匠作坊,三只鸽子和一只节杖代表纺线厂,而伦敦第一家印第安雪茄烟厂的标记,则是由造船木工用船上的桅杆雕刻出来的。这些独具匠心的图案、标记将不同的行业划分开来,使人一目了然、过目不忘。

二、近代印刷广告

叫卖、实物、招牌等原始广告形态的信息传播能力归根结底还是极为有限,直到印刷术的发明和广泛使用,才极大地改进了广告的传播手段,扩大了传播空间,提高了传播效力,由此世界广告发展到了新的阶段。

(一)书籍广告

13世纪末,活字印刷术由我国传入欧洲。1450年,德国人谷登堡发明了铅活字印刷术,自此,西方步入印刷广告时代。1475年,英国人威廉·卡克斯顿创办了一个印刷所,并印行了一本法译英的小说集,这大概是世界上第一本机器印行的英文书籍,于是印刷出版业在欧洲各国发展起来。两年后,同样是卡克斯顿,为推销其印制的《圣经》之类的图书,撰写并用机器印制了世界上第一则英文印刷广告。这则长17.5cm、宽12.5cm的广告内容为:"倘若任何人,无论教内或教外人士,愿意取得适用于桑斯伯莱大教堂的仪式书籍,而其所用字体又与本广告所使用者相同,请移驾至西敏斯特附近购买,价格低廉。"出售处有盾形标记,自上至下有一条红线纵贯,以为辨识。早期印刷广告的对象大多是印刷商们自己印制的其他书籍的介绍,但随着书籍在欧洲各国的大量出版和发行,特别是书籍购买者多为受过教育的高消费群体,其他行业也渐渐看好这一全新的广告形式,印刷广告也就迅速普及开来,于是再出现在这些书籍空白页上的就不仅仅只是书籍广告,而是扩大到诸如咖啡等其他商品领域了。

（二）报纸广告

16世纪欧洲文艺复兴之后,资本主义经济获得了进一步发展。伴随哥伦布发现美洲新大陆、麦哲伦环球航行成功,以英国东印度公司建立为标志,欧洲英、法、荷、德等老牌资本主义国家开始在亚洲、美洲、非洲疯狂瓜分殖民地。与资本主义原始积累和殖民地掠夺加剧相伴而生的是欧洲各国的生产与消费都逐渐呈现出现代性和世界性的特征,最突出的便是人们对信息的需求与日俱增。也就是在这一时期,一种新的现代广告媒介——报纸,终于在欧洲诞生,并且由于机器印刷的推广,原先不定期的手抄报发展成了定期出版大量发行的印刷报,并迅速风靡了整个欧洲。

随着报业的发展,报纸广告也越来越多,到19世纪30年代,美国已有200种报纸,其中日报65种;英国在1837年共有400多种报纸,刊出广告达8万余条。而且,这一时期许多报纸的广告出现在第一版,半版甚至整版的头版广告屡见不鲜,由此可见当时受众对新闻和广告具有同等的需求。这就为广告业的飞速发展提供了可能。但同时,受印刷技术的限制,此期广告形式较为单一,典型的是通栏文字广告,很少配有图案,即便为数不多的广告应用了插图,也大都粗糙不堪。另外,由于经济和社会教育等因素的制约,这一时期报纸定价普遍较高,受众面和量都较小,作为传播媒介,报纸发行量远未达到大众化程度,因此报纸广告的影响自然也就不大。而这种状况,一直等到此后"便士报"的出现才得以改变。

（三）杂志广告

在报业发展的同时,机器印刷还催生了一种新的媒介——杂志,而杂志的陆续出现又为广告提供了新的载体。1645年1月15日,《每周报道》(*The Weekly Account*)杂志第一次开辟了广告专栏,首次使用了沿用至今的Advertisement一词来标明"广告"。

在报纸、杂志盛行的同时,德国人阿洛依斯·重菲尔德在1706年又发明了石印,开创了印制五彩缤纷的招贴广告的历史。由此,各种类型的印刷广告成为15世纪至19世纪中期最重要的广告形式。

三、现代广告

经过工业革命后一个多世纪的发展,资本主义经济逐步走向现代化,大量电信设备的出现,使广告进入了现代化的电子技术时代,呈现出媒介大众化的基本特征。另外,经济的蓬勃发展,促使广告行业专业化,并规范了业内各方面的标准,进一步提高广告制作的技术水平和经营管理水平。

(一)媒介大众化

1. 报刊广告

广告发展历程中的一个重大变化是真正意义上的大众传媒的诞生。此前,商业报纸或者政党报纸的售价较高,目标受众较少,报纸发行量普遍偏低。例如,《纽约太阳报》创办之前,纽约报纸的售价一般为6美分,而普通市民买不起也不喜欢看这些报纸,致使在拥有近13万人口的纽约市,当时7家报纸的发行总量还不足10000份。这一状况由于"便士报"的出现得以改变。1833年9月3日,本杰明·戴成功创办了第一份"便士报"——《纽约太阳报》,该报售价仅为1美分,切实体现了其"照耀所有人(It Shines for All)"的办报宗旨。短短6个月,《纽约太阳报》的发行量便达到了8000份左右,其发行量是与之相接近的报纸的2倍。由此,"便士报运动"在全球正式掀起。低廉的售价改变了以前只有富人才买得起报纸的局面,注重娱乐化和通俗性的定位也使得报纸的可读性获得了普通劳动者的认可。由于买报人不再需要支付报纸的全部成本,因此报社的收益主要依靠广告。由此,大众化的报纸也就变成了广告的最佳载体。便士报的出现激活了消费者市场和广告市场,从而使大众广告实现了革命性变革。到1842年,纽约报纸大多变身为便士报,而发行量也激增至近十万份。另外,报纸开始将消息和广告分开,这就改变了广告的发布形式和性质,使广告彻底脱离消息,获得独立的存在价值。

从便士报出现到"一战"前,世界上最有影响力的报纸(如英国《每日邮报》(1896年)、美国《纽约时报》(1851年)、日本《每日新闻》(1872年)、《读卖新闻》(1874年)、《朝日新闻》(1879年)等)先后创办,报刊向大众化方向的发展势不可挡,报刊广告成为企业推销商品最主要的手段,同时报刊广告还是报社、杂志社最重要的经济来源。这样一来,作为现代广告最主要的媒介形式之一,报刊将现代企业和现代广告业的发展紧密连接在了一起,并实现了三者共同的高速发展。

2. 广播广告

世界上最早开办电台的国家就是美国。在美国之后,其他国家也相继建立了广播电台。

随着电台经营成本的不断提高,为了从根本上解决资金压力,1922年广播广告正式诞生。同年的8月28日下午5时15分,纽约的一家电台向长岛的房地产商出售了5分钟的广告时段,介绍房地产商新建的"霍松·霍尔"公寓出售的信息。这则广告连续播出5天,广告费总计500美元。

随后,其他电台纷纷进行效仿,开始开设商业节目播出商业信息和企业广告。而使用这些电台的广播时间需要支付一定的费用,这些费用也就逐渐成为商业电台最主要的财政收入来源。因为无线广播是第一种覆盖全国的即时媒体,加之第一次世界大战后美国经济的蓬勃发展,工业生产和消费需求极速扩大,中产阶级数量持续增长,所以一些企业不惜重金在电台投放广告,以期获得轰动效应和销售佳绩。从此,广播这一新兴的大众传媒得到了繁荣,而且在不到20年的时间,美国广播广告就成了一个价值上亿美元的产业。

3. 电视广告

1936年,英国广播公司在伦敦市郊的亚历山大宫建成英国第一座公共电视台,它是世界上第一座正规的电视台,每天播放2小时的节目,拥有201名员工。1941年,美国也开始建立电视台。同年7月,联邦通讯委员会允许18家电视台开播,其中全国广播公司的纽约电视台和哥伦比亚广播公司的纽约电视台两家电视台在成立当天就实现了节目播出,而与此同时,世界上第一条电视广告出现了。1941年7月1日,全国广播公司(NBC)旗下的WNBC电视台在棒球赛播出前的10秒钟里播出了宝路华钟表公司(Bulova Watch Company)的电视广告,这则电视广告非常简单,仅是一支宝路华手表显示在一幅美国地图前面,并搭配了公司的口号旁白:"美国以宝路华的时间运行!"这则广告的费用仅为9美元。

第二次世界大战之后,电视机开始普及,美国电视业获得迅速发展,至20世纪60年代,美国90%以上的家庭都拥有了电视机,加之美国首创彩色电视,使收视效果日趋完美。因此,电视很快便超过了报刊和广播,成为第一位的大众传媒,拥有了最多的受众群体和最广的覆盖范围。又因为电视能够集语言、音响、画面于一体,所以成为发布产品信息最主要的渠道和广告最理想的传播媒介。直到现在,电视仍是广告商投放广告时的首选媒体。电视广告,特别是日用清洁类如肥皂等厂商的广告,频繁插播于当时人们热衷追看的长篇电视连续剧中,所以人们甚至以"肥皂剧"来指代这些电视连续剧,而这一称谓也一直沿用至今。可见,电视业与电视商业广告是同步发展、共赴辉煌的。

4. 其他广告形式

广播、电视、电影、录像、卫星通信、电子计算机及网络等电信设备和通信手段的发明创造,使广告进入了现代化的电子技术时代,新的广告形式不断产生,如挂历广告、空中广告;同时,新技术、新手段的采用,也进一步提高了其他各类广告形式的传播效果,带动着广告全面发展。都市里变幻闪烁的霓虹灯、灯箱广告,使传统的户外广告形式更加绚烂多彩;电话、直邮广告使古老的口耳相传、散发传单的广告形式更具效力;而各种产品的博览会、展销会,同样令实物陈列这种原始的广告手段重新获得巨大的商业价值,成为现代社会中重要的广告形式之一。在当今社会,只要能够达到宣传推广的效果,各种广告形式无所不用。应该说,现代社会中的广告进入了多元发展、媒介整合的时期。

(二)行业专业化

1. 广告研究专业化

商品经济的发展在一定程度上推动了广告行业的兴起,而新技术的发明创造、心理学研究的成果以及学科分化的必然,都使广告学经由创立、成熟和创新三个阶段,逐渐成为一门显学。

1898年,美国学者路易斯提出AIDA法则,强调广告的劝说功能是通过广告信息刺激受众心理而实现的,即一则广告要取得预期效果,就要经历引起公众注意、引导公众产生兴趣、激发公众消费欲望并促成公众产生相应消费行为的过程。1900年,美国心理学家哈洛·盖尔出版了《广告心理学》一书,强调商品广告的内容应该使消费者容易了解,并应适当运用心理学原理以引起消费者的注意和兴趣。1903年,美国西北大学校长、社会心理学家瓦尔特·狄尔·斯科特出版《广告论》(又译为《广告原理》)一书,指出心理学的应用范围十分广泛,不仅在广告业,对各行各业都有直接启发,从而为广告学的建立奠定了基础。之后,美国经济学家席克斯编著《广告学大纲》,对广告活动进行了较为系统的探讨。之后,美国社会学家罗斯的《社会心理学》和德国心理学家敏斯特伯格的《心理学与经济生活》等著作也对广告学的建立提供了理论依据。同期,自1902年起,美国宾夕法尼亚大学、加州大学、密西根大学和西北大学等高校都开始开设有关广告学方面的

第二章 广告发展概述

课程,培养了第一批科班出身的广告人。到 20 世纪 30 年代,广告学作为一门学科已经获得了社会的普遍关注。

从 20 世纪 20 年代起,传播学和市场学获得极大的发展和完善,并进一步推动广告学步入成熟。美国著名广告文案撰稿人约翰·肯尼迪创立了情理广告学派,他所提出的"广告是纸上推销术"的观点,借助"美国现代广告之父"拉斯克尔的影响在广告界流行开来。随后,成功策划喜力滋啤酒广告,使之从第五位短时间内跃居行业第一位的克劳德·霍普金斯继承和发展了肯尼迪的观点,他的著作《科学的广告》一书是美国广告专业学生的必读书目。提出创作一则好的广告关键在于找出商品本身固有的刺激,即找出商品中"与生俱来的戏剧性"的观点的著名广告大师李奥·贝纳则成为"芝加哥广告学派"的掌门人。20 世纪 40 年代,面对大众化消费时代的到来,罗瑟·瑞夫斯提出了 USP("独特的销售主题")理念,并在 20 世纪 50 年代迅速流行。威廉·伯恩巴克提出的广告写作一定要有关联性、原创性和震撼力的理念则成为美国 DDB 广告公司的创意原则。20 世纪 60 年代美国广告"创意革命"旗手之一的大卫·奥格威创立了"品牌形象设计"理论,并因此被誉为"形象设计时代的建筑大师",他的《一个广告人的自白》一书既探讨广告创作,又涉及经营管理的现代化理论,自 1962 年出版以来已被译成 20 余种文字,成为世界范围内广告研究者和从业者必备的专业书籍。这一时期,美国很多广告公司的总部都集中在了纽约曼哈顿区的麦迪逊大道(Madison Avenue),这条街道因此成为美国广告业的代名词。

20 世纪 70 年代之后,新技术革命席卷全球,广告现代化手段和技巧随之有了极大变革,广告调研、媒体策划、广告表现等技术均借助微机操作日趋科学和精确,广告理论也在不断创新,CIS(企业识别系统)理念、定位理念、品牌性格理念、IMC 理念(整合营销传播)、TG & AL(全球化策划与本土化执行相结合)理念、CS(顾客满意策略)理念等相继更迭、互为补充,均体现着广告实践与理论研究持续创新的重大收获。同时,广告媒体研究、广告心理学研究、广告经济学、社会学、文化学以及传播学等交叉学科研究亦如雨后春笋般纷纷涌现,极大丰富和推动了广告学的研究与实践,使广告业得到了繁荣发展。

2. 广告行业职业化

广告业的高速发展很大一部分原因是出现了大批职业广告人,而广告成为一种职业,则主要源于广告代理制的建立和专业广告公司的出现。

19世纪40年代的美国,很多广告公司真正出现并建立了现代意义上的普遍适用的广告代理制度。1869年,与帕尔默、罗威尔并称为现代广告公司三大奠基人,并被誉为"现代广告公司先驱"的F.魏兰德·艾耶(F. Wayland Ayer)在费城开办了一家广告公司。从此,广告业敞开了为企业服务的大门。广告公司的活动和蓬勃发展,对企业、消费者和媒体,对商品生产、交换和市场竞争,对加速经济繁荣和更新生活观念,都产生了难以估量的深刻影响。广告专业化服务的时代正式到来了。

第三节 中外广告发展现状比较分析

一、中国广告业发展的现状

改革开放以来,中国社会发生了巨大变革。对内搞活、对外开放的经济政策,有计划、有步骤开展的经济体制改革,使得我国社会经济持续、稳定、协调发展,人民消费水平节节攀高,总体生活水平不断改善。商品经济蓬勃发展,城乡市场繁荣兴旺,商业活动异常活跃,为我国广告事业的全面勃兴与走向辉煌注入了新的生命力。特别是进入20世纪90年代,《关于加快广告业发展的规划纲要》(1993年7月,国家工商行政管理局和国家计划委员会联合制定)明确了广告业向知识、技术、人才密集的高新技术产

第二章 广告发展概述

业发展的战略和方向,进一步加快了我国广告业向现代化和国际化迈进的步伐。

(一)当代中国广告发展的概况

1. 中国广告市场发展迅速

作为广告活动的重要主体,广告公司在社会经济发展中扮演着重要角色。广告公司的发展情况必然体现着一个国家广告业的发达程度。

近年来,中国广告行业市场规模呈逐年增长趋势:

2010年,中国广告行业实现营业收入2340.50亿元,同比增长14.67%。

2011年,中国广告行业实现营业收入3125.55亿元,同比增长33.54%。

2012年,中国广告行业实现营业收入4673.90亿元,同比增长49.54%。

2013年,我国广告企业达到44.5万家,同比增长17.9%;广告从业人员达262.2万人,同比增长20.4%;广告经营额达5019.7亿元,同比增长6.8%。目前,中国广告市场居世界第二,仅次于美国。

2016年广告行业规模达到6489亿元,同比增长8.6%。2016年,中国网络广告市场规模达到2552亿元,同比增长19.5%。在经过多年的高速发展之后,互联网广告市场趋于成熟,无论增速还是市场结构都进一步趋于稳定。移动广告方面,2016年中国移动广告市场规模达到1750.2亿元,同比增长率为75.4%,发展势头依旧强劲,增速远远高于网络广告市场增速。

2. 传统媒体空前繁荣,新型传媒发展迅速

随着社会经济的发展,传媒业也进入空前繁荣时期,可供企业选用的广告媒体种类越来越多,这同样推动了广告行业步入繁

荣。目前，广告传媒大致可以分为传统媒体和新型传媒两大类。其中，传统媒体主要是指纸、杂志、电台、电视、户外广告牌等；新型传媒主要包括所有基于互联网技术的媒体和平台，如综合网站（新浪、搜狐等）、即时视讯通话平台、网络游戏平台、搜索引擎、博客平台、电子邮件以及网络电子杂志平台等。

3. 广告投放持续升温

衡量一个国家或地区经济发展程度和广告业发达与否的一个重要指标就是广告投放量。中国广告业恢复之初，1979年全年广告收入仅为1500万元，在此之后，中国广告市场连年保持稳定快速的增长，至2008年，广告市场达1899亿元，2013年已达到5019.75亿元。中国广告市场的良好环境在很大程度上得益于中国经济的稳定健康发展、国内消费的强劲拉动。中国广告市场作为新兴市场，与起飞的中国经济一起快速成长，在市场总量上同美国和日本两个广告大国的差距正在日渐缩小，尤其在近十年来，中国广告业发展迅速，广告经营额年均递增30%左右，中国已经成为全球第二大广告市场。

需要指出的是，尽管中国广告业总体发展趋势令人振奋，但与发达国家相比，中国广告业仍存在着专业化和组织化程度不高、创新能力不强、高端专业技术人才匮乏、综合竞争力较弱等问题。"广告经营额占国内生产总值的比重、占社会消费品零售总额的比重也明显偏低。2012年，我国广告经营额占GDP的比重为0.91%，2013年占0.88%，都不到1%。而在发达国家，这一数字通常为2%。"因此，从中国和当前发达国家广告市场的差距中我们不难发现，中国广告市场离成熟阶段还有一定距离。

国内广告市场从2013年开始增速放缓到个位数，一方面是因为2013年市场规模达到5000亿之后，高基数后增速放缓，另一方面，广告行业与GDP历来高度相关，经济景气低迷时，广告主对未来收入预期不乐观，相应广告投入也会缩减。

2017年上半年，各媒介广告增长贡献量中，电视、报纸、杂志、传统、户外、交通类视频等传统媒介呈现不同程度的负增长;而新兴媒介这边,电梯海报、影院视频、电梯电视以及互联网等新媒体则呈现出依次递增的上升趋势。

4. 中国香港广告业的发展

香港地区广告业发达,广告媒体种类繁多,特点之一就是电视媒体在广告中占有重要地位,另一个特点就是香港的户外广告媒介非常发达,主要包括招牌、广告牌、霓虹灯、墙幕等。在香港的每条街道上,广告的分布可以说达到了见缝插针的地步。此外,香港的邮寄广告、交通广告业也较为发达。

(1)广告是香港人生活不可分割的一部分。广告成为香港人生活的一部分,并逐步影响了社会风气和消费文化。一些广告术语、宣传口号都成为香港人的口头禅,彻底融入人们的生活。在自由经济体系中,广告透过各种媒介推广商品、建立品牌、塑造形象,有利于促进经济增长与社会发展,它伴随香港成长,见证着香港的转变以及科技的进步,其形式与载体日新月异。

(2)注重中西文化交融的广告设计理念。香港设计水平不断提高,设计创意受到注重,设计技巧逐渐成熟,广告不断创新表达手法。此时期涌现许多华人设计,运用现代广告设计理念,融入对中国传统文化元素的思考,将古典情愫与现代设计理念的融合,突出中西文化交融的艺术特色。

(3)香港广告业已迈向成熟。经过多年发展,香港广告业已经实现规范化、数字化、国际化,其广告公司已成为具备与消费者进行综合沟通能力的多元化顾问型企业。此时香港广告牌行业起飞,外来文化的涌入与经济环境的改善下,香港人有机会吸收多方面的知识与技术,创作能力大为提升。

(二)中国广告业发展存在的问题及应对措施

1. 广告载体利用失衡

广告主会普遍感受到广告预算紧张且日渐注重广告的短期

促销效果,所以更愿意将广告集中投放到一种或几种自以为熟悉的大众媒介上,于是导致紧俏媒介广告收入节节看涨、非紧俏媒介广告收入增速缓慢的现象,即便在同一媒体内部亦是如此,有些时段,版面供不应求,有的则长期滞销。这一方面说明媒体自身经营对广告推力和卖点存在不足,另一方面也说明了广告投放技巧的严重缺失。目前,我国广告载体主要集中在电视、报刊等大众传媒上,路牌、灯箱和广告招贴仅作为补充形式,处于边缘性存在的位置,直邮广告、公关代理活动、网络媒体等多种有效载体的广告效力和价值尚未被充分意识、发掘出来。特别是日益兴盛的网络媒体,微博、微信等传播手段对信息的推广已趋向白热化,然后广告业对网络媒体的利用率远达不到实际水平。因而,不断探索、总结各种广告载体,特别是那些新兴的分众媒体的独特效用及其组合技巧,是广告公司进一步提升运作能力的一个突破口。

2. 区域性发展失衡

广告如同经济发展的"晴雨表",由于我国存在着区域经济发展不平衡的现实,导致东部沿海地区广告业发展较快,而西部内陆省份及少数民族自治区则相对落后。

目前我国广告市场在地区分布上呈现出鲜明的四级梯队的特征。

第一梯队——北京、上海、广东,自20世纪90年代以来,三地广告经营总额约占全国广告经营总额的50%左右,是名副其实的全国三大广告中心。

第二梯队——江苏、浙江、山东,三省广告经营总额占全国总量的20%左右。

第三梯队——天津、辽宁、四川、福建、重庆、安徽,六省市广告经营总额占全国总量的16%。

第四梯队——其余接近2/3的省区,广告经营额占全国总额的比重不足20%。

可见,地区市场的广告容量与当地的经济发达程度息息相关。经济发达地区,企业广告意识强,媒体、广告公司也有良好发展,广告业就比较活跃,广告经营额度就大;反之亦然。因此,如何尽快实现区域性经济均衡发展、缩小城乡差距,成为促进广告业全面协调发展的亟须解决的关键问题。

3. 广告创新精神匮乏

与发达国家相比,目前我国的广告业不仅在广告制作设备和材料方面明显滞后甚至老化。例如,激光绘图等高技术仪器在国内使用率极低,影视拍摄技术、灯光、特技处理粗糙,三维动画制作软件普遍落后等,致使广告艺术表现形式单调、呆板;更为突出的是在广告创意和设计环节,循规蹈矩、缺乏创新和探索精神,直接导致了广告表现存在严重模式化的倾向,甚至是因袭守旧的恶果。对比国外令人拍案叫绝的优秀创意,这些不能不令人汗颜,创意思维模式的固化,成为中国广告业走出国门的拦路石。因此,除了加倍刻苦地研究国内外先进的广告理论与成功实践,更应该鼓励广告创意人员大胆创新,对各种优秀的艺术形式广泛了解、融汇吸纳。

4. 广告代理制需要不断完善

广告代理制的确立是广告市场规范化运行的标志。作为中立组织,代理商介于广告主、媒介与公众之间,沟通协调三者的关系。一个长期稳定的广告代理公司,不仅能够帮助企业开展信息、产品以及企业形象等宣传推广的业务,甚至还可为新产品研发、推广设计行之有效的方案,正因为如此,广告代理制现已成为一种国际惯例。但目前在我国,这一制度还没有得到很好的实施,除中央电视台外,大多数媒体都没有完全实行代理制,而是采取代理制和与企业直接签单制并存的方式。

二、外国广告发展的现状

(一)欧美广告行业发展现状

1. 英国广告业发展现状

据英国媒体中介机构协会最新公布的数据显示,英国的网上广告业务正以每年40%的速度激增。

英国的广告客户似乎对互联网特别青睐。他们认为在网上做广告的效率更高,成本更低。根据英国网络广告管理局公布的数据,2002年,英国网上广告业务量还只占广告总量的1.4%。2005年,英国人把近8%的广告发放在互联网上。但在网上广告业务激增的情况下,近年来英国广告的总业务量并没有太大增长,这说明传统媒体的广告客户资源正在流失。

在英国,大部分广告的投放着眼于全国。很多人认为,目前英国网络广告业的发展状况为美国及其他国家指引了方向。

以2017年为例,2017年前6个月,英国广告支出增长3.7%,达到108亿英镑,这是自1982年开始监测以来,涨幅最高的一次。

数字广告(包括网络广告和户外数字广告)支出增长推动了整体广告市场发展。数字广告占上半年所有广告支出的54%,即58亿英镑。

第二季度,数字广告支出增长4.0%。这是连续第16个季度保持增长趋势,也是自2015年第四季度以来的涨幅最高的一个季度。

移动广告支出第二季度增长36.1%,推动网络广告支出增长13.0%。其他数字广告格式表现同样强劲,如国家新闻品牌(+10.4%)、电视视频点播(+10.6%)、数字户外广告(+30.4%)和广播数字广告(+38.9%)。

其他媒体广告支出在第二季度也有所增长,包括电影(+14.4%)和直邮(+0.8)等。

2. 美国广告业发展现状

美国是世界广告业最发达的国家,也是现代广告业发展的代表。当今世界有三大城市被誉为世界广告中心,即纽约、东京和伦敦,每年都有几百亿美元的广告出自这三大城市。纽约拥有众多广告公司,"麦迪逊大道"也早已成为世界广告业最高水准的代名词。同时,世界广告行业组织——国际广告协会的总部就设在纽约。

作为现代广告业发展的风向标,美国广告市场现已形成科学的组织体系和有序、良性的运行机制,服务水准和经营效率很高,广告主企业、广告公司、广告媒体传播、广告调查机构以及广告管理机构等相互依存,既有竞争,又相得益彰,在运作模式和组织管理方面为世界广告业的发展贡献了丰厚的宝贵经验。同时,在广告观念、广告手法和经营方式上,美国广告业不断探索、革新,同样引领了世界广告业现代化发展的潮流。

美国广告业始终走在世界前沿,这与严苛的广告管理机构和广告法规是分不开的。美国政府对广告限制的机构有很多,包括联邦贸易委员会(FTC)、通讯委员会(FCC)、食品与药品的管理署(FDA)等。其中,美国政府在1914年成立的联邦贸易委员会,是广告限制和管理方面最严格也是最具影响力的机构,其主要任务是执行反对假广告的法律。在美国,没有一部完整的广告法规法典,而是散见于其他宪法、法律、行政法规、地方性法规和法院判例中。此外,很多广告行业协会也制定了自律条例,进行自我管理。

(二)亚洲广告业发展现状

1. 韩国广告业发展现状

2012年至今,以电视、互联网、移动设备为代表的强势媒体为韩国广告业迅速增长立下汗马功劳。在同一时期内,电视媒体的广告市场规模达到 3.7156 万亿韩元,跨越传统正规电视广告,网络电视、SMART-TV、IPTV、N 屏幕(N 屏幕是指一项内容可由智能手机、电脑、智能电视等多种设备同时共享)等的出现,也为电视广告提供了迅速增长的舞台。尤其是可提供搜索服务的 SMART-TV 被看成广告助长新动力。互联网广告市场规模达到 2.3512 万亿韩元,以 NHN、Daum 等为主的网络搜索门户相关搜索广告销售额连年增加。得益于智能手机的迅速普及,移动设备的市场增幅最明显,市场规模达到 3780 亿韩元,涨幅高达 110.0%。相比之下,报纸、杂志等传统印刷媒体广告规模缩减至 2.976 万亿韩元,减幅约达 3.5%。

就韩国媒体格局来看,虽然韩国互联网普及率位居全球第一位,但是电视媒体依旧牢牢占据着广告市场中的中心地位,电视媒体仍是深受受众欢迎的大众媒体,日均家庭收视时间达 310 分钟。尤其是在黄金时段,电视的收视率达到 60% 以上。广告主花在电视媒体上的预算占到了预算总额的 34% 以上。2012 年至今,电视媒体的经营额一直领跑韩国广告市场。

韩国的电视格局形成了以地面电视、有线电视、卫星电视、BMB、SMART-TV、IPTV 等多种媒体共存、并肩发展的"百花齐放"的媒体环境。从广告花费总额来看,电视媒体广告花费占据了花费总额的 34%;从行业广告投放总额来看,IT 行业的广告投放占到了全部行业广告花费的 16.3%;从企业广告投放总额来看,三星电子是韩国国内最大的广告主,广告花费达到 1.09 亿美元,宝洁则是最大的跨国公司广告主,广告花费为 2500 万美元;韩国最大的本土广告公司是三星旗下的第一企划(杰尔思行),最大的跨国广告公司是 WPP 集团旗下的 LG 广告。

2. 日本广告业发展的现状

世界上仅次于美国的第二广告大国就是日本。日本的东京也是世界广告的中心之一。全球最大的广告公司——电通广告公司(1901年成立)的总部就设在东京金扎区的一座高大的20层灰色大楼里。自1973年起,电通公司的广告营业额在世界所有广告公司中就一直位居前列。除电通外,成立于1895年的日本株式会社博报堂是日本历史最久的广告公司,迄今已有110多年的历史了,目前是日本排名第二的广告与传播集团。

20世纪50年代后,日本经济迅速复苏并很快呈现出高速发展态势,商品产量骤增、消费需求膨胀,广告业由此快速成长起来。20世纪50年代,日本广告进入"商品信息期",广告对象多为衣、食、住、行等方面的日常生活用品,广告内容则主要为商品说明;20世纪60年代,随着行业竞争的加剧,广告进入"生活信息期",主要通过传达商品给消费者带来的舒适、惬意生活等情感信息来达到广告目的;20世纪70年代,广告诉求开始张扬个性,所以被人称为"人性复归期",商品附加价值成为广告宣传的重点,并且开始注重明星效应;20世纪80年代,日本广告界广告撰稿人的作用被发挥到极致,并且出现了大量动物形象和卡通形象,使广告表现大放异彩;20世纪90年代以来,日本广告业与社会经济共同发展到成熟阶段,广告技巧趋于精熟,广告创意也极富魄力,但无奈广告行业随经济增长一同趋缓,如何调整变革实现新的突破是目前日本广告界不得不面对的难题。

据2013年日本电通公司对外公布的《2012年日本的广告费》调查统计显示:2012年广告总收入为5.8913万亿日元,与2011年相比增长3.2%;2012年,互联网广告刊登量为8680亿日元,与2011年相比增加7.7%。

3. 新加坡广告业发展的现状

新加坡的地理位置位于亚洲中南部,相对位置在亚、澳、美甚至欧洲的交界处,标志性的国际交通要道——樟宜机场成为亚洲仅次于北京首都机场、上海浦东机场后的第三大机场,并成为全球往来东南亚的要道,新加坡的国际性更加被凸显。

在亚洲,众多国际4A广告公司会选择在新加坡成立亚太分部,直接管辖亚洲各国的办公室。新加坡各 4A 里也云集来自欧美的广告人士,使新加坡广告公司糅杂了国际血统。最近 20 年间,奥美、SAACHI & SAACHI、DDB、李奥贝纳等公司成了代表新加坡在国际上获奖最多的广告公司。在最近一届 AdFest 亚太广告节上,新加坡 DDB、李奥贝纳、奥美等公司频频获得重头大奖,说明了新加坡广告行业在亚洲地区的重量级竞争能力。

新加坡 4A 协会成立自 1980 年,现有会员 104 个,分部来自国际 4A 公司、新加坡本土广告公司、品牌及媒体各方,104 个会员中,涵盖了新加坡广告市场 85% 的产值。Bread Talk、星展银行、新加坡航空、新加坡移动等本土品牌,大部分经由新加坡本地广告公司代理推广,影响力延展至亚洲乃至欧美。

广告形态,相比起 20 世纪的单纯媒体、广告、广播、平面、影院等几个简单的功能,今天的新加坡广告公司,随着客户的要求复杂、细致化,承担的任务细分起来,已然多达近 40 个功能。随着社会需求的进展,更多的服务功能还在不断产生中。

据新加坡 4A 广告协会统计,2016 年,新加坡广告市场总值 18.11 亿美元(约 119 亿元人民币),较上年增长 11.4%,稍稍落后于新加坡国民生产总值 14.5% 的增幅。

第三章 广告市场与广告环境

广告活动是围绕着广告信息展开的,而广告信息的传播源点为广告主,传播终点为消费者,中间的广告公司和广告媒介则都是为传输广告信息而建立起来的桥梁和纽带,是必不可少的中间环节。本节重点研究广告市场与广告环境两个方面的内容。

第一节 广告市场

一、广告市场的概念

广告市场(Advertising Market)就是进行广告活动的场所,其概念内涵是多层面的,常见的认识视角有以下四种:时空说、经济说、管理说和社会说。

(一)时空说

从时空角度来看,广告市场就是进行广告活动的场所,或进行广告活动的时间和地点。

(二)经济说

从经济角度来看,广告市场作为一种特殊商品,是建立在交易主体不同的社会分工和广告商品生产基础上的交换关系的总和,这种交换关系的形成受广告消费价值规律、广告供求关系影响。即把广告市场看作一种商品的市场交换活动,并包括由这种市场交换行为和市场交换过程所发生的广告产品所有权的转移,以及所形成的交换关系、经济关系和经济利益关系的总和。

(三)管理说

从管理角度来看,广告市场是对需求的满足过程,即把广告活动看成对广告主宣传需求的满足。这种需求有时是现实需求,有时是潜在需求。对广告需求的管理,既要满足广告主的现实需求,又要满足广告主的潜在需求。

(四)社会说

从社会角度来看,广告市场的形成和运作会涉及社会生活的方方面面,并受到社会因素的重要影响,所以说广告市场是一种社会活动。

二、广告市场的影响因素

(一)环境因素

1. 广告的宏观环境

广告的宏观环境是指那些给广告业造成市场机会和环境威胁的主要社会力量。这些主要社会力量是企业经营不可控制的变量,同时是从宏观上影响广告经营活动的重要因素。

(1)人口统计环境。

人口统计环境是指人口的规模和增长率、年龄结构、性别、家庭结构、教育程度、民族构成以及地区分布与人口迁移变动等要素。人口统计环境会给企业经营和广告机会带来整体性和长远性的影响。特别要注意以下几个方面:

第三章 广告市场与广告环境

①人口规模。

一般情况下,人口规模与需求成正比。人口的数量越大,所形成的市场就越大,需求的绝对量也越大。现在有些经济发达的国家看好中国市场,在很大程度上是瞄准了中国十几亿的人口。但是,过多的人口会对市场形成巨大的压力,使地球上有限的资源不能满足维持一定生活质量的需求,会给基本物品的供应、交通、住房、教育等带来一系列问题。现在,世界人口仍然处于增长趋势,2004年就已超过65亿,其中增长的80%在发展中国家。我国由于较好地贯彻计划生育政策,人口增长率一直保持在较低水平,但人口增长的绝对值还是比较大的,特别是农村等落后地区的人口增长更快一些。

②人口构成。

在人口规模一定的情况下,应该对其自然结构进行具体分析。

其一,年龄构成。不同的年龄段有着不同的消费需求,中青年比例较大的国家和地区会产生旺盛的购买力,形成蓬勃向上的市场,而当老年人达到一定的比例时,市场总体购买力会下降,需求发生变异。在需求旺盛时期,市场机会和广告机会增多。现在世界上许多国家人口趋于老龄化,促使医疗和保健用品、助听器、眼镜、旅游、娱乐等方面的市场需要迅速增加,这样就给经营老年人用品的行业,如旅游业、医疗保健业、娱乐业提供了市场机会。

其二,家庭构成。家庭结构的变化,对企业营销和广告活动也会产生重要影响。世界各地区家庭的组成,因社会文化背景不同有着不同的方式。美国人普遍晚婚,婚后一般都不生孩子或少生孩子,妇女婚后参加工作的人数也在增加,且离婚率较高。美国家庭的这种变化,引起了市场需求的相应变化。就我国来说,传统的大家庭已不复存在,继之以小型化、多元化家庭模式。在城市人口中,拥有独生子女的三口之家更多一些。另外,丁克族、独身、同居、集体户等非家庭住户也在迅速增加。这些都会形成新的、独特的需求和购买习惯。

其三,地域构成。居住在不同地域的人口,由于所处的地理位置、气候条件、文化习俗等不同,人们的生活习惯、消费需求和购买行为等会出现差异。我国南方人和北方人就在饮食、服饰等许多方面有不同的需求;中心城市的消费者多把收入投在住宅上,农村的消费者则把收入主要花费在食品上。即使在同一区域,也会"十里一乡风",显现出地方特点。我国农村地域广大,农村人口居多,建设社会主义新农村,也会构成巨大的潜在市场。

其四,民族构成。一个国家或地区,往往有多民族集居的情况。多民族集居,民族背景不一样,所体现的文化、需求也会有所不同,从而构成一个多样化的市场,因此在企业经营、广告决策时民族构成也是需要注意、把握的因素。

③人口的受教育程度。

人口的受教育程度,关系到一个国家和地区的人力资源富足与否,与人口质量密切相关。现代社会的竞争,归根结底是人才的竞争。近年来,我国积极推进精英教育和大众教育相结合的高等教育,大力落实九年制义务教育,有效地提升了我国社会人口的受教育程度。但是,也必须看到,我国还有相当一部分人文化水平低下,甚至文盲也占有一定的比例,这会对消费需求的拉动和走向产生不利影响。

在一个国家和地区,提高教育水平是一项长期的战略任务。因此,重视教育,增加对教育的投入,为人民大众创造受教育的机会,是增强国力、繁荣经济、刺激消费、提高生活质量的长效工程。对于企业家和经销商来说,也要具有这样的战略眼光,可把一部分资金转移投放教育,一方面是对国家教育事业的支持,另一方面也是储备高层次的潜在消费者。

④人口的地理变动。

人口的地理变动也会形成不同的市场需求。一般来说,人口的迁移变动具有两个主要特点:一个特点是人口从农村移向城市;另一个特点是人口从城市流向郊区。人口集中在城市使得居民需要和城市市场迅猛增长和扩大,从城市迁往郊区,会使城郊住宅区涌现,城市商业中心区的零售业外移。

当前,我国正在加速城镇化建设,城市化的进程加快,带动了城市人口的增加,农村人口向城市流动的速度在加快;同时,也有一些城里人又反向趋奔郊外生活;还有为数已经不少的"农民工",成为城市与乡村的两栖群体。这些新的社会群体,其需求、消费也是需要予以关注的。

(2)经济环境。

对经济环境进行分析,主要是考察社会购买力。所谓购买力,是指社会各方面在一定时期用于购买商品或劳务的货币支付能力,是构成市场和影响市场规模大小的一个重要因素。一定规模的人和较强的购买力结合起来,才能形成有前途的市场。购买力主要由消费者的收入、支出、储蓄和信贷等因素决定,可从三个方面进行考察。

①消费者收入的变化。

消费者收入包括消费者个人的工资、奖金、红利、租金、赠予等收入。消费者收入的变化,直接影响到社会购买力、市场规模、消费支出等状况。一般来说,消费者收入增加,会引起消费支出增加,使市场销路扩大,也会使储蓄增加,产生潜在购买力,扩大社会总需求。此外,就我国来说,不同地区、各个阶层的消费者收入是不平衡的,所形成的购买力、消费水平也会相应有所不同,应注意把握,做出具体分析和衡量。

②消费者支出模式的变化。

消费者的支出受到其收入的影响,其支出模式会随着收入的变化而相应变化。人们的总收入中,可区别为个人可支配收入和可任意支配收入。个人可支配收入是个人收入除去税款等负担之外可用于消费支出或储蓄的余额,可任意支配收入是消费者个人可支配收入用于维持日常生活支出外多余的那部分收入。这部分收入以及消费兴趣的每一细微变化,会引起消费者支出模式的变化,影响某些消费倾向。19世纪后半叶,德国经济学和统计学家恩斯特·恩格尔经过大量深入的调查研究,发现了关于工人家庭收入变化与各方面支出变化之间比例关系的规律性。家庭的收入越少,用于饮食的支出的比重就越大;家庭收入增加,用于饮食支出的比重就变小。一般情况下,维持家庭日常生活的用于住宅、水电、衣着等方面的支出基本是稳定的,用于满足文化、娱乐等需要的支出的比重大小,可以衡量一个国家或地区的福利水平和富裕程度。这就是现在仍然适用的"恩格尔定律"。改革开放以来,我国人民生活总体上已超越温饱,达到小康水平,"恩格尔系数"越来越低。但区域和城乡发展不平衡的问题也存在。

家庭生命周期所处的阶段对消费者支出模式也有较大影响。例如,没有孩子的年轻人家庭,往往把更多的收入用于购买电冰箱、家具、陈设品等耐用消费品;而有孩子的家庭,用于食品、服装、文娱、教育等方面的支出会增加;空巢家庭可能把更多的收入用于医疗保健、旅游、购置奢侈品或储蓄。

③消费者储蓄和信贷的变化。

在其他条件一定的情况下,消费者的储蓄与购买成反比,储蓄额增加,购买量就减少,反之,购买量则增多。对于我国居民来说,由于消费习惯的影响和对住房、医疗、教育等支出增大的担心,人们更多的是想怎么把钱省下来存到银行里,热衷于储蓄。这些年我国城乡居民收入有所增加,但基本上是放进了银行,这就相对减弱了社会购买力。

通过信贷方式,可以提高社会购买能力。我国现在今天去花明天的钱的人逐渐多了起来,要在政策、消费意识、教育等方面有所调整和引导。由于信贷,人们开始积极进入购房行列,相当一部分人购买轿车等高档消费品的勇气和信心增强,一定程度地使市场活跃起来,为企业经营和广告传播带来了生机和活力。

一般来说,消费者的购买能力和欲望越强,对高档商品和品质优良的商品要求就越高。企业营销可从消费者购买能力的变化中发现市场机遇,广告则应从这种变化中把握运作方向。例如,近年我国房地产广告、汽车广告等支出不断攀升,又因为房地产价格涨幅过高,抑制了人们的消费愿望,房地产广告等出现滞销,实际上就反映了我国消费者的一些消费变化和需求方向。

(3)科学技术环境。

科学技术是社会生产力的表现,是企业把资源转化为符合人们需要的物品的基本手段。科学技术的进步不仅对社会环境和经济环境产生重大影响,而且也对企业经营、消费者,直至广告行业自身产生巨大作用。新技术的应用在给企业创造新的发展机会的同时,也冲击和毁灭陈旧落后的产业,会使企业的营销手段变化更新,提高效率,也会影响人们的消费方式和购买习惯。

当前,由于现代信息技术的广泛应用,信息化、数字化所带来的技术革命和知识经济,使企业经营管理的变化更多更快。产业扩展、转移的空间进一步开阔,生产和营销中的科技含量进一步增加,产品的生命周期进一步缩短,人们的消费需求在进一步调整等,都要求企业随时观察了解科学技术的进步和发展,把握机会,因时而变,因势而动,以求得生存和发展。广告业也是如此。

(4)社会文化环境。

社会文化是指一个社会的民族特征、价值观念、生活方式、风俗习惯、伦理信仰、教育水平、语言文字、社会结构等的总和。一定的社会文化决定着人们独特的生活方式和行为规范,深刻地影响着人们的思想观念、需求态度、行为取向和消费习惯。以风俗习惯为例,风俗习惯是人们根据自己的生活内容、生活方式和自然环境,在一定的社会物质生产条件下长期形成并世代相袭而成的一种风尚,以及由于重复练习而巩固下来并变成需要的行动方式等的总称。它在饮食、服饰、居住、婚丧、信仰、节日、人际关系等方面,都表现出独特的心理特征、伦理道德、行为方式和生活习惯。不同的国家、不同的民族有着不同的风俗习惯,它影响着消费者的消费模式、消费行为和消费偏好。例如,对图案、颜色、数字、动植物等,不同的国家、民族都有不同的喜好和不同的使用习惯。例如,中东地区严禁带六角形的包装,英国忌用大象、山羊做商品装潢图案。

2. 广告的微观环境

广告的微观环境,即广告的行业内环境。其主要包括广告科技手段、广告人才、广告物力、广告市场(竞争)、广告传播、广告微观社会和广告竞争等环境因素。早在20世纪90年代中期,国家工商管理局和国家计划委员会在印发《关于加快广告业发展的规划纲要》的通知时就指出:广告业在我国是一门新兴产业,属于知识密集、技术密集、人才密集的高新技术产业,是第三产业的重要组成部分。这一定性实际上也从根本上明确了我国广告微观环境的核心内容。

一般来说,任何组织或企业的资源环境都离不开人力资源、物力资源和无形资源。广告活动也是如此。

(1)人力资源环境。

按照经济学观点,企业的主要资源是资本、劳力、土地和企业家才干。而只有企业家才能把前三种资源进行科学而有效的配置,才能使企业盈利。因此,拥有丰厚的人力资源是推动广告行业高速、优质前行的能动性因素,是广告发展中最为重要的战略性资源。广告业进入市场的壁垒较低,人力资源更占有重要的特殊地位。广告人才资源环境主要包括以下几个方面的因素。

其一,人才需求条件。主要有广告人员的基本素质,如学历结构、专业技能、文化知识素养等,各类人才的构成状况、从业人员数量等。

人才素质是广告人才资源环境中的一个核心因素。广告业的发展能力及潜力,不在于广告从业人员的规模,主要是看其创造价值的能力。美国每年的广告收入均居世界第一位,几乎占世界整个广告费收入的一半,但其从业人员不过40多万人,仅是我国广告从业人员的1/6,而其人均创造广告收入却高于我国数十倍,这反映出我国广告从业人员的平均素质较低。

人才结构也是重要因素。合理的人才结构能够保证广告活动顺利开展、广告作业有效进行。一般来说,广告从业人员的主体应为市场调查、创意、文案、设计、策划的专业人员。但从我国广告从业人员的构成来看,业务人员偏多,专业人才不足。据国内一家著名的人力资源服务商"前程无忧"近年的调查,北京广告行业最需要艺术设计总监、平面设计/美术设计、广告策划/文案三类人才,但明显供不应求。

广告是综合市场营销、传播、艺术、心理、法律、社会学等的专门性行业,因而需要更多的具有专业知识的复合型人才。例如,日本并没有本科广告学专业,由各家广告公司招聘有其他专业背景的人员,再经过广告方面的专业培训,从业人员具备多学科的知识,又有专业技能,广告运作的水平就较高。进入整合营销传播、数字化营销时期,企业对从业人员知识结构的要求更高。我国现有260多万广告从业人员,但经过专业训练、学历层次较高的人员比例较小,一定程度上影响了广告服务能力和运作水平的提高。

其二,人才选择机制。人才选择机制是指广告人才评估,选择的标准、方法和手段等。通过一定的选择机制,吸纳适宜从事广告行业的人才进入,是保证广告业人力资源质量的一个重要方面。各个国家和地区,每个公司企业都有一套对广告人员进行评判、选择的办法和措施。我国已经在逐步推行广告从业人员上岗资格认定的制度,各家广告公司也制定有自己的标准。

其三,人才流动状况。合理的包括行业内外的人才流动,有助于人才的交流交融,有利于才干的进一步发挥。但人才流动处在何种状况,也是影响行业发展的一个重要因素。广告业被称为人才跳槽最频繁的行业,对此也有不同的观点和认识,见仁见智。但如果流动过度频繁,势必影响广告队伍的相对稳定,加剧广告行业的不正当竞争,进一步影响广告业的秩序,因此也应有一定的规范约束。

其四,人才培养,包括人才培养的观念和方式等。人才培养的观念是指对广告人才培养的指导思想、重视程度等。人才培养的方式主要有培养途径、方法、机构等。各个国家和地区有不同做法。美国主要采取高等院校的专业教育与广告行业内培训相结合的方式。英、日等国则以业内培训为主。我国基本仿效美国的人才培养方式，但高等专业教育规模大、层次低、类别乱，国家没有给予相应的重视，需要突破和提高。行业协会在教育培训方面还可发挥更大的作用。

(2)物力资源环境。

广告活动以智力投资为主，对资金、场所等方面的资源要求不高，但还是要有一定的物质基础。比如，拥有比较丰厚的资金做后盾，能够增强业务运作能力和竞争能力；有一定条件的办公设施，能够让客户产生相应的信任，也更具吸引力；也需要一定的科学技术条件支持，特别在市场调研、广告策划、制作等方面，对技术含量较高的设备等也有需求。

(3)无形资源环境。

无形资源是指企业所需的各种技术、专利、技术诀窍、商业信誉等方面的资源。企业的经营能力和管理水平，也属于无形资源。无形资源既可以从长期的经营过程中积累，也能通过外部环境获取。无形资源环境对于企业加快发展速度具有重要意义。对于广告业来说，一方面要善于总结提炼经营运作经验，探索广告活动的基本规律，形成自身的服务特色和管理能力；另一方面也要分析把握，争取得到有利的所需无形资源的供应环境。如一些广告业发达国家的广告经营机构，在长期的广告经营过程中，形成了先进的经营理念、颇具特点的广告运作能力等，这些实际上都属于无形资源。我国曾采取合资、合作等方式，也是试图从中获取所需的一些无形资源，缩短彼此之间的差距。

以上三方面的资源环境，实际上也构成了广告组织的内部环境。

(二)行业因素

我国广告业面对着复杂而多变的竞争环境。本土广告公司在社会转型、科技突飞猛进的宏观环境下，一方面要受到"同根相煎"的磨炼，另一方面要应对实力雄厚、优势明显的外资广告集团的挤压。此外，多种成分的经济结构也使广告源头多样化。传媒机构之间为争夺有限的广告费用，竞争也此起彼伏，日趋激烈。但需要指出的是，我国广告业竞争在理念、条件、行为等方面还存有一定的问题，优化和规范广告竞争环境，任务尚很艰巨。

广告的竞争对手是复杂的，就广告主体各方而言，广告主是广告活动的发起人和出资者，处于主动和优势位置。但同类企业也会因选择合适的广告代理和传播渠道，避免"业务冲突""信息抵消"等产生竞争对手。广告公司为争取广告客户，为实现理想的媒体战略，为收获更多的广告营业额，彼此也有竞争。各类媒体也为得到更多的广告投放机会，为从额定的蛋糕中多切一些，多增加一些广告收入而竞争激烈。广告行业的竞争对手，可分为现有竞争对手和潜在竞争对手。

其一，现有竞争对手。对现有竞争对手的分析，主要从三个方面入手：

(1)竞争对手基本情况的分析。数量多少，地区分布状况，经营规模，员工、资金等资源的拥有等，具备何种优势，有什么样的竞争实力。对基本情况的分析了解，根本目的是找出自己的主要竞争对手。

(2)主要竞争对手的比较分析。在找出主要竞争对手的基础上，分析研究其优势所在，对自己能构成哪些威胁，进行比较，以制订相应的竞争策略。

(3)竞争对手的发展动向分析。对竞争对手进行动态的分析，随时观察了解、密切注视竞争对手的发展动向，先行知彼，争取主动，夺取先机，占领制高点。

其二，潜在竞争对手。由于广告行业不需要太多硬资源，所以进入相对比较容易。我国2005年以后放宽了外资进入我国广告行业的限制。这样，我国广告业竞争对手潜入的可能性不断增大，特别是外资带有强大的资金和经营运作能力，更具竞争威胁。本土广告公司要看到这种潜在威胁，秣马厉兵，不断凝聚竞争实力。

(三)消费者因素

在数字化、信息化的推动下,当代市场营销领域发生了很大变化。市场营销者能够提供比以前更为丰富的产品和服务,市场营销者与顾客之间交换的交互性与瞬间性都更强了。市场营销者更容易获取消费者的相关信息,而消费者也能接触更多的消费信息,在消费过程中拥有更大的权力。这些使市场竞争更为激烈,市场营销受到更为严重的挑战。因此,消费者具有什么样的消费行为,成为人们十分关注的问题。消费者行为是指消费者在寻求、购买、使用、评价和处理他们期望能够满足其需求的产品和服务过程中所表现出的行为。消费者采取一定的消费行为,可能由各种各样的因素所致。归纳起来,可有下面几种主要因素。

1. 文化因素

文化是人类在社会发展过程中所创造的物质财富和精神财富的总和,是人类创造社会历史的发展水平、程度和质量的状态。文化因素对消费者行为有着广泛而又深远的影响。对于消费者来说,其文化和社会阶层等所起的作用是很大的。

(1)文化。

文化是人类欲望和行为最基本的决定因素。人在成长过程中,通过家庭和社会,接受一定的文化教育,形成了相应的价值观、信仰、态度、道德和习俗等,并由此产生一定的喜好和行为。例如,西方人喜欢吃西餐,中国人偏好中餐;欧美人就餐用刀叉,中国人进餐用筷子。由于国际化的影响,文化的互相融合等,不同文化背景的价值、观念等会有异化、交叉的现象,也会影响消费方式的变化。例如,我国一部分群体对西方"洋货"的向往,外国对中国民族特色的神往等。文化的认同感会直接影响到消费者对产品、对广告诉求的接受程度。

(2)社会阶层。

所谓社会阶层,是指一个社会中具有相对的同质性和持久性的群体。每一阶层的成员都有类似的价值观、兴趣和行为。在消费领域,各社会阶层对产品和品牌有着不同的喜好,对信息传播和接触的方式也有明显差别。例如,有的消费者对报刊和书籍更感兴趣,而有的消费者则更钟情于电视,喜欢连续剧和娱乐类节目。

2. 社会因素

影响消费者行为的社会因素主要有参照群体、家庭、社会地位和角色等。

(1)参照群体。

群体是指在追求共同的目标或兴趣中相互依赖的两个或两个以上的人。个人的行为会受到各种群体的影响。对个人的态度和行为有直接或间接影响的所有群体即为参照群体。参照群体可分为直接参照群体和间接参照群体,直接参照群体是某人所属的群体或与其有直接关系的群体,又可分为首要群体和次要群体。与个人直接、经常接触的群体,如家庭成员、亲朋、同事、邻居等,一般为首要群体;对其成员影响不是很频繁,但又比较正式的群体,如职业协会等,为次要群体。人们处于不同的社会团体之中,将受其制约而形成不同的消费观念和购买行为。

在参照群体中,还有个人期望归属的群体,这就是向往群体。例如,歌星、影星、体育明星、权威人士等,也会对消费者个体产生较大的影响。广告诉求时往往需要注意到这一特点,可选择知名度较高的歌手、演员来扮演角色,从而产生名人效应。还有一种是个人讨厌或反对、拒绝认同的群体,称为厌恶群体。一般来说,一个人总是不愿意与厌恶群体发生任何联系,在各方面都希望与之保持一定距离,甚至反其道而行之。广告传播也要注意到这一现象,避免目标受众产生反感和排斥心理。

参照群体能够在展示新的行为模式和生活方式,对某些事物、某些产品的态度和看法等方面对消费者产生影响。参照群体还会形成对个人的压力,促使人们行为趋向一致化,在产品、品牌等的实际选择上发挥作用。因此,对消费者行为进行分析,要能准确判断出目标消费者的参照群体,从中还要能够发现生活在社会各个阶层的、在不同方面的观念指导者(意见领袖),有重点地与他们进行沟通和交流,以使参照群体能发挥更大的影响。

意见领袖是指在信息传播过程中,其信仰或态度受到那些在某些具体行为活动中与之有相同兴趣的人的信任和尊重的人或组织的影响。任何领域都可能存在着意见领袖,他们的行为方式、购买习惯,他们的证言、推荐,都可能对消费者行为有促进作用。

(2)家庭。

家庭介于社会与个人之间,包容了个人,组成一个消费体,家庭成员是最具影响的首要群体。人从很小的时候起,其消费行为就受到家庭的熏陶、培养、感染,不同的家庭有不同类型的消费模式和意识,如购买习惯、对某一产品的认识等,这种影响深远而持久。

家庭有一个成长周期,包括从组成家庭,到户主病老死亡,经过单身、新婚、满巢(因子女年龄的不同,又可分一期、二期和三期)、空巢(身边无子女,因户主是否在工作又分为一期和二期)、鳏寡就业和鳏寡退休等阶段。处在不同阶段的家庭,其消费观念和行为模式也是不一样的。

在一个家庭中,影响和决策消费的方式也是不同的。有协商型,家庭成员在一起讨论家庭支出;有决定型,由男户主或女户主做主家中一应开支;有父母包办家政财务,有子女意见举足轻重。社会环境、收入状况、文化背景等,都会对家庭消费方式产生重要影响。在美国、日本等国家,女户主常常对丈夫的钱袋子看得很紧,我国现在由妻子管理家庭财务的情况也较普遍。

在我国,家庭在人们生活中占有重要的位置。随着社会变革,家庭现已变得越来越小,家庭成员之间的交流影响作用也相对较弱。人们越来越多地在社会交往和学习中调整自己的消费行为,要注意这种变化,多考察社会和文化等因素所产生的影响。

(3)社会地位和角色。

每一个人在社会中都有其角色和相应地位,这也会对购买决策和行为产生影响。人们往往选择与自己的社会地位和角色相吻合的产品及服务。在豪华大楼里工作的人,穿戴就会比较考究;在教学研究机构任职的,服饰则希望随意一些。大学生和公务员的消费行为不一样,年轻人和老年人会采取不同的购买行动。社会阶层不同、地域不同、文化素质不同,所追求的地位也会有差异。而产品和品牌都可能成为其地位和角色的象征,如有人以得到一辆名牌轿车为骄傲,有人视穿金戴银为富有。

3. 个人(经济)因素

消费者的购买能力如何,这是产生何种消费动机最基本的因素。这可与经济环境联系起来分析。这里,主要分析由三种需求引起的消费动机。

(1)基本需求。

这是追求日常生活所必需的消费的满足,或者是满足"温饱"的需求,属于初级消费阶段。消费者主要是关心生活的必需品是否有保障,选购商品的标准是物美价廉,质量要好,使用时间长,维修或添补比较便利,价钱尽可能地便宜。往往很难接受新产品,购买时容易出现"随大流"现象。

(2)选择需求。

这是在基本需求得到满足以后出现的消费形式,属于更高层次的次级消费阶段。需求开始出现个性化,每个消费者都根据各自的兴趣、爱好、个性特征等去选择商品或服务,不仅追求物质的满足,还希望实现心理需求的满足,构成多层次、人性化、针对性等消费特点。

(3)表现自我需求。

这种需求是建构在物质生活更加完善的基础上的消费形式,比选择需求更进一步,购买和消费完全个性化。这种需求还没有形成社会经济现象,但有些高收入的社会精英表现出这种消费形式。

消费者的个人特性也会影响其消费行为。例如,年龄、家庭生命周期、性别、受教育程度、职业、经济状况、生活方式、个性以及自我观念和所处的人生阶段等,都会对消费行为产生一定的影响。

4. 心理因素

心理因素主要是指消费者的动机、知觉、学习以及信念和态度等心理状况对消费行为的影响。消费者具有什么样的心理状况对于是否采取消费行为、采取什么样的消费行为都具有重要的影响。

第二节 广告环境

要做好广告,达到广告主的目标要求,在开展广告活动之前首先要进行广告环境分析。广告环境分析就是仔细考察广告活动所处的环境,分析广告主所面临的市场机遇,评价广告环境中的威胁程度,分析竞争对手的广告宣传情况,比较得出自身的优劣势,为广告创意等后续工作打下基础。

一、广告环境的概念

广告环境是指广告活动所处的环境,指影响和制约广告活动开展的战略、策略、计划实施的各种因素。广告环境有两个层面:

一个层面是指影响广告活动产生、发展的宏观环境,也是任何社会组织或企业都面临的一般环境,是对一切行业和企业都会产生影响的宏观因素。广告的宏观环境,是指广告行业的发展、广告活动的展开,要受到整个社会政治经济发展状况的影响和制约,也是企业经营、市场营销所面临的环境,主要包括自然环境、经济环境、人文环境、科技环境、政治环境等。

另一个层面是指影响广告传播活动实施的环境,即广告行业、广告活动所直接面临的环境,可称为广告的微观环境。

第三章　广告市场与广告环境

这些环境因素与广告行业自身经营有关,主要包括行业竞争环境、市场环境、人才环境、业务运作环境等。广告的微观环境直接对广告活动及其成果产生影响与作用。广告活动既要从所处的微观环境中获取所需的各种资源,又要将所产生的成果输出给环境。

二、广告环境的特征

广告环境与其他行业、组织环境一样,具有一个显著的特征,就是不确定性。其主要表现在以下两个方面:

(一)复杂性

广告所面临的环境影响因素很多,既有宏观层面的,又有微观层面的;既与整个国家、社会有关,也和某个行业、企业相关。这些环境因素彼此之间相互关联又相互作用,每一个环境因素所带来的影响都不是孤立的。这样就使得广告的环境因素变得十分复杂,存在着许多信息缺口。例如,金融危机究竟能在什么时候见底,对企业经营的影响层面究竟有多大,直至对广告活动可能产生什么样的影响,就有许多不确定的因素,有相当的复杂性。再如,房地产行业的进退,是大家关注的,其政策、需求、价格、资源等方面的变动,如何关系到广告市场的前景,人们也很难予以把握。

(二)动态性

随着时间的推移和人们的应对,广告所面临的环境因素也在发生变化,既有渐变也有突变。例如,自然地理环境变化较慢,而经济环境,特别是市场变化就很快。大到国家法规政策,小到广告公司人员的去留,都处在不断变化之中。而由此也引发诸如竞争对手、广告主企业、传播媒体等应对所发生的变化。这些变化也是不确定的,变化无常的、不确定的环境因素,对广告的影响也是巨大的。一个百年品牌、老字号,因为社会转型、消费者偏好的变化,经营受到威胁,需要品牌升级或重建,就给包括广告传播在内的营销创造机会。我国自2005年始放宽了外资广告进入的条件,就使我国本土广告公司的经营受到新的挑战。

第三节 广告产业聚集及广告产业园区

2011年,由国家行业主管部门和各级地方政府共同驱动的九个国家级广告产业园区建设高调规划和动土,成为被广泛关注的行业发展热点。首先是2011年5月22日国家工商总局提出"十二五"期间将"推动广告产业十大园区(基地)建设,给予连续3年享受国家财政每年不低于3000万元配套资金的扶持政策"。随后,北京、上海、南京、重庆等地方政府主导并发布了在当地建设国家级广告产业园的规划,掀起了全国范围内业界对广告产业园区的讨论。

一、产业园区的本质

产业园区是特定的经济内容和形式的产业集聚。联合国环境规划署(UNEP)将产业园区定义为是在地域空间较大片的土地上聚集若干工业企业的区域。在我国,有学者认为,产业园区是指一国或地区政府,考虑到其所处区域的经济发展阶段和要求,综合权衡行政或市场等各种的调控手段的运用,集聚各类生产要素,将其整合于一定的空间范围,使之发展成为功能布局优化、产业结构合理、特色鲜明的产业聚集区域或产业集群。

何健将产业园区定义为"一群相互联系、密切分工合作的工业企业开展生产经营活动所在的特定地理空间区域,区域内的各企业联系紧密,不断创新,整体经济效率较高、工业化较趋成熟"。

程玉鸿、阎小培、林耿则认为"产业园区依据区域工业水平,遵循经济发展的客观规律,尤其是产业集聚发展的客观要求,通过集中配置基础设施、制定相应优惠政策于一定的地域空间,借此吸

第三章　广告市场与广告环境

引相关配套的产业企业向该地域集聚的一种产业空间组织形式"。

由此可见,产业园区的本质及主要出发点和目标是特定的经济内容和形式的产业集聚。产业园区的发展一般会经历空间物理阶段、政府扶持阶段及产业整合阶段。产业园区的形成因素也是多种多样的,主要有自发集聚型,政府主导型,政府、企业联合开发型,企业自主投资型,政府、企业和大学联合创办型。不管哪种形成因素,归根结底都是为了产业集聚,形成产业集群,优化产业结构,使其产生合作竞争效应,创新扩散效应等集群效应。

二、广告产业园区的发展背景

从产业发展的视角来看,广告产业园的建设和规划在全国范围内受到重视主要源于以下三个因素。

(一)广告产业在国民经济中的地位日益重要

广告不仅有强大的经济功能,还有广泛的社会影响。随着社会经济的发展,我国广告产业规模不断扩大。2011年,中国广告业实际经营总额突破3000亿元,成为世界第二大广告市场。在广告产业对国民经济的贡献越来越大的同时,作为文化产业的重要组成部分,广告与社会的关系日益密切。作为创意产业的龙头,广告业的发展在很大程度上影响文化产业的整体走势。因此,广告产业园区建设热潮生动体现了社会各界对广告业在加快转变经济发展方式和大力发展文化产业中的地位和作用的重视和肯定。

(二)广告产业政策的扶持和拉动

从2008年开始,国家出台的一系列关于文化产业扶持政策,都将广告作为重点扶持领域。尤其是2011年以来,中央有关部门相继出台了鼓励广告产业发展的重大措施。具有代表性的有:

(1)党的十七届六中全会明确提出:"推进文化产业结构调整,发展壮大广告等传统文化产业。"

(2)国家《"十二五"规划纲要》确定"促进广告业健康发展"。

(3)国家发改委发布了产业结构调整指导目录(2011),首次把广告创意、广告策划、广告设计、广告制作列为鼓励类。

对广告产业来讲这都是振奋人心的好消息,意味着新的重大发展机遇。广告产业园概念的提出,体现了上述产业政策的持续拉动效应。

(三)广告产业园区建设的政策指导

"十二五"以来,国家工商总局和各地政府对广告产业园的建设高度重视,把广告发展纳入当地经济、文化和社会发展战略中,并给予了政策优惠和财政扶持。政府主管部门相关扶持政策不断出台,推动了广告产业园区建设的实质性开展。

三、广告产业园区的发展现状

目前,广告产业园区的发展特征主要体现在两个方面:

其一,呈现区域化辐射态势,环渤海经济圈的北京和天津,长江三角洲经济圈的上海、南京都在大力建设国家级、市级的广告产业园区。

其二,发展不平衡、分布不均匀,珠江三角洲经济圈和广大的西部地区,目前除重庆之外,尚未发布广告产业园区的建设计划。

当前全国主要广告产业园区的概况如下所述。

(一)北京

名称:北京国家广告产业园。

建设主体:北京市朝阳区南磨房乡政府与北京通惠国际投资管理中心。

概况:位于北京电视台新址南侧200m处,北临通惠河,项目总占地面积约6万m^2。其中,一期已建成12万m^2;二期于2012年开工建设并完工投入运营,园区广告业年产值力争超过200

亿元。

功能定位：一期建筑将主要承载广告要素交易平台、一站式政府服务大厅等功能；二期为国家广告博物馆量身打造，承载公益广告平台，满足广告人才培养、孵化、输出基地等承载功能；三期将以影视拍摄、制作基地的形式实施建设，在空间上满足广告行业需求。

发展目标：国家广告产业园二期全面建成，同时建成中国广告博物馆，将重点引进内容原创、投融资、版权服务、中介资讯等行业知名企业、总部基地，以北京国家广告产业园为核心，拓展延伸广告产业链条。

（二）上海

名称：中广国际广告创意产业园。

管理机构：中广国际广告创意产业基地有限公司。

概况：2011年10月，上海已经引进文化信息产业类企业1600多家，其中包括广告创意、设计制作、总部研发、电子商务、软件开发、信息科技等产业的诸多国内外知名企业。规划用地200多 hm^2，分批建设，滚动开发。一期汇集了中国广告协会培训中心牵头下的一批优质广告、创意类企业和消费者行为研究中心，孵化和培育一批中小文化信息类企业，入驻企业已达90%；年度园区营业总收入45亿，文化企业营业总收入近35亿。

功能定位：园区以广告创意、设计制作、总部研发、电子商务、软件开发、信息科技集聚地为打造目标。

发展目标：打造成东方广告创意科技之都，上海地标，中国名片，中国广告产业的一个符号。

（三）南京

名称：南京广告产业园。

概况：位于南京新城科技园内，是南京市首家市级广告产业园，并正在积极申报国家级广告产业园。广告产业园建设以新城科技园中部、南部片区的相关载体为主体,先导区2011年底基本建成,重点结合现有载体资源,进行功能改造提升;集聚区位于新城科技园南部片区,由13幢建筑组成,总建筑面积约73万 m²,规划建设广告总部区、广告企业创业区、广告企业发展区、广告媒体区、公共服务区、广告主题公园等"五区一园"。

南京市工商局等部门已起草了《关于扶持南京广告产业园发展的意见》,计划在税收减免、租金优惠、直接补贴等方面对园区企业进行扶持。

功能定位:重点打造广告创意设计业、广告制作业、广告媒体业等全产业链企业集群,推进广告企业与二、三产业的融合发展,构筑国内一流的广告内容,提供商品品牌塑造基地。

发展目标:成为辐射南京都市圈乃至长三角,在全国有较高影响力和知名度的广告创意产业中心、华东广告资源交流中心、南京广告企业集聚中心。

(四)重庆

名称:两江新区广告创意产业园区。

概况:规划中的两江新区广告创意产业园区项目位于两江新区核心区域,即御临河周边地带,规划用地253.33hm²。目前,由两江新区牵头设计的广告创意产业园区总体方案已经完成,有关方面已向市政府提出设立"重庆市两江广告创意产业园区(基地)"的申请。重庆市工商局将协同做好向国家工商总局申请认定国家级广告创意产业示范园区的工作。

功能定位:两江新区广告创意产业园区将重点打造广告创意设计、广告制作、广告媒体等全方位产业链,并集聚影视、动漫等相关门类企业,实现联动发展。

除上述四个城市之外,天津的滨海新区拟建以滨海国家广告产业园为代表的众多产业聚集园,湖北拟建武汉广告创意产业园区,深圳强化"设计之都"品牌建设等概念和规划。

四、产业聚集理论的解读视角

面对广告产业园的概念鼓舞人心、规划高调出台、建设如火如荼的现状,我们需要思考,这种产业形式对现阶段的中国广告产业发展的意义究竟何在?有哪些不可替代的作用?要回答这些问题,需要从理论层面来分析,明确广告产业园区的实质。

从经济学层面上来说,产业园区作为一种经济形态,是产业聚集理论的实践表现形态,核心价值在于其具有产业聚集效应。哈佛大学商学院波特教授将产业聚集定义为:某一特定领域中,大量产业联系密切的企业以及相关支撑机构在空间上集聚,并形成强劲、持续竞争优势的现象。从这一定义可以看出,广告产业园区的核心功能在于通过促进广告产业链相关机构的空间聚集,发挥聚合竞争优势。同时,波特教授还指出,现阶段相互关联、高度产业化的产业集聚已经成为发达国家企业竞争力的重要来源,产业集聚从三个方面影响区域的竞争力:一是提高生产率,二是指明创新方向和提高创新速度,三是促进新企业的建立,从而扩大和加强集聚效应。

对于现阶段中国广告业而言,指明创新方向和促进新企业建立至关重要。一方面,随着媒体环境的多元化,广告行业的核心知识体系处于快速变迁中,依托新的媒体渠道,新的传播模式和产业体系正在构建;另一方面,随着产业链调整的加速,新的产业力量开始纷纷登场。例如,随着移动互联网的发展,原本归属于数字内容领域的移动应用开发机构也开始了向广告市场的延伸。此类产业新力量的成型,将推动广告产业链的深刻调整,能否在这一调整中发挥积极促进作用,将是未来检验广告产业园区价值的试金石。

五、广告产业园的建设必须以广告产业集群为导向

首先,以广告产业集群为导向建设广告产业园,应避免"空

园"或"杂园"。产业集群具有两种典型的布局形式：以乡村为单位的布局和以园区为单位的布局。其中以乡村为单位的布局形式多是自发形成的，相对分散，域内基础设施及公共服务也不完善，以园区为单位的布局是人为建构的，企业布局整齐集中，园区基础设施及公共服务较完善。当产业集群发展到对于生产空间和创新环境有更高要求后，对广告产业园区的需求才成为必要。

广告是一种信息传播活动，是文化创意产业的重要组成部分，属于服务业。不同于第一产业和第二产业，广告产业大多由中小型的企业组成，这些企业不需要高精的设备和庞大的办公场所，只要具备组织临近和制度临近，就可以形成产业集群。广告产业集群的形成并不一定需要广告产业园区作为平台，而广告产业集群的形成也不一定必须在广告产业园之内。这就有可能出现广告产业园无法吸引广告企业入驻的"空园"局面或非广告企业过多的"杂园"局面。只有以产业集群为导向建设广告产业园，才能够吸引广告企业进入产业园，在园区内形成产业集聚。

其次，以广告产业集群为导向建设广告产业园，应避免"集而不群"。我国目前的广告产业园大多是由政府和企业联合开发型。在广告产业园区内，相关广告资源借助于行政力量形成特定地理区域内的集中，从而可以起到强化不同广告企业之间的交流与合作的作用。然而，这种地理区域内的集中只是为集群提供了可能，并不一定会发展为集群。相关学者指出，邻近可以区分为地理邻近、组织邻近和制度邻近几种不同的形式，将分散的资源集中于特定园区内，形成的是地理上的邻近，而产业集群更多的是强调形成密切的产业联系，形成互动和创新的氛围，带来组织邻近及制度邻近，更为重要的是，地理邻近对于组织邻近及制度邻近的形成，既非充分也非必要条件。由此可以看出，借助于政府力量将广告资源集中在特定的广告产业园区内，所形成的是广告企业之间地理上的邻近，而如果要形成广告产业集群，还需要产生组织邻近及制度邻近，需要这些广告企业之间以产业联系为基础，形成密切的互动合作与交流。

换句话说,如果广告产业园区只是借助于政府的行政力量集聚生产要素,企业之间未形成多层次的产业联系和互动创新,则仅表明存在地理邻近效应,从而表现为集而不群。因此,广告产业园的建设必须以产业集群为导向,以此形成制度临近和组织临近,避免集而不群。

六、广告产业园建设的基本策略

(一)完善政府职能、加强政府监管

加强扶植与监管力度形成动态监管制度。政府的监管不仅是在前期立项招商阶段,还应贯穿到整个发展的过程。目前政府已经逐步开始重视对园区的软硬件的监管,如对软件的考察包括融资服务、员工培训、市场拓展、品牌宣传等内容,但如果在园区发展的过程中也能继续对各环节进行定期监管,必将促使广告产业园区更加有序发展。

第一,完善的基础设计建设,在教育、医疗、交通等重大基础设施层面,政府协调完成,同时政府协调建设广告产业园区的公共服务平台。

第二,加快制度环境建设,主要包括构建与地方原有的产业相互渗透的广告产业体系。将广告产业园区建设纳入城市或土地规划中,依靠政府力量来改变广告产业园的土地性质,以此来保证园区的稳定,保障周边环境与配套设施的建设,加大对广告产业的扶持力度。

第三,避免广告产业园走入商业地产的误区,功能区与配套的商业体系建设由政府来监管。

(二)在具有集聚动力的基础上建设广告产业园

广告产业园的建设要在具有集聚动力的基础上进行,违背市场规律,一哄而上是不符合实际的。建设产业园区的集聚动力主要分为以下四类：

(1)依托消费市场。这类广告园位于城市商圈内，具有比较稳定的产业链，具有成熟的潜在客户群。

(2)依托广告资源地。这类广告园主要利用广告专业类院校的广告资源，包括教师、学生等广告人才，以及广告基础设施。这样加快实现高校广告资源的商业价值。

(3)依托技术高地。这类广告园以数字内容开发为主，需要信息多媒体技术的支撑。这类园区可以建在高科技园区或大学科技园，也是高科技园区新的增长点，为"园中建园"式开发提供理论。

(4)依托产业基地。这类园区可以靠近传统工业区，为传统产业升级提供广告资源和技术服务。

(三)广告产业园区建设应充分发挥孵化器作用

作为广告产业的中小企业，虽然数量繁多，但往往势单力薄，缺乏稳定性和科研、实验环境。针对这些中小企业举步维艰的发展现状，园区除了在政策和资金上对中小企业进行适当倾斜外，在园区建设方面也要顾及中小企业利益，包括专业化创业设施、技术服务、经营管理和政策指导等。它不仅为中小企业创造一个办公场所，更为其创造一个发展的平台，同时能促成整个园区各种资源的整合流动。

孵化器这一概念最早出现在美国，美国也是企业孵化器发展得最为成功的国家。经过多年发展，形成了针对不同创业者的各级孵化器：一级孵化器是项目孵化器；二级孵化器是企业孵化器；三级孵化器是"大孵化"概念，即二级孵化器的企业升级孵化；四级孵化器是指跨国孵化。而我国目前大都停留在企业孵化器阶段，随着广告企业的做大做强，未来园区分层建设是一个必然的趋势。

第三章 广告市场与广告环境

(四)广告产业集群的保障是运营管理公司的合理运作

一个好的运营公司对广告产业园区来说是重要的推动力。如果运营公司不能很好地把握招商环节,或者采取"唯租金高者进"等方式,都会使得园区偏离发展方向,导致租户更换频繁,租金物业波动幅度加大,整个园区也将难以起到聚集效应。因此,运营公司对于整个广告产业园区的把控起着关键作用,运营商在运营的过程中要做好以下几点:

第一,塑造广告产业园品牌。广告产业园区的运营不是普通办公楼的运营管理,而是要以塑造广告产业园品牌为目标,因此要立足自身定位,选择符合园区发展方向的租户,不能以承租能力定夺去留。

第二,注重产业布局。广告产业园在选择租户时要注重结构。注重广告产业链的上下游关系,使产业园结构合理,错落有致。

第三,因为广告产业园区针对的是中小型企业,对于进入租户还要从其发展方向、经营能力、团队素养等方面进行考察,以避免后期发展后劲不足,频繁更换租户。

第四,在园区推广、注入文化内涵和保证收益等各方面需要找到一个契合点。可以以低租金吸引一些具有影响力的租户,也可以定期免费为一些文化科教活动提供免费的活动场所,但是其他营利性质的商业活动则可以提高收费门槛。

(五)提升集群创新能力,挖掘地方广告资源优势

集群式发展是促进园区内部创新和提升园区竞争力的有效途径。广告属于文化创意产业,因此广告产业园应该注重将广告人群的日常行为与工作方式结合、文化产品生产和消费结合,形成多样化的宽松环境,具有独特的本地人文特征,创造激发广告产业集群的创新能力,激起创新扩散效应。挖掘地方的广告主、广告媒体资源优势,使园区内部的广告企业蓬勃发展。

七、广告产业园区发展的相关思考

(一)理性选择广告园区的定位和发展模式

广告产业园建设,首先有一个定位出发点的问题。当前,北京、天津、南京和重庆都提出了要建设国家级的广告产业园区。值得思考的是,广告产业园的建设如何平衡扎根地方与辐射全国的关系?不同的区域,广告产业基础不同,发展特色不同,在前期,挖掘地方优势,形成自身的特色更为重要,应该警惕盲目求大、求快的发展思路。

(二)实现符合广告产业链发展趋势的聚集效应

根据上文基于产业聚集理论视角的分析,针对当前广告产业链不断调整的趋势,广告产业园区的规划应当积极适应这种调整,实现对新兴产业链环节的扶持和整合。数字化的传播环境和碎片化的消费需求,正在深刻变革着传统广告的产业链格局,IBM商业经济研究所的相关研究显示,作为新的产业力量,广告公司领域将出现全服务媒体代理公司,互动媒体购买、计划与评估机构;媒体领域,除了传统内容分销商之外,内容播出商面向新媒体的互动媒体分销商等角色也将深度参与广告市场活动,推动产业链条的更新和升级。

上述新出现的产业链环节具有高技术性和高灵活度的特点。针对这些特点,如果适应得当,广告产业园区能从中挖掘到适应自身发展的机遇。例如,技术型企业往往不会过分苛求园区的地理位置是否优越,而对园区能够持续提供的政策优惠和扶持力度更为敏感。一些位于第二、三线城市的园区可以充分发挥自身成本低廉、政策灵活的特征,建立与这些企业的长期合作关系。

（三）完成从静态聚集向动态聚集的功能升级

传统的产业园区的建设动力在于对区域资源储备的利用,入驻企业可以共享园区提供的基础设施、节约办公成本。从产业集聚的视角来看,追求的是一种简单静态的聚集经济效益。然而现阶段,面向碎片消费市场、满足多元营销需求、驾驭复杂媒体工具的广告产业已经成为技术密集、知识创新和创意聚集的交叉产业,具有知识经济与数字经济的双重意义。因此,传统的园区服务模式已经不能适应广告产业的发展需求。广告园区建设,需要实现从静态聚集经济效益向有利于技术、知识的创新和扩散等动态的聚集经济效益的全面升级。

第四章 广告策划

广告策划是在广告调查基础上围绕市场目标的实现,制订系统的广告策略、创意表现与实施方案的过程。成功的广告策划应该紧扣广告目标,充分有效地利用内外部资源,通过创造性劳动来形成市场方案。广告策划的流程展现广告策划的结构、程序和实际操作过程,是广告策划的主体。做好广告策划能对企业达成营销目标提供有效的支持。本章就对广告策划的相关内容展开分析和探讨。

第一节 广告策划的特性

广告策划是由相互作用和相互依存的若干要素所构成的,具有一定的目的和功能并遵循一定的规律而运动着的有机联合系统。广告策划活动是一个系统工程,具有以下一些特征:

一、目的性

明确目的是从事任何工作的首要问题。在广告策划过程中,经常出现多个目标,其中既有长期目标,又有短期目标;既有战略目标,又有战术目标;既有利润率目标、市场占有率目标,又有知名度目标。尽管广告计划中经常出现目标的多样性,但是通常只确定一个主要目标和一两个次要目标。

二、整体性

我们应该把广告策划的各个方面(或者叫各种要素)看成一个相互依存、相互关联、互为影响、互为制约的有机整体。以广告计划为例,如果没有信息来源,没有市场调查和预测,广告计划就成为空中楼阁;如果没有广告定位、广告创意、广告预算和广告媒体等要素之间的相互协同,广告计划就处于无序之中。

三、层次性

作为一个系统来说,广告策划中的每一个活动都是按照一定序列组合而成的,具有层次结构的统一性。例如,广告文案和设计,它们的立意都是根据广告定位而采取的某种策略,而广告定位又受产品定位、广告战略、广告目标策略的制约,只要其中某一要素发生变化,其他要素也要相应发生变化和调整。

弄清广告策划中的层次性,一方面有助于策划者把握广告策划活动的性质、职能、特点和运动规律;另一方面也有助于更好地发挥各层次的职能作用。例如,对于广告创作系统,策划者既要重视广告创意人员的作用,又要重视广告设计制作人员的作用,如果广告创意人员没有广告设计制作人员的密切配合,再好的创意在广告设计中也表现不出来。如果广告策划系统内的诸层次的积极性越高,主动性越强,则广告策划活动的整体功能就越大。为此,广告策划者要善于把握广告活动的层次特征:一是要分清层次,二是要把握层次,三是要把握等级结构之间的协调和统一性。

四、变动性

世界上任何事物都处于变化、动态的环境之中,广告活动也不例外。促使广告活动更好地适应环境的变化而不断变化、创新,是广告策划的生命所在。

以一个企业的产品宣传为例,当这个企业的新产品刚刚进入市场时,毫无疑问产品处于引入阶段,这时的广告宣传应着力介绍产品的性能、质量、特点、用途,以及与同类产品的不同特点等;如果产品已被消费者接受,销售量大幅度增加,产品已进入成长阶段,在这种情况下,广告策划的重心则要依据市场和消费者的变化而变化,在宣传策略上,则要着力塑造产品的形象,提高产品的知名度和市场占有率。此时,如果广告宣传还停留在告知性的宣传阶段,同类产品的广告攻势就可能把刚刚进入市场的新产品挤出市场。

第二节 广告策划的内容与程序

现代广告活动已经从过去的单纯向大众传递商品服务信息的推销活动,发展为具有明确目标性、强烈竞争性、高潮艺术性的整体战略活动。只有对广告运作的前期、中期、后期展开周密的思考与系统策划,才能获得理想的宣传效果。这必然涉及对广告策划的内容与程序的了解与把握。

一、广告策划的内容

广告策划要对整个广告活动进行全面的策划,其内容千头万绪,主要包括市场分析、广告目标、广告定位、广告创意表现、广告媒介、广告预算、广告实施计划以及广告效果评估与监控等内容的策划。这些内容彼此间密切联系,相互影响又相互制约。因此,要将它们像珍珠一样串起来,形成一条项链,使广告活动按策划的内容有条不紊地顺利实施。

整体广告策划的内容主要包括:市场调研与分析、确定广告目标、广告定位、制订广告策略、广告创意与表现、终端与活动策略、广告媒介策略、广告预算、广告实施计划、广告效果评估与监控等,最后把以上内容形成广告策划书文本。

(一)市场调研与分析

市场分析是广告策划和创意的基础,也是必不可少的第一步。广告市场分析基于市场调研,市场调研的目的是做到"知天知地""知己知彼"。这里所谓的"知天知地"就是要了解目前所处的宏观环境,了解当前的政策形势、行业状况、市场趋势,以及市场的人口分布、社会风尚和文化习俗等。这里所谓的"知己知彼"是对竞争对手、目标消费者以及广告主自身进行深入研究和分析。竞争对手研究是了解主要竞争对手的营销要素、品牌形象、广告策略、广告投放情况,还有他们的市场占有率、销售情况、市场活动等。消费者研究主要是了解消费者的年龄、性别、收入、职业和家庭情况,研究消费者的需求动机和消费心理,以及生活方式、文化环境对其购买行为的影响,从而确定消费者的需求方向、心理偏好与消费行为等。广告主自身研究主要是了解企业资源尤其是营销资源、品牌现状、产品分析等,特别需要对广告主的营销团队、营销渠道、品牌核心价值、品牌调性、品牌知名度、品牌认知、品牌联想、产品生命周期、产品类别、产品线规划、产品价格、产品包装、产品外观、产品工艺、产品特点等进行深入了解和体验。通过一系列的定量和定性分析得出广告主和竞争对手及其产品在市场的地位,为后续的策划工作提供依据。市场调查主要是以产品营销活动为中心展开的,围绕着市场供求关系来进行。市场分析的主要内容包括营销环境分析、企业经营情况分析、产品分析、市场竞争性分析以及消费者分析,通过深入细致的调查分析,了解市场信息,把握市场动态,研究消费者的需求方向和心理嗜好,并且明确广告主及其产品在人们心目中的实际地位和形象。只有进行深入的市场调研和分析,广告策划工作的开展才是有理有据,而不是纸上谈兵。

(二)确定广告目标

广告目标是指企业广告活动所达到的目的,确定广告目标是广告策划中重要的起步性环节,是为整个广告策划定性的一个环节。企业都是以创造较高的经济效益和社会效益为自己所追求的目标。制订广告目标需要系统地分析各种与广告目标有关的因素。

特别值得注意的是,制订的广告目标必须是可以测量的,否则目标的制订就失去了意义。具体而言,它要回答如下问题:

(1)广告活动后,企业或产品的知名度及美誉度提高的百分比。

(2)市场占有率提高的百分比及销售额或销售量提高的百分比。

(3)消费者对企业或产品态度或评价转变的情况。

但是,营销活动和其他活动有千丝万缕的关系,广告目标仅属于营销目标的一部分,有时销售额的增长很难说明是广告的作用,还涉及产品、通路等问题。因此,广告目标的确立要有明确的衡量指标,既有实际性,又有可操作性。

(三)广告定位

里斯和特劳特创立了定位学说,揭开了广告乃至营销史上新的篇章。定位的核心理念就是寻找消费者心智中的阶梯,是站在消费者的角度,重新对产品定位,是将产品定位和确立消费者合二为一,而不是将它们彼此分离。在对消费群体进行细分的基础上确立目标消费者,然后在这群消费者的心智中寻求还未被占用的空间,再将产品的信息削尖了钻进这个未被其他品牌或产品使用的空间,牢牢地占稳消费者的心智。广告定位就是要在目标消费者心智中寻找产品最有利于接收的信息。

广告定位的实质就是确定产品或服务应当建立何种优势的问题,即找准广告产品在同类产品中别具一格的优异之处,以适

第四章 广告策划

应特定用户的需求广告定位,即广告产品或服务定位,包括实体定位与观念定位两方面,这两方面是相互联系的。所以,在广告策划中,应该注意保护这两方面的内在协调性和一致性。

(四)制订广告策略

广告策略的制订是广告策划的中心环节。市场分析和广告定位为广告策略的制订提供科学依据,从而可以使广告传播做到有的放矢。只有传播目标很清晰,传播方向很准确,广告传播的价值与效用才得以科学地体现。同时,现在是传播过度、信息爆炸的时代,一个广告要想引起消费者的注意和记忆,广告元素就要尽可能地简单,广告诉求要单一而聚焦。因此,寻找广告的主题、关键词和核心诉求点就显得非常重要,解决广告说什么和不说什么,即决定说什么是广告策略的主要任务。广告策略的形成往往是在市场调研的基础上进行创造性思考和提炼得来的,是科学和艺术碰撞的结果。如作为全球第二大咖啡品牌的麦氏广告语"滴滴香浓,意犹未尽",将诉求重点放在"意犹未尽"的感觉体验上,堪称语言的经典。它将麦氏咖啡的醇香与内心的感受紧紧结合起来,从而有效地激发消费者的购买欲望和行为。

(五)广告创意与表现

广告策略解决了"说什么"的问题,具体"怎么说"就要通过广告创意把一些抽象的概念形象、生动地表达、呈现给消费者。广告创意是广告工作中最具艺术色彩的部分,也是广告的灵魂与魅力所在。有些广告之所以能让许多年轻的从业者为之向往,让消费者眼前一亮、心头一动,就在于其艺术的创意。然而,广告创意中的"艺术"并不是天马行空,而是在广告策略的指引与规划下,通过创造新意和差异,吸引消费者的眼球与内心的共鸣。在广告活动中,广告创意有极为重要的地位和作用,它决定了广告作用的发挥程度,并且与广告策划密不可分。广告创意表现没有固定的模式,其基本的创作原则是广告创意必须与产品相关,创意表现的内容要真实、准确,创意必须与目标消费者相关,同时广告创意与表现要合理合法。

(六)终端与活动策略

终端与活动的传播和落实是广告策划的必要构成。现在的整合营销传播已经大大超过了仅仅凭借线上媒介进行传播的范围,线下的传播推广越来越重要,它在某种程度上决定了广告效果的大小与好坏。广告主题、概念、核心诉求以及核心创意表现,在终端与活动上是否得到呈现,以及得到多大的呈现,呈现的效果如何等,都是在广告策划中必须考虑的。如果终端与活动(包括公关活动、节日营销、促销活动、事件营销活动等)没有与整体广告策划相一致,那么广告传播的效果一定不容乐观。在实际工作中,整合营销传播的线下传播的工作量已经大大超过线上传播的工作量。

(七)广告媒介策略

媒介策划是针对既定的广告目标,在一定的预算约束条件下利用各种媒体的选择、组合和发布策略,把广告信息有效地传达到市场目标受众而进行的策划和安排。广告活动最基本的功能即广告信息的传递,选择广告信息传递的媒介是广告运作中最重要的环节之一,也是广告媒介策略需要解决的问题。广告活动是有价的传播活动,它需要付出费用,而广告预算是有限的,因此,要在有限的费用里得到比较理想的传播效益。这里,如何运用好广告媒介就成为一个关键问题。广告媒介策略主要包括媒体的选择、广告发布日程和方式的确定等内容。

广告媒体策略的成功,首先有赖于广告主根据自身产品的实际需要和广告策略,选择合适的广告媒体。广告创意再出色,但如果广告媒体选择不当,无法准确传达给受众,也会造成前功尽弃的后果。

不同媒体具有其独有的特征和优势。刊播在同一媒体上的

第四章　广告策划

不同时段和不同版位的广告,其效果也有所不同。例如,在电视广告的黄金时段,收视率相比其他时段要高得多,广告效果相对最好,而在报纸中,头版、二版刊登的是每期报纸最重要的内容,所以广告的效果也好于其他版面。因此,广告媒体既要选择广告发布的主要媒体,也要注意理想的版面和时段,另外广告排期对广告的成败也有决定性影响。

(八)广告预算

广告是一种付费活动,广告界盛传:"花的广告费一半浪费掉了,却不知道是哪一半。"如果不对广告活动进行科学合理的预算,浪费的将不只是一半的广告费。广告预算就是广告公司对广告活动所需费用的计划和匡算,它规定在一定的广告时期内,从事广告活动所需的经费总额、使用范围和使用方法。准确地编制广告预算是广告策划的重要内容之一,是企业广告活动得以顺利展开的保证。广告预算的制订会受到各方面因素的制约,如产品生命周期、竞争对手、广告媒介和发布频率以及产品的可替代性等。

广告预算策划的两大类内容如下:

(1)直接的广告费用,如市场调研费、广告设计和制作费、媒介租用费等。

(2)间接的广告费用,如广告机构的办公费用、所雇员工的工资支出和广告活动的杂费等。

(九)广告实施计划

广告实施计划是指整个广告活动的行动文案,包括广告目标以及为实现广告目标而采取的方法和步骤,是侧重于规划与步骤的行动文案。它包括广告调查、广告任务、广告策略、广告预算和广告实施等方面的内容。广告实施计划按时间长短来分,可分为长期、中期及短期广告计划;按广告媒体来分,可分为媒体组合计划和单一媒体计划。

(十)广告效果评估与监控

广告发布出去之后,有没有达到广告的目的或有没有产生对其他方面的影响,就要对广告效果进行全面的评估。为了增加广告的有效性,还会在广告活动中,甚至广告活动前,进行广告效果的监控和评估。通过广告效果的评估,可以了解消费者对整个广告活动的反应,对广告主题是否突出、诉求是否准确有效以及媒体组合是否合理等作出科学判断,从而使有关当事人对广告效果做到心中有数。广告效果的评估和监控不能仅仅局限在销售效果上,而传播效果作为广告效果的核心应该受到重视。此外,广告还会对整个社会的文化、道德、伦理等方面造成影响。

(十一)撰写广告策划书

完成了市场调研、广告策略、广告创意表现、终端与活动呈现、媒介策略等工作,广告在策划阶段的工作基本上就完成了。这时候广告策划者需要将广告策划工作的内容和结果整理成正规的书面文件提供给广告主审核、修改和认可,这一文件我们通常称为广告策划书。广告主可以通过策划书了解和检查广告策划运作的结果,并根据广告策划书判定广告公司的广告策略和广告计划是否符合自己的要求。经过广告主认可的广告策划书是广告策略和广告计划的依据,为后期广告表现、广告制作、广告发布提供指导。狭义广告策划的内容相对简单得多,它是根据广告主的要求,针对广告策划的其中一部分或某几个部分进行策划,通常是根据客户既定的广告策略和广告目标进行广告创意和媒介策划,如配合广告主在某一节日或时间节点的促销进行广告策划。

二、广告策划的程序

前面所述是对广告策划的各个内容的概述,实际上广告策划是一种运动的状态,是遵照一定的步骤和程序进行运作的系统工程。

（一）整体规划阶段

整体规划就是在刚进入广告策划流程时对总体工作的部署和安排。它具有事前性、全局性的特点。整体规划阶段需要开展的两项工作如下：

（1）成立广告策划项目组。广告策划工作需要集合各方面的人士进行集体决策。因此，首先要成立一个广告策划项目组，具体负责广告策划工作。一般而言，策划项目组应主要包括客户人员、策划创意人员、设计制作人员、媒介公关人员以及市场调查人员等。这些人员通常由一个策划总监或主管之类的负责人统领。

（2）规定任务和人员安排，设定各项时间进程。这是对策划前期工作的落实。

（二）调研分析阶段

调研分析阶段是指围绕广告活动所进行的一切调研活动，主要目的是通过科学的方法获得材料并进行研究和分析，为科学开展广告活动提供依据。

（1）市场调查、搜集信息和相关材料。立足于与消费者的良好沟通，有选择地吸取营销调查的相关成果。或者通过直接调查获得第一手资料，或者通过其他间接途径搜集有关信息，最大限度地占有相关材料。

（2）研究和分析相关资料。对所得的材料进行整理、归类，剔除多余信息，将有用信息总结分析，制订出真实确凿的数据报告，为进一步制订策略提供依据。

（三）战略规划及策略形成阶段

战略规划是关系到任何组织生存发展的重要活动，已越来越引起人们的广泛重视。做好战略规划是企业高层管理者和广告公司的共同职责，决定着广告活动的前途和命运。

(1)制订广告战略目标。这是广告规划期内广告活动的核心,所有其他有关内容都是围绕这一中心展开的。不同的广告战略目标直接决定着后期广告开展的不同走向。

(2)广告战略选择。根据广告战略目标,制订出广告战略,勾勒出广告活动的大致轮廓。处于不同生命周期的产品,其广告战略有明显的不同。例如,脑白金的广告活动,在市场导入期采取的是高曝光率,追求高知名度的广告战略;而在发展期采取的是稳健、理性说服、多种媒体组合的广告战略。此外,位于不同市场地位的广告主,其广告战略选择也应该有明显的区别。

根据广告战略规划具体实施,形成策略。

(1)集中并总结归纳前期调查分析的成果,对调查研究结果作出决定性选择。

(2)以策划创意人员为中心,结合相关人员对广告战略目标加以分析,根据广告战略选择确定广告的定位策略、诉求策略,进而发展出广告的创意和表现策略,根据产品、市场及广告特征提出合理的媒介组合策略、其他传播策略等。

(3)这个阶段还包括广告时机的把握、广告地域的选择、广告活动的预算安排、与其他整合传播活动的配合以及广告活动的评估标准等。

(四)编写广告策划书阶段

把策略思想用具体系统的形式加以规范化,把此前属于策略性、思想性的各种意向以一种详细的展露和限定形式加以确定,以确保策略的实施。包括将广告策划的内容以文本的形式表达出来,同时对策划结果进行整理和检核,然后由广告公司的客户总监、策划总监或其他资深人员对广告策划书进行审核及修改。

(五)广告策略提案与确定阶段

将广告策划书提交给客户审核,同时对重点问题进行必要的

第四章　广告策划

解释和说明,听取客户的意见,与客户就广告策略的内容和结果达成一致。广告策略是整体广告运动的核心,是广告表现和传播发布的基础,它只有经过客户与广告公司的一致认定,后期的工作才能顺利进行。

(六)广告表现阶段

广告公司根据策略和不同阶段的要求进行创意表现和发展。核心创意通常要召开多次创意会才能生成和确定,之后根据核心创意,设计、制作出包括电视、报纸、杂志、广播、POP等在内的一系列广告作品,经广告公司的客户总监、策划总监、创意总监等审核后,发布阶段性广告作品提案。

(七)广告计划实施与效果分析阶段

在广告实施的过程中,要及时地进行信息反馈,经常对广告效果进行必要的监控和分析,以使广告策略紧贴市场。广告效果分析,可在广告实施中,也可在广告实施后进行,既有阶段性,又有连续性。

(1)计划实施与监控。按照策划书的规划,组织人员进行创作设计、媒介发布以及一切需要在市场中实施的细节,并对整个过程进行监控和必要的调节。

(2)效果分析。在广告活动实施中进行评估,并及时地对广告策划作出适度的调整。

(八)广告策划的总结阶段

在广告活动全部实施完毕后,要对广告策划的工作进行总结,撰写总结报告,并归档保存。由以上流程可以看出,广告策划的程序是从市场调查分析开始,中间经过很多的环节和步骤,各步骤之间是环环相扣、紧密相连的,因此广告策划是一个战略性、整体性、创造性、连续性的系统工作。

三、广告策划书的撰写

广告策划书就是在广告活动的先期论证结束之后,根据广告实施计划而提供给广告主的一个书面广告策划活动,以指导策划实施过程的各项工作。

广告策划书依序需要进行一定的撰写,通常有两种形式:一种是表格式的,这种形式的广告策划书上列有广告主现在的销售量、销售金额、广告目标等栏目,相对比较简单,应用面较窄;另一种是以书面语言叙述的广告策划书,运用广泛。

(一)广告策划书的撰写原则

撰写广告策划书一般要遵循以下三个原则:

1. 语言简洁

广告策划书一般要求语言简洁,避免冗长,简要明确,突出重点,抓住要解决的核心问题,深入分析,所提出的对策一定要具有可执行性。

2. 逻辑性强

策划的目的是为了对提出的问题进行分析之后,能够提出可执行的对策方案,而广告策划书是将这些过程进行文字化呈现的一种表现形式,所以应当以一种逻辑性思维的顺序进行撰写,通顺连贯,便于理解和记忆。

3. 主旨明确

广告策划活动是广告主的一个营销计划,所以要从整体战略目标出发,围绕着明确的主旨进行撰写。如果脱离了主旨,那么策划书也就很难达到促销的手段。

第四章 广告策划

(二)广告策划书的格式

广告策划书的撰写没有固定的格式,广告策划书的目的是提交给广告主审阅、修改与接收,以及作为广告活动执行的依据。因此,在书写的过程和形式上可以根据广告客户的特点,融入一些便于广告主理解的技巧与事例等,在结构上可以根据项目的具体情况对某些部分进行删减、压缩或略写。标准格式的整体性广告策划书由封面、前言、目录、正文、附录与封底组成。

1. 封面

版面精美的封面可以给阅读者良好的第一印象,策划书的封面一般包括策划名称、客户、策划机构或策划人名称、策划完成日期等要素。

2. 前言

在策划文本前言中简要说明完成本次策划的起始时间、所做的准备工作、数据来源、广告策划的目的、进行过程、使用的主要方法、策划书的主要内容、广告策划小组名单等,以使广告客户对广告策划有大致的了解,同时是向广告主显示广告策划运作的正规化程度,也表现出一种对策划结果负责任的态度。

3. 目录

在广告策划书的目录中,应该列举广告策划书各个部分的标题,必要时还可以画一个详细的整体结构图。以图表的形式说明各个部分之间的联系,一方面可以使策划文本显得正式、规范,另一方面也可以使阅读者能够根据目录方便地找到想要阅读的内容。

4. 正文

正文一般分为四大部分:市场分析、广告策略、广告创意与表

现、广告媒介策划等,可以根据广告策划的实际情况灵活掌握运用。具体内容如下:

(1)市场分析。

①营销环境分析。

②竞争状况分析。

③消费者分析。

④企业自身分析。

(2)广告策略。

①广告的目标策略。

②目标市场策略。

③广告的定位策略。

④广告的诉求策略。

(3)广告创意与表现。

①广告表现策略。

②广告创意表现。

(4)广告媒介策划。

①媒介背景分析。

②竞争对手的媒介分析。

③目标消费者媒介分析。

④媒介策略。

⑤媒介购买费用的分配。

⑥媒介效果的预估。

5. 附录与封底

在策划文本附录中,应该包括为广告策划而进行的市场调查的应用性文本、合作单位介绍和其他需要提供给广告主的资料等,如市场调查问卷、市场调查访谈提纲、市场调查报告、选用的媒介资料、选用的广告制作单位简介等。

另外,在广告策划书最后附上一页封底。

第三节 广告计划

广告的策划阶段工作完成后,应根据策划的结果制订广告计划,撰写广告计划书。编制广告计划书是为了给广告活动提供一个行动大纲,对复杂广告活动的进程安排和行动予以协调。

一、广告计划的定义与类型

广告计划是对一定时期内广告活动总体规划的书面体现,它具体确定了广告目标和任务、完成目标的各项广告活动及时间进程、广告评价等,是事先制订的广告活动全面规划和广告活动的具体行动方案。

广告计划有广义和狭义之分。广义的广告计划在范围上与广告策划相近,但在内涵上有所不同。狭义的广告计划主要是指广告活动的行动方案,即在企业决策层就广告目标、策略、预算、行动方案框架等作出决策的基础上,就广告活动的具体内容制订的行动计划。狭义的广告计划虽然也包括广告目标、广告策略、广告主题等项内容,但这些内容不是广告计划的结果,而是广告计划制订的依据或者是对制订依据的具体表述。广告策划中的广告计划是指狭义的广告计划。

广告计划按其计划时间的长短来划分,可以分为长期计划、年度计划和临时性计划。长期计划通常是指两年以上的广告计划。长期广告计划一般较为系统,往往包括企业形象或产品品牌塑造及产品开发、竞争战略等一些战略性的内容。年度广告计划是就企业某一年度内的广告活动按季分月制订的广告行动方案,一般有目标较为精确、内容较具体、不确定性因素相对较少,因而计划的可靠性较高等特点。临时性广告计划是企业根据市场活动的即时需要制订的短期性广告计划,一般有目标单一或简单、策略灵活、收效迅速等特点。临时性计划也可以是长期计划或年度计划的补充性广告计划。临时性广告计划的起因往往具有随机性。

广告计划根据广告策划类型的要求,可以分为综合性广告计划和单项广告计划。综合性广告计划在内容上与整体广告策划的内容基本一致;单项广告计划则和单项广告策划的内容较为接近。

二、广告计划的特点

广告计划与广告策划是完全不同的概念。广告计划是企业广告活动的一项全面的、详细的和具体的行动方案,它不是为决策层提供的决策方案,而是为执行人员提供的行动计划或执行文件。它强调的是体现决策层决策意图的准确性和执行、落实与实施决策方案的可操作性。广告计划以决策结果为依据,是对决策方案和策划要点的具体化。广告计划作为具体的行动方案具有更可靠的可行性。

广告计划具有以下几个特点:

(1)广告计划是一项行动文件。实施一项广告活动是复杂的,需要与各方面协调、配合,广告计划就是把要采用的主要步骤、时间安排写成行动文件,以指导和控制整个广告活动的运作。

(2)广告计划是对某一广告目标及完成这一目标的一种解释。广告计划通过对企业及品牌面临的问题及机会加以陈述,解释各项指标及步骤的制订,解释怎样才能达到最终目标。

(3)广告计划是对企业实现经营战略的一种财务承诺纲要。广告计划说明了广告目标完成需要多少费用,为什么需要这么多费用,这些费用是如何安排的,它可能带来何种效益。

(4)广告计划具有一定的强制性和约束性。广告计划一旦制订,就成了广告活动必须遵守的行动准则和努力方向。虽然计划具有灵活性,但这种灵活只是在一定范围内的有责任的灵活。

三、广告计划书的格式

广告计划书的格式是表述广告计划内容的形式。由于广告计划内容各不相同,广告计划的格式也不可能一成不变,但一般都应包括四个基本部分:标题、目录、正文、署名和日期。

(一)标题

标题是广告计划的名称,是对广告计划内容的高度概括,通常要标明是某产品或某企业的广告计划,如"百威啤酒广告计划书",如有必要,还可说明广告活动的地区和时期,如"百威啤酒2011年度北京地区广告计划书"。

(二)目录

目录是说明广告计划各部分内容的小标题或提纲。并不是所有的广告计划都要具备目录,但较长的广告计划最好在标题之下,正文之上。附上目录,便于了解大概内容和查阅。

(三)正文

正文是广告计划书的主要部分,一般由前言和内容两个部分构成。前言,是广告计划内容的简括,应简单说明广告计划的依据、目标、广告策略等。内容,是广告计划书的主体,应着重说明广告目标及任务,完成目标的策略、措施、时间及理由。

(四)署名和日期

署名和日期是计划者和时间,有三种形式:一是署上计划部门名称,如××广告公司;二是署法人代表名字,如××广告公司××经理;三是署上计划执笔人姓名。日期则是广告计划制订的时间。

第四节 广告预算

广告预算是根据广告计划对开展广告活动所需费用的计划和匡算,是广告主进行广告宣传活动投入资金的使用计划及投入广告活动的费用计划。它规定了计划期内从事广告活动所需要的经费总额、开支范围及具体使用方法。本节就对广告预算的基础知识进行分析。

一、广告预算的意义

广告预算是企业财务活动的主要内容之一。广告预算支撑着广告计划,它关系着广告计划能否落实和广告活动效果的大小。广告预算不同于企业的其他财务预算。一般财务预算包括收入和支出两部分内容,而广告预算只是广告费支出的匡算,广告投入的收益因广告目标的不同而有不同的衡量标准。有许多广告主错误地认为,广告投入越大,所取得的效果也就越大。但是,通过对大量广告活动效果的实证分析,可以看出:当广告投入达到一定规模时,其边际收益呈递减趋势。

在广告策划中,广告目标说明广告活动要做什么而广告预算决定其能做什么,广告预算对广告活动进行了限制,要求以尽可能少的经费达到尽可能好的广告效益。确定广告预算是广告策划的重要内容,不仅直接影响广告产品的效益,而且影响企业整体效益。具体来说,广告预算在整个广告策划中具有以下重要意义和作用:

(一)控制广告活动

广告计划的实施要以广告预算来支持,广告预算保证了广告计划的各项任务得以实施。通过科学的、合理的广告经费预算,

第四章 广告策划

广告主或广告部门可以对广告活动中各环节的规模和衔接从费用开支方面进行管理和控制,从而保证广告活动按计划开展,实现广告目标。

(二)评价广告效果

广告预算是评价广告效果的经济指标。评价广告效果的主要标准是看广告活动能否以较小的花费实现广告目标。广告预算对广告经费的使用提出了明确的目标,可以使广告活动的每一具体步骤尽可能达到较为理想的效果。由于广告预算对广告经费的每一项具体开支都作出了规定,这样在广告实施结束后,就可以比较每一项具体的广告活动所花费用与所取得的效果。因此,广告预算可以为广告效果评价工作提供科学的依据,用以评价广告活动的经济效果。

(三)规划经费使用

广告预算增强了广告经费使用的计划性。科学合理的广告预算可以使广告费用的投入保持适度,避免盲目投入造成的浪费,以便让有限的广告经费满足多方面的需要,从而使广告经费得到合理有效的使用。

(四)提高广告效率

通过广告预算可以增强广告人员的责任心,监督广告费用开支,避免出现经费滥用或运用不良现象。同时,通过广告预算,对广告活动的各个环节进行财务安排,发挥广告活动各个环节的工作效率,也可以促成广告活动的良好效果。

二、广告预算的内容

广告预算的主要内容是对广告活动费用的匡算。广告费用主要包括以下几种:

（1）广告调研费。广告调研费主要包括市场调查、消费者调查、产品调查、调查策划、广告效果检测、购买统计部门和调研机构的资料所支付的费用。这一部分经费的重要性应引起广告主的高度重视。广告调查费约占广告费总额的5%。

（2）广告设计制作费。根据不同媒体的需要，其设计制作费的标准也有所不同，电视广告的制作费就远远高于广播广告和印刷广告，而同一媒体的广告制作费也往往差异较大。广告设计和制作费，约占广告费总额的5%～15%。

（3）广告媒体费用。它是指购买媒体的时间和空间的费用。这是广告费用的主要组成部分，约占总费用的80%，甚至更高。这部分费用是影响广告主决定是否做广告的关键因素。

（4）广告人员的行政经费。它包括广告人员的工资、办公、出差、管理等经费，约占总费用的10%。

（5）广告活动的机动经费。它是指用于应付临时事件和意外变故的费用。机动广告费不参加广告经费预算，由广告部门的负责人或企业的营销工作负责人掌握，一般约占广告费用的5%。

以上五项是一般意义上的广告费用构成。其中广告媒体费和广告设计与制作费是两项最基本的费用，任何企业的广告预算都少不了这两项。另外，还有一些难以确定预算范围的费用，如产品样品费用、产品展销会开支、推销人员的报酬等，既可以列入广告费用，也可以列入促销费用，这要根据广告项目的业务范围和广告企业的具体情况而定。

三、广告预算的方法

目前，普遍为广告界采用的广告预算法有数十种之多，每一种方法都各有所长、各有所短，没有一种方法被公认是最科学的。下面着重介绍最常见的几种方法：

（一）目标达成法

这种方法由科利提出的DAGMAR法而来，也叫"目标任务法"(Objective and Task Method)。这种方法是首先确立一定的销售目标和广告目标,然后决定达成这种目标的广告活动计划,如广告媒体的选择、广告表现形式、广告发布时间和频率等,逐项估算出所需费用,最后累加起来,就是广告费用总额。计算方法是:广告费＝目标人数×平均每人每次广告到达费用×广告次数。

这是一种比较科学的广告预算方法,系统性和逻辑性较强,能够适应市场营销变化而灵活地决定广告预算。优点在于它使每笔广告支出目标明确,效果明显,既不会造成浪费,也不会产生短缺。其缺点是难以确定达成这些目标到底需要多少钱。另外,这种方法没有从成本观念出发来考虑某一广告目标是否值得追求。

(二)销售比例法

销售比例法是以一定时期内销售量(额)的一定比例来计算或决定广告费的方法。其基本计算公式为:广告费用＝销售总额×广告费用与销售总额的百分比。由于计算的标准——销售额的内涵不同,又可分为不同的方法。

(1)上年度销售额百分比法,即根据企业上年度销售额,确定一定比例来预算广告费用的方法。

(2)计划销售额百分比法,即以企业下一年度预计的产品销售额,确定一定比例来预算广告费用的方法。

(3)平均销售额百分比法,即以若干年(近 3 年)销售额的平均数为基数,或者取上年度销售额与本年度预计销售额的平均数作为基数。

(4)计划增加销售额百分比法,即以上年度广告费为基础,再加上本年度计划销售增加部分按比率计算出的广告费用额。

销售额百分比的优点在于计算简单、方便,而且这种方法使广告费用与销售额挂钩,能够直接反映产品的销售状况,保持广告费投入与营销状况的平衡,因此这种方法被许多企业广泛采用。但是,这种方法比较死板,缺乏弹性,不能适应市场环境的变化,容易形成"富者更富,穷者更穷"的马太效应,使广告费用分配与实际需求相反,造成短缺或浪费。这种方法比较适应竞争环境相对稳定、能进行准确市场预测的企业。

(三)销售单位法

销售单位法是以每一销售单位投入的广告费进行广告预算的方法。计算公式如下:广告费＝每个销售单位的广告费×销售单位数量。

这种方法简单易行,便于计算销售成本,产品卖出的越多,平摊到每件产品上的广告费越少。这实际上是销售比例法的一种变形。此法主要适用于以下两类商品:一类是薄利多销的日常生活用品,另一类是价格较高的耐用消费品。其缺点是灵活性较差,将广告支出和销售情况因果倒置,没有考虑市场上的变化因素。

(四)竞争对抗法

竞争对抗法是根据竞争对手的广告费用总额来决定本企业的广告费用,又叫竞争平位法。广告主明确把广告当作市场竞争的工具,以此提高或保持自己的竞争地位。这种方法有两种形式:

(1)市场占有率法。即先计算出竞争对手单位市场占有率的广告费,以此为基数,乘以本企业预计市场占有率,得出本企业的广告预算。计算公式为:广告预算＝竞争对手广告费用额/竞争对手市场占有率×本企业期望的市场占有率。

(2)增减百分比法。即以竞争对手今年广告费的增减百分比数作为本企业广告费增减的百分比参数。计算公式为:广告预算＝本企业上年广告费×(1±竞争对手广告费增减率)。

竞争对抗法多适用于竞争激烈的产品和企业,尤其是当同类产品市场上有三个以上的竞争对手时,才适于采用这种方法。此法要冒一定的风险,适用于资金雄厚的大型企业。存在问题是竞争对手的信息很难获得,仅仅根据对手的广告费用来确定自己的广告预算,有一定的片面性和盲目性。

(五)支出可能法

支出可能法是根据企业的财务承受能力来确定广告预算的方法,又称全力以赴法。根据"量入为出"的经营原则,将企业的总收入扣除成本费、管理费和其他杂费,剩余费用全部作为广告预算。这是一种最简单的预算方法,适用于新产品上市、非牟利企业或一般小型企业。但同时这种方法也具有很大的冒险性,很难确定所花费用是否有效,且不易反映出广告支出与销量变化的关系。

(六)投资效益法

投资效益法把广告费用支出看作一种投资,按某些回收标准来确定广告预算。首先确定投资目标,按一定投资效益和回收率来确定,然后根据广告的经济效益测算预算。这种方法的明显缺陷在于广告效果并不能全部折算成经济效益,如知名度提高百分之几可多获销售额或利润多少。

(七)武断法

武断法是由企业最高领导人来决定广告费的投入数额,又叫随机分摊法。随机预算是一种最原始的、不靠任何数据支持的预算方法,它完全凭领导者的判断、经验和灵感确定,容易出现偏差。与之相对应的是无计划的广告。

此外,还有用于邮购广告的通讯订货法、运用系统分析和运筹学模型的计量设定法等。

第五章　广告创意与表现

广告大师大卫·奥格威（David Ogilvy）曾经说过："要吸引消费者的注意力，同时让他们来购买你的产品，非要有好的点子不可！除非你的广告有很好的点子，否则它就像在黑夜里行使的一只没有罗盘的轮船，很快就会被夜幕吞噬……"大师所说的点子就是广告中的创意。创意是广告的生命，是广告的灵魂，这一点已经得到了人们的认可。那么，什么是广告创意？其在广告活动中有何意义？如何表现广告创意？本章对这些问题逐一论述。

第一节　广告创意

我们平时浏览广告可以发现，许多广告平淡无奇，缺乏新意，令人不屑一顾或匆匆略过，引发不了兴趣，更谈不上留下印象，更有甚者，还会引起人们心理上的反感。但是，有些广告却表现独特，趣味十足，令人长久注视，印象深刻。同样是广告，为何会有如此大的差别呢？究其原因，除了广告设计、制作上的外在因素外，主要的还在于有没有表现广告主题的思想内涵以及在表现深度上的差别，即广告创意水平的高低。

要创作出好的广告作品，必须首先赋予作品主题不同一般的思想内涵，即要使广告作品具有新颖独特的创意，通过创意把广告的意念、意境和形象表现出来。

第五章 广告创意与表现

一、广告创意的含义

近年来,"创意"一词在我国广告界非常流行,大家似乎都达成了一个共识,那就是创意对于广告作品的重要性毋庸置疑,大量的广告案例也表明优秀的广告作品与好的创意是密切相关的。美国DDB广告公司创始人、著名广告创意大师威廉·伯恩巴克说,广告创意是"将广告赋予精神和生命"的活动。

"创意"这一概念包含多层含义,它既是一个静态的概念,又是一个动态的过程。静态的创意是指创造性的意念、巧妙的构思和很好的点子;动态的创意是指创造性的思维活动,是"从无到有"这一逻辑思维的产生过程。不论是意念还是思维活动,都要求新颖、独特。新颖是指破旧立新、前所未有、不墨守成规;独特是指不同凡响、别出心裁。创意的结果是突破现状、营造变化。

所谓"广告创意",就是广告活动中的思想创新活动,是广告创意人站在广告主的立场,综合运用各种专业知识,准确把握广告主题,巧妙使用广告策略及表现技巧,营造最佳广告意境以达到最佳商品及服务信息传播效果和文化缔构目的的创新思维活动。

广告创意作为一种创新思维活动以及广告活动中的一个环节,既不能代替广告活动本身,也不能贯穿广告活动始终,因而通常只能把其视为广告活动中最核心的组成部分和最独特的运作阶段。如果说广告的本质是如何有效地传递商品或服务的信息的话,广告创意的本质则是如何最独特、最完美、最有效地传递商品或服务信息。现代广告活动的大量实践表明,创意是现代广告的灵魂,是引起消费者注意、激发消费者购买欲望的驱动力。

如何进一步深入地来理解广告创意的本质呢?

首先,广告创意活动是对广告运作过程中最核心信息的提炼。广告创意之所以成为广告活动的灵魂,和广告创意活动的这一特质密切相关,从纷杂的商品或服务的信息中提炼出最核心的信息，并以最佳组合方式传递给目标受众，这是广告创意最基本的任务，也符合广告传播的目标。因此，对广告核心信息的提炼就成为广告创意活动的出发点。

其次，广告创意是对广告信息的再加工过程。在广告创意活动中，广告主的广告思想及广告理念、产品或服务的基本功能和特色构成了广告传播的基本信息。广告创意的一项重要任务就是对这些信息进行创造性的再加工，使这些基本信息不断强化、放大，并得以强势传播。

再次，广告创意能够对广告信息流向加以控制。通过广告创意控制广告信息的流向，进而引导消费者按照广告主的思维方式思考问题，这也是广告创意的一项重要任务。

最后，广告创意强调对广告信息符号化的设计和形象化的处理。对广告信息符号化的设计和形象化的处理是广告创意中提高信息传递效果的常用方法。符号化的设计能够浓缩核心的广告信息，并以视觉传递的形式强化信息传递的效果。更为重要的是，符号化的设计能够传递广告主的核心理念，并让受众在解读符号的过程中，在心目中留下符号印象并细细解读，起到潜移默化的刺激或强化作用。

二、广告创意的意义

（一）创意能使广告受到超值的关注

在当今的市场经济社会中，广告通过报纸、电台、电视、户外标牌等一切形式每日每时都在冲击着我们的感官。在广告的世界中，人们每天要受到无数次的刺激。国外一项调查认为，每个人一个工作日中平均要受到560次广告的冲击。由此看来，从广告主角度而言，广告如同汪洋大海中的浪潮，一浪推着一浪，要想使你的广告不被无声无息地淹没掉，唯一的办法就是吸引受众的注意力。要想吸引大众的注意力就首先要做到与众不同，要想与众不同,唯有发挥广告人的非凡创意。

创意在广告中的作用,其更为可比的情形是:当花费同样的钱在同样的媒体上,以同样的版面或时间做广告时,你的富有新意的广告能脱颖而出,赢得消费者的注目和兴趣,这无异于提高了单位时间的广告效果,也就等于获得了超值的广告效应。相反,缺乏创意的广告往往是负值的,是一种无效的投资。广告大师伯恩巴克对此深有体会:"你没有吸引力使人来看你的这页广告,因此不管你在广告里说了什么,你都是在浪费金钱。"

可见,创意在广告中的作用首先表现在广告的第一层次的要求上,即吸引注意、引起兴趣、促使购买。也就是说,由于广告的作用,某种产品获得了比其同类产品更多的销售机会。

(二)创意能使广告对象产生文化增值

一个成功的创意性广告不但能够满足广告主第一层次的要求,即让商品顺利地进入流通,并实现它的价值,而且能使商品产生增值的价值。换句话说,广告的作用不但体现在告知、说服、进而满足消费者的需求上,更可能通过广告的精神投入而创造需求,并且在这一过程中产生附加的价值。这种附加的价值来源于广告的创造性劳动,它和产品生产过程中的劳动一起构成了产品的最终价值。也就是说,一个经过广告创意包装的商品,它的实际价值等于该商品原先的使用价值与由广告所创造出来的精神价值之和。《美国新闻与世界报道》曾报道了这一价值附加现象:"一些科学家发现,消费者就算在购买功能最好的产品时,通常也会被产品的感性与文化价值所吸引,而不会太在意该产品的耐用、易用等'理性'价值。"

(三)创造是人类精神劳动的本质,是人类文明发展的内在动力

罗曼·罗兰说:"生产的第一行动是创造行为。"人类和动物最大的区别就在于人是智慧的动物,人主要是靠智慧而不是靠体力去战胜自然的。随着人类文明的进步,特别是科学和技术日益

发达的今天,机器和计算机正在逐步取代手的功能和部分脑力劳动。智慧和创造在文明的发展中更加具有本体的意义,相反,作为技术和工具性的操作越来越退至从属的地位。

在当前时代,人类的一切财富在本质上都是精神的创造,智慧和创造力正在日益成为财富的真正源泉。正如一百多年前马克思所说:工业革命以后"资产阶级抹去了一切向来受人尊敬和令人敬畏的职业灵光"。于是,一切文化艺术(包括广告)创作的核心问题便随之凸显,那就是创意。正如埃默森所说:"智能的标志是能够在平凡中发现奇迹。"而这一点是计算机永远也无法取代的。因此,创意在广告中的位置是不言而喻的。

三、广告创意的思考方法

广告创意是一种创造性思维活动。在广告创意中,创意人员的思维习惯、思维方式影响着创意的形成与发展。创意人员只有具备了良好的创造性思维,才能设计出优秀的广告创意。下面就来探讨广告创意人员可以采用的思考方式。

(一)头脑风暴法

头脑风暴法(Brain Storming),又称"智力激励法"、"BS法"。它是由美国创造学家A.F.奥斯本于1939年首次提出、1953年正式发表的一种激发创造性思维的方法。它是一种通过小型会议的组织形式,让所有参加者在自由愉快、畅所欲言的气氛中,自由交换想法或点子,并以此激发与会者的创意及灵感,使各种设想在相互碰撞中激起脑海中的创造性"风暴"。它适合于解决那些比较简单、严格确定的问题。例如,研究产品名称、广告口号、销售方法、产品的多样化研究,以及需要大量构思、创意的行业,如广告业。

头脑风暴法在实施的过程中,主要分为五个阶段:

1. 准备阶段

负责人应事先对所议问题进行一定的研究,弄清问题的实质,找到问题的关键,设定解决问题所要达到的目标。同时选定参加会议的人员,一般以 5～10 人为宜,不宜太多。然后将会议的时间、地点、所要解决的问题、可供参考的资料和设想、需要达到的目标等事宜一并提前通知给与会人员,让大家做好充分的准备。

2. 热身阶段

这个阶段的目的是创造一种自由、宽松的氛围,使大家得以放松,进入一种无拘无束的状态。主持人宣布开会后,先说明会议的规则,然后随便谈点有趣的话题或问题,让大家的思维处于轻松和活跃的境界。

3. 讨论阶段

每一位与会者明确需要解决的问题与开会目标后,结合自己的理解,对问题的实质和解决方法提出各种各样的看法,自由地开展讨论,相互启发,使会议气氛逐渐活跃起来。

4. 畅谈阶段

畅谈是头脑风暴法的创意阶段。为了使大家能够畅所欲言,需要制定的规则是:第一,不要私下交谈,以免分散注意力。第二,不妨碍及评论他人发言,每人只谈自己的想法。第三,发表见解时要简洁明了,一次发言只谈一种见解。主持人首先要向大家宣布这些规则,随后引导大家自由发言,自由想象,自由发挥,使彼此相互启发,相互补充,真正做到知无不言,言无不尽,然后将会议发言记录进行整理。

5. 筛选阶段

会议结束后的一两天内,主持人应向与会者了解大家会后的新想法和新思路,以此补充会议记录,然后将大家的想法整理成若干方案,再根据创意的一般标准,诸如可识别性、创新性、可实施性等标准进行筛选。经过多次反复比较和优中择优,最后确定1~3个最佳方案。这些最佳方案往往是多种创意的优势组合,是大家的集体智慧综合的结果。

(二)形象与抽象思维方法

形象思维又称"直觉思维",是借助具体形象来进行思考,具有生动性、实感性的思维活动。通俗地说,形象思维就是由"形"而及"象",由"象"而及"形"的思维过程。形象思维以直觉为基础,通过某一具体事物引发想象而产生创意。抽象思维即逻辑思维,它是借助概念、判断、推理等抽象形式来反映现象的一种概括性、论证性的思维活动。在广告创意中表现为运用抽象化手法来表现具体的事物、情感和意念等。例如,唇膏广告:"集中一点,博取永久印象";紧身胸衣广告:"为你塑造最迷人的线条";发酵粉广告:"支撑面团的力量"等。由于抽象语言、意象的范围更广泛,语言意味有了一定的模糊性和弹性,使语言的理解有了更大的心理张力。经过接受者的二次创造,广告语言意象在消费者心中内容更丰富更生动,更具美感。

(三)发散与聚合的思维方法

发散性思维指的是由一点向四面八方想象、散发开去的思考问题的方法。广告创意运用这一思维方法可以充分调动积淀在大脑中的知识、信息和观念,运用丰富的想象,海阔天空异想天开,重新排列组合,产生更多新的意念和方案。例如,运用发散思维,一个曲别针就有3000种用途。聚合性思维是以某个问题为中心,运用多种方法、知识或手段,从不同的方向和不同的角度,将思维指向这个中心点。

发散思维与聚合思维有着明显的区别。从思维方向讲,两者方向恰好相反。从作用上讲,发散思维有利于思维的开阔,有利于空间上的拓展和时间上的延伸,但容易散漫无边、偏离目标。

第五章　广告创意与表现

聚合思维则有利于思维的深刻性、集中性、系统性和全面性,但容易因循守旧,缺乏变化。在开发创意阶段,发散思维占主导;在选择创意阶段,聚合思维占主导。一个好的广告创意就在这种发散—聚合—再发散—再聚合的循环往复、层层深入中脱颖而出。

(四)顺向和逆向的思维方法

顺向思维是常规的、传统的思维方法。逆向思维是一种反常规、反传统的思维方法。广告创意中采用顺向思维是一条熟悉顺畅的路,但它往往会使创意思维陷入一种固定的方向,只想表达产品如何好,会给人带来什么好处等。当大家都从顺向寻觅时,逆向探索往往更能找到出奇制胜的创意新路。艾尔·里斯在《广告攻心战略——品牌定位》一书中说:"寻找空隙,你一定要有反其道而想的能力。如果每个人都往东走,想一下,你往西走能不能找到你所要的空隙。哥伦布所使用的策略有效,对你也能发挥作用。"例如,1989年,加拿大西格拉姆酿酒公司在美国150家报刊同时刊出令人目瞪口呆的广告:"劝君切莫饮酒过量。"广告刊出一个月后,公司收到15万封赞扬信,称赞其对消费者的关心和诚实负责态度。在这期间销售量也增加了一倍。美国其他啤酒公司也如法炮制,安豪塞·布斯特公司提出"要学会抵制再来一杯的诱惑",米勒公司则说"酒客不是朋友",并在电视台开起了节制饮酒的教育课。结果是,这些品牌酒的销量也都大增。

(五)垂直和水平的思维方法

垂直思维是指人们根据事物本身的发展过程来进行深入的分析和研究,即向上或向下进行垂直思考,依据经验和过去所掌握的知识更新,逐渐积累和产生的想法。在广告创意中,创意人员往往要依据自己的经验对有关商品的知识进行思考。

水平思维是指摆脱对某种事物的固有思维模式,从与某一事物相互关联的其他事物中分析比较,另辟蹊径,寻找突破口。要善于捕捉偶然发生的构想,沿着偶发构想去思考,从而产生意料不到的创意。习惯上,人们往往是在原有知识和经验范围的基础上思索新的创意,而且一旦形成了一两个创意雏形后,虽然觉得不够理想,但这些固有的经验总是把人们的思路束缚住,使人们难以摆脱一些框框。这时,不妨跳出原有观察和思考的框框,运用水平思考法往往可以带来新的突破。

四、广告创意具体案例

案例一:

早上起床没有动力,总是赖床误事,星巴克推出一款别具匠心的闹钟形态的 APP Early Bird(早起鸟)(图 5-1),用户在设定的起床时间闹铃响起后,只需按提示点击起床按钮,就可得到一颗星,如果能在一小时内走进任一星巴克店,就能买到一杯打折的咖啡。千万不要小看这款 APP,他让你从睁开眼睛的那刻便与这个品牌联系在一起。此款 APP 创意或许是 2012 年最成功,也是影响力最大的创意 APP 之一。

图 5-1 星巴克手机 APP:闹钟

案例二：

用户下载此款 APP 到手机后，在指定的"可口可乐"沙滩电视广告播出时开启 APP（图 5-2）。当广告画面中出现"可口可乐"瓶盖，且手机出现振动的同时，挥动手机去抓取电视画面中的瓶盖，每次最多可捕捉到 3 个。广告结束时，就可以在手机 APP 中揭晓奖品结果，奖品都是重量级的，如汽车之类的，吸引力很大。此款 APP 品牌营销创意使可口可乐攻破传统电视广告与线下用户互动的难题。

图 5-2　可口可乐手机 APP：CHOK

案例三：

这是一款可让用户自定义家具布局的 APP（图 5-3），用户可以创建并分享自己中意的布局，同时可参与投票选出自己喜欢的布局。宜家还会对这些优秀创作者进行奖励，利用个性化定制营销来达成传播效果。

对线下实体店来说，APP 往往不是最好的销售工具，但往往是弥补线下体验短板的工具，通过 APP 打通会员营销、体验与服务体系。

图 5-3　宜家手机 APP：定制自己的家

案例四：

此曲只应天上有，人间得用 Air France 法国航空的 APP：Music In The Sky（图 5-4）。安装此 APP 后，在法国航空的航班上想听音乐，只要你用手机对着天空，搜寻空中随机散布的歌曲，捕到后可直接试听。不同国家空中散布的歌曲也不同，APP 中还有互动游戏可以赢取优惠机票。

图 5-4　法国航空手机 APP：Music In The Sky

第二节　广告表现

广告表现是广告创意的最终形态，它致力于将创意概念形象化、具体化，变成可认知、可感受的具体形式。广告表现是整个广告活动的一个转折点，这之前的工作多为科学的调查、分析、提出方案、创意、构思，而广告表现的工作是将这些在创作人员头脑中的创意转化成看得见、听得到，甚至是摸得着、嗅得出的实实在在的广告作品，并将这个作品传达给目标市场的消费者。从广告表现的实践上来看，广告表现的水平也就是广告创意的执行情况，直接关系到广告的传播效果和营销业绩。

第五章　广告创意与表现

一、广告表现的含义

从动态角度讲,广告表现是指将广告主题、诉求概念形象化的过程。具体地说,就是运用各种符号及其组合,将广告诉求点以形象的、易于接受的形式表现出来,转化成可视、可听、可感甚至可嗅、可触的具体实在的广告作品,达到影响消费者购买行为的目的的过程。

从静态角度讲,广告表现是广告艺术创作与广告制作形成的,最终与广告对象见面,并说服或影响其购买行为的形式。广告表现的具体形式就是广告作品。广告作品是广告诉求的物化形式,是广告信息的载体,是广告客户与消费者的交接点,是联系广告主与消费者的纽带和桥梁。

广告表现是一种创造性活动,需要借助文学、绘画、舞蹈、电影、电视等多种表现手段和方法。广告不可能强迫消费者接受某些信息,只能通过艺术手法吸引和影响消费者,引起注意,促使产生兴趣。也就是说,广告表现是一个艺术创作的过程。广告艺术创作在广告活动中占有重要位置,是整个广告活动的重要环节。这个环节位于广告总体策划、广告主题、广告定位之后,广告制作与传播之前。

二、广告表现的类型

(一)根据传播媒介分类

(1)印刷类广告。印刷类广告是指以印刷为手段来制作平面广告的形式,包括报纸、杂志、招贴、宣传册等广告形式。

(2)实体广告。实体广告是指将广告的形式应用在各种大型设施或者商品上,应用范围较广,主要包括路牌广告、立柱广告、楼顶广告、墙壁广告、交通广告和围栏广告等。

(3)电子类广告。电子广告是随着电子技术的发展越来越多采用的一种新的广告表现方式。电子广告具有传播速度快、费用较低廉、信息量大、形式丰富以及很强的时效性等特点。

(二)根据表现形式分类

(1)图片广告。图片式的广告表现形式是最为常用的一种形式,它的特点是有效地展现出产品的特点,使消费者毫不费力地了解广告所传达的信息,同时这种广告表现形式的手法也很丰富。

(2)文字广告。文字广告是以文字形式向公众介绍商品、宣传服务、告知文体活动等的一种传播方式。文字广告可以是单独的,也可以是与音像广告、招牌广告、橱窗广告、模型广告等物像广告合并使用。

(3)表演广告。表演广告是指以表演的方式传达广告讯息的广告。电视广告中的绝大多数属于表演广告,广播广告中也有相当一部分是表演广告,还有就是采用一些互动的表演活动来宣传商品。这类广告形式直观,具有示范性,并且生动、活泼,能够引起人们浓厚的兴趣。

(4)说词广告。说词广告是指将广告的主题通过一句话的形式诉说,并通过各种传播媒体和招贴形式向公众介绍商品、文化、娱乐服务等内容的一种宣传用语式的广告表现方式。

(5)综合性广告。综合性广告就是综合图片、文字和各种表演等方法的一种广告表现手法来进行全方位的宣传。一般在多种方法中以一种方法为主,其他方法配合使用,在不影响广告创意核心诉求的前提下使广告更耐人寻味或更具趣味性。

三、广告表现的方式

广告表现的诉求方式不外乎感性诉求和理性诉求两种。感性诉求的表现类型突出广告内容在意境、格调、心理感受方面的

第五章 广告创意与表现

优势,将广告诉求重点放到与受众平等的地位上进行信息传播,即从情感上打动消费者。理性诉求的广告表现手段常常是阐述消费者尚不清楚的事实或创建一种新的消费观念,对功能性很强或者技术含量较高的商品所进行的逻辑性推介会产生比感性诉求更为直接的促销力。说服消费者认真考虑自己的切身利益,将消费产品的直接理由和产品给人的好处清楚表述出来,是理性诉求类广告表现形式的最大特点。

(一)理性诉求的表现手法

(1)信息展示,即把广告商品或服务的实质性信息进行归纳,选取最有说服力的真实内容向受众传达。例如,麦斯韦尔(Maxwell)咖啡的广告语:"滴滴香浓,意犹未尽。"

(2)实证演示,即通过现实的表演示范,向广告受众展现商品的功能和使用知识。例如,安利家居用品的示范演示。

(3)比较,通过对自身优点的阐述来造成自己优于竞争对手的印象。例如,中国移动的广告:关键时刻,信赖"全球通",锋芒直指其竞争对手掉线率较高的软肋。

(4)推荐,就是借助知名人士推荐商品,即品牌代言人的广告诉求方式。例如,1988年《莫斯科新闻》报上刊载了派克钢笔的一则广告:笔比剑更强——名笔一挥,胜过万马千军!画面为1987年美苏领导人用派克笔签署销毁中程导弹条约的大幅照片。

(二)感性诉求的表现手法

(1)故事,是基本循着感性路线以故事情节吸引观众的广告表现形式。故事化情节意味着要打破常规的叙事逻辑,不能平铺直叙,避免平淡无奇;要设置悬念,创造跌宕起伏的引人入胜效果;有的要像文学创作那样,善于捕捉富有特征性的典型细节,深化受众对信息主体的感受,从而留下深刻的印象。

(2)夸张,是超越现实而又极具说服力的诉求技巧。例如,丰田越野车的广告创意:丰田车驶过公路,连大地都情不自禁地抖动起来,公路旁的路基也发生了破裂,一系列夸张的破坏场面将越野车的强大动力表现得淋漓尽致。

(3)悬念,是吸引观众进一步关注广告信息的表现方式。例如,"30岁的人,60岁的心脏,60岁的人,30岁的心脏!"。电视画面上一侧是一位30多岁的年轻人慢腾腾地拍着篮球,另一侧是一位老人矫捷地拍着篮球,伴随篮球砰然落地的音效——叶茂中策划的海王银杏叶片广告吸引了很多观众的眼球!

(4)幽默,其特点是追求最大化的戏剧效果,在取悦受众的同时传播广告诉求。例如,杀虫剂广告说:"真正的谋杀者";牙膏广告:"每天两次,外加约会前一次";电风扇广告:"我的名声是吹出来的";牙刷广告:"一毛不拔";打字机广告:"不打不相识";餐饮店的广告:"请到这里用餐吧,否则你我都要挨饿了!"

(5)音乐,广告音乐和背景歌曲不仅能强化情感氛围,也能建立品牌的感性识别特征。例如,芝华士的电视广告:写意空灵的画面,三个朋友闲适、悠然地垂钓在阿拉斯加冰原——那种让无数人怦然心动的生活意境在清亮悠远的旋律、让人心醉的歌词"We could be together. Everyday together."中使观众产生无限遐想,同时也演绎了广告歌曲史上的一段传奇。

广告的表现方法是广告表现策略更为直观、具体的表现,它以物化的、直接观感的形式把广告策略、广告设计创意等要素呈现于广告作品中。

我们身处在一个不断变化的时代,广告是社会的一面镜子,将商品世界中最保守、最前卫、最世俗、最人文、最功利化、最理想化的符号交织融合在一起,以最商业化的目的,将人的内心世界呈现在现实世界中。在这样的时代,只有真正体现时代变化、切合受众消费心理的广告才真正有效,所以我们信奉这样的广告表现观念:广告是改变生活的巨大推动力。好的广告能够让消费者感受到使用该产品能改变自己的生活,消费者从接受广告到购买商品,是从心灵变革到适应外部世界的行动过程,这其中,广告表现功不可没。

四、广告表现具体案例

案例一:雕牌洗衣粉下岗篇广告的得与失

画面首先出现一个小女孩忧郁的面孔,配以童稚的画外音:"妈妈下岗了,整天都愁眉苦脸的,一大早就出去找工作……"接下来就是小女孩从抽屉中拿出雕牌洗衣粉洗衣服,并把洗干净的衣物晾在绳子上;下一个镜头,母亲从外面疲惫而归,看到女儿的留言条:"妈妈,我也能帮你干活了。"母亲的眼泪夺眶而出;并出现广告口号"只买对的,不买贵的"及产品名称"雕牌洗衣粉,浙江纳爱斯。"

这是一条黑白效果的生活情景剧广告,类似厚重的默片风格,别具一格,很能抓住消费者的眼球。广告的确有些感人,甚至记住了"雕牌"这个名字。但广告中的雕牌使用者不仅是下岗人员,而且还是妇女和儿童——弱者中的弱者,暗示了雕牌洗衣粉的主体消费层:贫困阶层。整条片子令人在感动之余倍感压抑。看完之后我们会去买它吗?

案例二:"没门"的百事可乐

有一则百事可乐广告的主角是篮球明星沙奎尔·奥尼尔。片中的奥尼尔以他惯常的方式出现,但总像少了点什么。他打球的时候,一记投篮悬在了篮筐上,直到一声百事可乐的开罐声响起,球儿才应声入网。啊,缺的就是这个。然后我们看到迈克尔·福克斯在喝百事可乐。"能让我来点儿吗?"奥尼尔问道。"没门。"

这则广告有明星参加,采用了幽默的表现手法,吸引了受众的注意,表达了百事的魅力。但是在这种广告情节中,拒绝与人分享似乎成为合理;而奥尼尔难道不知道怎么给自己弄一罐吗?学者埃里克·马德在《选择定律》中认为在他研究过的广告中有30%产生的是消极作用,它们事实上损害了品牌的形象。如果广告所传递的信息表明产品的拥护是些粗鲁的家伙,将可能使一些观众不愿加入他们的行列。

案例三：DDB广告公司制作的大众甲壳虫广告荣获桂冠

1976年，美国《广告时代》邀请广告界97位专家对"至今为止最杰出的广告"进行评选。可口可乐公司的"高山之巅"广告片获得24票，名列第三，被作为真正具有全球行销意义的国际广告片；名列第二的是开创品牌形象时代的"万宝路广告运动"，代表着鲜明而强烈的美国牛仔精神的万宝路世界品牌形象历时几十年，经久不衰，它得了28票；最令广告权威推崇的荣获桂冠的广告作品是DDB广告公司制作的"大众甲壳虫广告"，它获得了60票。这则广告的特征是清晰、准确地传达诉求，以简洁、逼真的风格带来了震撼人心的创意效果。黑白色彩的鲜明对比，大片空白的简洁直观，"小甲壳虫"趣味无穷的逼真形象，使受众难以忘怀。

案例四："青丝秀发，缘系百年"

"青丝秀发，缘系百年"，1997年重庆奥妮的百年润发洗发精广告迅速红遍了全国，成为无数国人心中的经典。其创意的基点就是让受众处在感人至深的情感氛围之中，所选择的是爱情忠贞、有情人终成眷属、缠绵悱恻的情感故事，这种美好的情感是消费者所渴望拥有的。其中周润发深情款款为爱人洗发的细节刻画更是浑然天成，令观众唏嘘不已。2008年百年润发广告重现荧屏，刘德华担纲，为女主角温柔洗发、耐心呵护，并打出"用心调理，爱润百年"的广告语，已归浙江纳爱斯的百年润发试图重振雄风。

第三节　广告文案

现代广告的艺术表现形式是多种多样的，但任何形式的广告都离不开语言文字这个最重要的载体。在目前运用最广泛的报纸、杂志、广播、电视四大广告媒介上，文字、声音和图像是传递广告信息的重要工具。但文字的表现力和传播力比声音和图像更强，一切无法用可视形象表现的信息，都可用抽象的文字表达。

第五章 广告创意与表现

因此,文字是传递广告信息的主要工具。可以说,在现代广告的创意中,广告文案的创意是核心。

一、广告文案的含义

广告文案是指广告艺术表现形式中的语言文字部分。

对于广告文案的概念有狭义和广义两种理解。从狭义上理解,广告文案是指有标题、正文、附文等完整结构形式的文字广告。从广义上理解,广告文案是指广告艺术形式中的语言文字部分。不管篇幅的长短、文字的多少、结构的完整与否,只要使用的是语言文字这个工具,就可以称为广告文案。例如,中国重型汽车进出口公司广告:"重。"仅一个"重"字,但传达的广告信息却极为准确,广告效果也很好。这短到一个字的广告,我们也把它叫做广告文案。我们所讲的广告文案概念是从广义上来理解的。从这个角度来分析,广告文案主要有以下三种形式:

(1)规范式。规范式是指具有完整结构的广告文案,一般由标题、广告口号、正文三要素构成,有的广告文案在正文后面还有附文。

(2)灵活式。灵活式是指结构方式较为自由、灵活的广告文案。一般篇幅短小、灵活,可用一段文字,可以用一句话,也可以用一个字传递广告信息。

(3)品牌、招牌式。品牌是指商品名称,招牌是指企业名称、店铺匾牌。品牌、招牌式广告文案是指表示商品名称和企业名称的语言文字。这种文案一般具有双重性,既是商品、企业、店铺的名称,又是起广告宣传作用的文字。

二、广告文案的基本要求

广告文案创意的要求是多方面的,概括起来就是五个字,即"准""深""新""趣""奇"。

(一)准

所谓"准",就是广告文案的创意要准确地反映商品或企业的主要特点,挖掘出广告对象所包含的内在意义。广告创意要准,关键是对准产品、企业特点以及消费者心理来"叫响品牌",打响名声,还要对准广告战略目标,塑造产品及企业形象,为产品和企业"打响名声"。

(二)深

所谓"深",就是广告文案创意要包含深刻的内涵。广告文案创作在传播商品信息的同时不可避免地包含了创作者的某些主观因素。广告文案创作者常常将某种思想、理念、意义蕴含在广告文案之中。但这些思想、理念、意义要正确、深刻,有促进人生、指导人生的功能。

广告文案的创意要深刻,关键要在与商品、企业相关联的价值观念、文化观念上深入开掘,使商业气息很浓的广告活动更富于人文价值,更富于时代性和民族性。

(三)新

所谓"新",就是广告文案创意别出心裁,不落俗套,以新取胜。"新"的创意可以是多方面的,如信息新、角度新等都可以体现出创意的新颖。

第一,信息新。广告文案创意要善于在广告产品及企业众多的信息中,选择最新颖的、能吸引消费者注意并引发购买欲望的信息进行创意。

第二,角度新。广告文案创意要善于开拓思路,在多种可供选择的寓意中,选择角度新颖的创意来传播信息,给广告受众耳目一新的感觉。

(四)趣

所谓"趣",就是广告文案创意要有情趣。广告文案可以用平实的手法传播信息,也可以用艺术的手法来体现高雅、幽默的情趣。有些商品本身含有某种情趣,在广告创意中我们要善于通过对广告内容的体会和对目标受众的分析来揭示出商品本身的情趣。有些商品本身无所谓情趣,广告创作者要反复揣摩,巧妙地赋予商品某种情趣,让广告受众在较短时间内从广告文案中迅速、准确地认识商品,又感受到广告创意体现出来的特有情趣。

除了体现一种高雅清新的情趣外,还可以用幽默、滑稽的手法创意,让广告受众在轻松、幽默中领悟出广告创意的趣味。

（五）奇

所谓"奇",就是广告文案创意要奇特、独到。在广告文案创意之中要"想人之所未想,道人之所未道",创意就要有点"奇"。创意奇特的广告文案让人们乍一看觉得有点"离谱""离题",但仔细一体会觉得"原来如此",实在奇特,妙不可言。

奇特的创意来源于创意者思维的求异性和开放性,不突破思维定势,套在老框子里想来想去,是想不出什么奇特的创意的。例如,在旅游景点中,我们常看见"请勿摘花",或者"攀折花木者罚款10元",这样的广告比较准确地传递了广告信息,但从广告受众的角度来看,创意一般,效果并不好。以奇花异卉著称的美国纽约市植物园门口挂着一块与众不同的广告牌,上面写着:凡检举偷盗花木者,赏金200美元。

这则广告思路新奇,虽然没有说摘取花卉要罚多少钱,但从宣传奖励举报者角度创意,奇中见正,一箭双雕,收到了很好的宣传效果。

三、广告文案的创意方法

新颖独到的创意来源于人的头脑对广告信息的提炼、取舍与表现,来源于正确的创意方法。广告文案创意的方法主要有两种:一种是直接创意法,另一种是间接创意法。

（一）直接创意法

直接创意法是指直接揭示广告主要内容，体现广告重点的创意方法。直接创意法主要有直觉法、触动法、比较法等。

1. 直觉法

直觉法是指凭直观感觉创意的方法。它是在了解与广告内容有关信息的基础上凭借一般直观感觉确定广告文案主题的方法。这种方法较适宜于以宣传产品及企业主要特征为重点的广告。

2. 触动法

触动法是指创意者根据偶然事件触发引出灵感的一种创意方法。这种方法看起来时间短、来得快，好像"得来全不费功夫"，但实际上是经历了"踏破铁鞋无觅处"的艰难，久思不得其意，一旦有某种契机作为引子，就引发出创意灵感来。

采用触动法创意表面上看是突发的，带有某种偶然性，其实在它触动之前有一个长期积累孕育的过程，只是在某一偶然事件的触动之下而引发创意。因此，采用触动法能得到新颖、奇特、别具一格的广告创意。由于触动法创意带有某种突发性，产生创意也可能新而"偏"、奇而"怪"。过于怪诞偏颇的创意是不利于广告信息有效传播的。因此，由于某种触动而引发了广告创意之后，要反复思考验证创意的内涵及宣传价值。只有新奇并能为受众接受领悟的创意才是可行的。

3. 比较法

比较法是通过对两种以上相对或相近的事物进行比较对照来创意的一种方法。无论是广告巨匠还是艺术大师，都十分注意运用比较方法。因为没有高山显不出平原，没有大海看不出河川。凡事一比，就有了鉴别。俗语说得好，"不怕不识货，就怕货比货""不比不知道,一比吓一跳"。广告文案的创作如果善于运用比较手法可以更鲜明地突出广告的主要信息,从而收到更好的传播效果。

广告文案创意中采用比较法可以将两种相近、相似或相对的产品放在一起比较,找出两种产品的相同与不同,同中求异或异中求同,以显示出广告产品独特的个性、功效,或企业优良的服务。

用比较法创意还可以用于广告产品自身的老产品与新产品的比较。例如,"新旧取暖炉截然不同",就是强调换代的新取暖炉在许多地方优于旧取暖炉。这样一比较,就鲜明地突出了产品的优点。

(二)间接创意法

间接创意法是指间接揭示广告内容,体现广告重点的创意方法。间接创意法主要有暗示法、悬念法、寓情法。

1. 暗示法

暗示法是指通过对有关事物的表述和说明来暗示广告宣传目的的一种创意方法。这种方法的特点是"声东击西、围魏救赵"。其妙处在于针对消费动机中的矛盾冲突采取暗示迂回的方式,让消费者自我化解冲突,避免给人感官上的刺激,这样更能发挥广告的宣传作用。

2. 悬念法

悬念法是指通过设置悬念使人产生惊奇和疑惑,然后又消除人的疑虑的创意方法。采用这种创意方法可以用设问制造悬念。

3. 寓情法

寓情法是指给商品注入情感因素,侧重情感诉求的一种创意方法。广告文案创意要重视消费者的情感因素,善于"以情动人"。刘勰说过:"登山则情满于山,观海则意溢于海。"做广告也是这样，商品本身不含情感因素，但广告创意可以给商品注入情感因素。从国外一些成功的广告作品来看，以日常生活的人性人情观念进行创意最易打动人心。这些广告通过情感共鸣，把人们自然地导入对商品的认识，避免了生硬推销所产生的逆反心理。台湾广告界女才子王念慈坚持"要打动人心，广告才有意义"的信念，由此她才写出了"我不认识你，但是我谢谢你""好东西要和朋友分享"等情真意切的广告。

采用寓情法不是把感情作为标签贴在商品外壳上，而是自然而然地将感情融入商品本身的特色、消费过程中的特色以及与之相关的事物之中。

首先，要抓住产品的内在特征、功能与感情的联系来创意。例如，北京制药厂的广告"为您的健康献上一片爱心"和生物健口服液的广告"生物健叮嘱您，时时爱护您自己"。这两则广告就抓住了药品和保健用品的"治疗""保健"功能做广告，又用"爱心""叮嘱"将药品与消费者联系起来，赋予商品感情色彩。

其次，要抓住产品消费特征来营造温馨的情调，这种方法一般用在饮料、化妆品和旅游等第三产业的广告宣传中。以饮料广告为例，目前国外做饮料广告，一是强调原料的天然，二是强调情感。如果一味地从其配方、味觉等物质方面加以宣传的话，那么它给消费者的印象仅仅是"味道好的营养品"，而一旦把温馨、高雅的情调置于饮料的消费过程中，那么喝饮料就不再是一种纯粹的解渴活动，而是一个人的个性、文化水准、消费档次和生活习惯的综合反映。例如，某品牌酒广告："意，在于心美；醉，来自情真。心酒——感情的高级礼品。"这则广告抓住礼品中的感性因素创意，用一种浓浓的人情味打动了消费者的心。

最后，要围绕与商品相关的事物来表达对消费者的关怀之情。这类广告中，情感的诉求不是来自商品的本质属性，而是来自附在商品外壳上的东西。它或是商品的商标、品牌，或是商品销售的方向等。例如，"太阳神"口服液广告便以其牌子为抒情点，通过旭日东升、万人相会的景象描写，阐释并放大了它的语义

第五章 广告创意与表现

"每当太阳升起的时候,我们的爱天长地久"。一方面,它加深了消费者对"太阳神"口服液这一品牌的印象;另一方面,也表达了企业与用户友谊长存的诚挚祝愿。这样,"太阳神"口服液在消费者眼里就不再是件冷冰冰的商品,而是人的物化了。

四、不同媒介广告文案

不同的媒体具有不同的特征和符号系统,媒体的特点制约着广告文案的创作。只有了解各个媒体的特征和表现力,针对媒体特点,进行媒体对应,才能使广告文案有效地发挥其传播功能。

习惯上,我们把报刊、广播和电视作为传统的三大媒体。但一些新媒体逐渐增强了影响力,如网络就被称为第四媒体,在人们的生活中起着不可忽视的作用。随着网络的普及,网络广告也逐渐被人们所重视,成为一种重要的广告形式。此外,数字户外广告也是近年来异军突起的一种重要广告形式,通过手机终端利用微信、微博等社交平台发布的广告也在不断发展,成为许多企业采用的重要广告形式。

(一)报纸广告文案

报纸广告的表现形式是多种多样的,诸如文字(即文案形式)、插图、漫画、摄影、装饰、抽象、构成、综合等。基于平面媒体的传播特点,文字(即文案)形式是最强有力的表现形式,采用也最多。因为语言的表现力是强有力的,它可以针对不同的产品、不同的诉求对象或论证、或抒情、或概括、或详陈。因此,选择了报纸这一大众性媒体做广告,就等于选择了以文案写作为主的表现形式。报纸广告所占版面及文字的大小直接关系到广告的传播效果。报纸广告的版面大致可分为跨版、整版、半版、双通栏、单通栏、半通栏、报眼、报花等。如何使广告做得超凡脱俗、新颖独特,使之从众多广告中脱颖而出,跳入读者视线,是广告文案的写作应特别注意的。

报花广告是一种出现在报纸新闻当中的填充广告形式,这类广告版面很小,形式特殊。不具备广阔的创意空间,文案只能作重点式表现,突出品牌或企业名称、电话、地址及企业赞助之类的内容。不体现文案结构的全部,一般采用一种陈述性的表述。

半通栏广告一般分为大小两类:约 65mm×120mm 和约 100mm×170mm。由于这类广告版面较小,而且众多广告排列在一起,互相干扰,广告效果容易互相削弱,因此制作醒目的广告标题及用短文案、文案的写作要注意与画面编排的有机结合。

单通栏广告也有两种类型,约 100mm×350mm 或者 650mm×235mm。这是广告中最常见的一种版面。单通栏是半通栏的 2 倍,这种变化也应相应地体现于广告文案的撰写中:文案写作可以作为广告的核心部分;广告标题的制作既可以运用短标题形式,也可以采用理性诉求的长标题形式;文案中可以进行较为细致的广告信息介绍和多方位的信息交代、信息表现;文案的结构可以有充分的运用自由度,可以体现文案最完整的结构类型。

双通栏广告一般有约 200mm×350mm 和约 130mm×235mm 两种类型。在版面面积上,它是单通栏广告的 2 倍。凡适于报纸广告的结构类型、表现形式和语言风格都可以在这里运用。

半版广告一般是约 250mm×350mm 和约 170mm×235mm 两种类型。半版与整版和跨版广告,均被称为大版面广告,是广告主雄厚的经济实力的体现。它给广告文案的写作提供了广阔的表现空间。

整版广告一般可分为 500mm×350mm 和约 340mm×235mm 两种类型。整版广告是单版广告中最大的版面,给人以视野开阔、气势恢宏的感觉。它为广告文案表现提供了充分的创意空间。广告文案写作的任务就是如何有效地利用整版广告的版面空间,创造最理想的广告效果。

跨版广告即一个广告作品,刊登在两个或两个以上的报纸版面上。一般有整版跨版、半版跨版、1/4 版跨版等几种形式。跨版广告很能体现企业的大气魄、厚基础和经济实力,是大企业所乐

第五章 广告创意与表现

于采用的。

实践证明,广告的版面越大,读者注意率越高,广告效果也就越好(当然不是绝对的)。一般来说,首次登广告,新闻式、告知式宜选用较大版面,以引起读者注意;后续广告,提醒式、日常式可逐渐缩小版面,以强化消费者记忆。节日广告宜用大版面,平时广告可用较小版面。

报纸不同于影视媒体,它是以"读"为基本特征的平面媒体,因此文案是报纸广告的首要因素,要本着文案第一的思想表现广告创意。文案表现设计主要包含标题设计和正文设计两个部分。

读标题的人是读正文人数的 5 倍,因此标题的表现从内容到形式都要使其具有"致命的诱惑"属性,以起到"哗众取宠"引起关注的效果。为此,标题首先要有明确的针对性(这个广告是写给谁看的),如"战痘的青春""做女人挺好"。其次,标题要充满新意,如"把广州彻底拧干"胜风除湿机。再次,强调产品利益。这也是最能引起消费者关注并调动其兴趣、激发购买行为的有效手法。最后,标题字数不宜过长。

标题具有诱导消费者阅读的作用,而真正要让消费者全面理解并接受广告信息还要进一步阅读广告正文。正文的表达要简练、准确、通俗、有卖点、有销售力。正文的构图编排上应注意与广告的图形、图像元素有机结合,并注意图文的关联性,使读者能够自然地通过标题和画面读到信息更加丰富的正文。

广告的内容不同、版面不同、注意值不同、情境不同,广告文案撰写的角度、方式和手段均应做出适当的调整对应。

第一,大约 40% 的报纸广告是由纯文字编排构成的,文字是报纸广告主要的信息传递手段。因此,报纸广告首先应注意文字在版面空间中的对比关系,讲究对比协调。第二,应充分利用广告字体的装饰作用,提升画面的表现效果。不同字体有不同的艺术魅力,如大黑、综艺字体给人一种庄重、厚实的感觉,适合一些公告、声明等具有警示性的广告;而卡通体、舒体、行楷等字体则显得活泼富有动感,更能体现广告的特殊风格。第三,应利用线的特性突出文字鲜明的方向性,体现广告的调性。例如,给人以和平、安静、稳定感的水平排列;给人以生命、尊严、永恒感的垂直排列;给人以活泼、运动、跳跃感的倾斜排列等。第四,在表现形式上,可把文字看作一个点、一个面,也可看成一条线(直线、曲线、虚线),与图片有机地结合起来,营造一种画中有字、字中有画的效果,以活跃版面,增加设计情趣。

(二)杂志广告文案

杂志也称"期刊",是指有固定名称、每期版式基本相同、定期或不定期的连续出版物。它的内容一般是围绕某一主题、某一学科或某一研究对象,由多位作者的多篇文章编辑而成,用卷、期或年、月顺序编号出版。杂志广告不仅可以直接进行信息传达,还可以从形态及编排形式上打动读者。

报纸以刊登时效性较强的新闻内容为主,而杂志则以刊登论文、小说、散文、诗歌、杂记、故事等时效性不强的作品为主,注重对事件的深度分析和报道。刊登内容和性质的不同决定了报纸和杂志在读者对象和覆盖范围等方面存在差异。

杂志媒体的专业化、娱乐性、知识性特征及目标受众群体的相对明确、稳定和较高的文化水平,决定了杂志广告语言的独特性,即对象化、个性化和专业化特点。

(1)对象化。每种杂志都有自己的目标受众读者,他们就是杂志广告的诉求对象。广告文案要针对他们的文化水平、欣赏兴趣、美学爱好和语言习惯的不同而选择相应的语言风格。

(2)个性化。杂志广告文案的语言要体现出广告信息的个性化特征,并与目标受众的个性心理相吻合,使人感到新鲜、独特、不落俗套,令受众耳目一新。如此才能使杂志的目标受众乐于接受,并深受影响。

(3)专业化。在专业性杂志上做专业商品广告,采用专业化的语言风格,易于为专业目标受众所理解,不仅可以节省很多文字,而且有利于有的放矢,增强广告效果。例如,在电影杂志上做影视广告,在体育杂志上作体育用品广告,在妇女杂志上做化妆品或服装广告,在医学杂志上做医疗器械和药品广告等。广告文案的语言均可选用相应的专业术语和专业化的语言风格,从而以短小的文案传达出大量的信息。

杂志广告有各种制式,这是指不同开本的杂志中,广告作品所占的各种版面和版位。制式类型大致有封面、封二、封三、封底、拉页、扉页以及内页等。与报纸广告一样,杂志广告的不同制式直接关系到广告效果。因为制式不同,广告的注意值或阅读率也是不一样的。

(三)广播广告文案

广播广告中的声音包括人声、音乐和音响效果三种要素。其中,话语声,即有声语言是最主要的,也是三种构成要素中最重要的。

广播广告文案写作以声音作为文案写作的研究对象,声音是其唯一的传播载体。

有声语言是广播广告中用以塑造形象、传达广告信息的主要工具和手段,也是听众辨析、接受信息的唯一途径。因此,有声语言在广播广告中是举足轻重、决定成败的关键性要素。它必须具备如下特点:

(1)具体形象。能够唤起受众的想象和联想,在听众脑海中形成画面或图像。

(2)亲切真实。充分发挥广播媒体"固有的温暖特性和陪伴功能",通过亲切的话语,与受众心心相通,使信息增强真实感。

(3)轻松愉悦。让听众感到轻松愉快,激起人们的欣赏兴趣。

例如,台湾地区PUMA(彪马)运动鞋广播广告文案。

我是个庸庸碌碌的上班族。不过在平淡的生活中,我有一件法宝——PUMA。

星期一,我喜欢走仁爱林荫道来公司,借以平和我的"星期一忧郁症"。

星期二,故意挑公司后的小巷道,多绕些路,只为了听听附近住家起床号的声音。

星期三,我会从小学旁经过,看看年轻的生命活力,顺便感怀一下我自己消逝的天真童年。

星期四,我索性来一段慢跑。

广告语:快乐的走路族——PUMA——彪马运动。

由于广告内容的丰富性和诉求对象的多样性,广告文案创意也千变万化。有声语言的博大精深和文学语言样式的多样化令广播广告文案的表现形式色彩纷呈、不拘一格。例如,直陈式、对话式、故事式、小品式、戏曲式、说唱式、快板式、相声式、诗歌式、歌曲式、新闻采访式、讨论式等,都适用于广播广告文案写作。

广播媒体的特点决定了广告文案是为"听"而创意,为"听"而写作的。因此,文案创作要注意通俗易懂、避免歧义、句式灵活、口语化,充分利用"三要素"的有效配合创造情景,引发想象,适当重复,突出品牌。

(四)电视广告文案

电视广告文案是广告文案在电视广告中的特殊表现形式。它包括人物语言、旁白和字幕。

电视广告文案是电视广告创意的文字表达,是体现广告主题、塑造广告形象、传播广告信息内容的语言文字说明,是广告创意的具体体现。

电视广告语言由视觉语言(包括演员/动物场景、道具、图形、字幕)和听觉语言(包括人声、音乐、音效)两部分构成。其语言的特点是:具象性、直观性;运动性、现实性;民族性、世界性。

电视言语即人物语言,包含画面内及画面外的各种人物语言,如人物独白、对话、旁白、解说词、广告语等。言语在电视广告中起着重要的叙事作用,它可以起到塑造人物形象、辅助画面表达、推动情节发展、加强矛盾冲突、强化广告主题等作用。它表意最直接、最明确,最容易达成理解与沟通,表现力极其丰富。言语在电视广告中有着不可替代的地位,特别是广告语,在整个广告

第五章 广告创意与表现

作品中起着画龙点睛的作用。

字幕是指在画面上以文字形式出现的信息,字幕广告将广告信息以文字的形式叠在画面上,以或静止或流动的方式播出。字幕广告一般没有言语或音乐,占整个画面的比例也较少,对于节目欣赏的干扰性小,时效性较强。

字幕是电视广告画面构成元素之一,创意表现时对字体、字形、间距、字色的安排、文字的出现及停留、消失的时间、方式等都要求精心设计安排。

电视广告文案的写作要点如下:

(1)电视广告是以图像语言为主的信息传达,因此充分利用图像语言,文字要"惜墨如金"。

(2)以图像为主的电视广告,其图像往往传达着不够确定的含义,文案是用来弥补画面的不足,并将其明确化和深化。

(3)电视广告收费是以秒为计时单位,镜头有限,因此必须在有限的时间设计简洁明了的电视广告文案,传播出所要传达的内容。电视广告中非语言符号占的比重要大于语言因素,而且语言符号也往往以画外音或字幕的形式出现。例如,由德国大众、一汽大众和上海大众三家联手推出的大众汽车品牌形象广告《中国路大众心》,围绕着大众汽车全新的品牌主张"中国路大众心"展开,诠释大众汽车这一国际著名品牌。该片以一个"心"字贯穿始终,运用代表中国文化的汉字和书法,感性地传达了大众汽车对中国、中国消费者和中国汽车工业的拳拳爱心。

(4)注意声话对位,文案与画面协调。切忌文案"自说自话"与画面脱节或失去内在的联系。

(五)网络广告文案

迅速崛起的互联网被认为是一种适合于细分化市场营销趋势的新媒体。网络广告就是广告主利用互联网技术进行的有偿信息传播活动,这种广告使用的媒体是基于互联网技术产生的各种新媒体形式,这种传播活动的目的是为了在广告主与受众之间产生关于广告主的商品、观念、服务、品牌形象等信息内容的交际和沟通。

常见网络广告的主要形式有网幅广告、链接式广告、电子邮件广告、网上分类广告、自动弹出式网上广告、网站栏目广告、在线互动游戏广告、网页广告、其他网络广告形式以及微博、微信等平台上的分享、评价等隐性广告。

传统的广告文案主要包括标题、正文、随文（广告主的名称、标志、地址、联系方式等）、广告语四个方面，尤其是报刊等纸质媒体中这种结构显得特别突出。

网络广告的文案一般包括两个部分，即广告语和随文，这是网络广告与传统媒体广告文案格局最大的不同之处。例如，IBM在sohu网站页面上的广告文案只有简单的一句话"追求无止境"和IBM的标志。前者是广告语，后者是随文。农夫山泉在新浪网页上的广告文案由广告语——"有机会与冠军同游千岛湖"和随文——农夫山泉的标志构成。可伶可俐在中国人网站上的广告文案由广告语——"伶俐快枪手"和随文——可伶可俐的名称共同构成。微软在其网页上的招聘广告文案由广告语——"你喜欢自由自在，手拿可乐，边听音乐边工作的环境吗？"和随文——微软标志一起构成。网易在自己的网页上所做的广告文案由广告语——"网聚人的力量"和随文——网易的CI设计共同构成。阳光书城在Yahoo网页上的广告文案由广告语——"有阳光，就有力量；有文化，活得更精彩"和随文——阳光书店的标志、地址、电话等共同构成。

网络媒体中，广告文案一般把标题、正文和广告语融为一体，使得广告文案简洁、独特而又新颖。

网络的超文本结构使得带有链接的网络广告的文案更具立体化，受众可以根据自己的需要对有链接的产品信息的关键词作进一步了解。因此，网络广告文案的表象是简洁的，但通过关键词的链接其围绕对产品的使用、评价、功能、价格、同类属性比较等的文案展开却是十分丰富的，也是传统媒体广告文案无法比拟的。

五、广告文案具体案例

案例一：中国移动广告文案

（1）文案：敬上一杯茶，还望多体谅。

承蒙大家信赖，中国移动通信客户逐日递增；在月初月末的交费高峰期，交费需要排队等待。这占用了您的宝贵时间，我们深感不安。为此，我们将不断扩大服务网点，提供更快捷的付款方式，满足您的需求。您的体谅是最好的支持。奉上这杯热茶，以表达我们最真诚的谢意，如图5-5所示。

图5-5 中国移动通信广告《茶杯篇》（1）

（2）文案：再注一杯茶，新感情，新前程。

中国移动通信历经八年风雨，从弱小的幼苗成长为今天的参天大树，一路走来，全凭您的无尽关爱。中间，有过无间的真挚理解，也有因种种原因引起的误会。但无论怎样，走到一起总归是机缘，请让我们典藏和珍爱。

新世纪初，我们将不断完善通信网络，增设服务项目，为您提供更便捷的服务。再注一杯新茶，传递无尽情谊，祈愿我们的天空更宽广，前程更远大，如图5-6所示。

图 5-6　中国移动通信广告《茶杯篇》(2)

（3）文案：茶杯至了，心却暖了。

饮尽一杯热茶，一切都会变得释怀，俨然多年老友，彼此关怀，彼此理解。您事务繁忙，未能及时缴费，我们非常理解。对因故未能按时缴费的客户进行暂停服务，我们也实属无奈。是为保障您的合法权益，防止手机丢失，被他人无限制盗打。种种原因，期望您能理解。往后，对于未缴费客户我们将以新的方式进行提醒，即使暂停服务也会分批、分区进行，缴费方式及网点也将更多样、更宽广。彼此理解方能相互扶助。互敬一杯茶，溶解心中的疙瘩；坦诚相见，方能共筑美好未来，如图 5-7 所示。

案例二：万科兰乔圣菲文案

（1）文案：没有一定高度，不适合如此低调。

低坡屋顶下，那种平和淡泊的心境氛围，只有真正的名仕巨富才能心领神会、视为知己。由南加州 RANCHO SANTA FE 建筑风格演绎而来的兰乔圣菲别墅不像古典式豪宅那样富于张扬，没有任何刻意与炫耀的形式，唯有质朴纯粹、充满手工与时间痕迹的建筑语汇，仿佛在平静中述说一段悠长久远的历史、一个意味深长的传奇、一种阅尽辉煌的人生，如图 5-8 所示。

第五章 广告创意与表现

图 5-7 中国移动通信广告《茶杯篇》(3)

图 5-8 万科兰乔圣菲文案(1)

(2)文案:踩惯了红地毯,会梦见石板路。

还没进门,就是石板路,黄昏时刻,落日的余晖在林荫路上泛着金黄的光,再狂野的心也会随之安静下来。车子走在上面会有沙沙的声响,提醒你到家了。后庭的南面以手工打磨过的花岗石、板岩等天然石材拼就,供你闲暇之余赤脚与之厮磨。屋檐下搁着石臼与粗瓷坛,仿佛在静静等待着雨水滴落,追忆似水的年华,如图 5-9 所示。

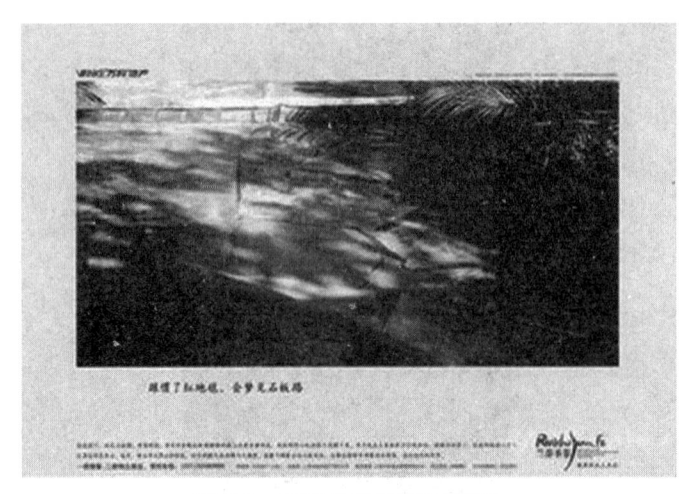

图 5-9　万科兰乔圣菲文案(2)

(3)文案：一生领导潮流，难得随波逐流。

风云间隙，何妨放下一切，让思想尽情随波逐流。这里珍藏着两条原生河道，它们经历着这块土地百年的风雨和阳光，沉淀着醇厚的人文意蕴，就连上方缥缈的空气都充满时间的味道。经过系统整治的河道，生态恢复良好，绝非人工的景观河可以相提并论。草坡堤岸自然延伸入水，有摇动的水草、浮游的小生物、大大小小的卵石，更不缺少流淌荡漾的情趣，如图 5-10 所示。

图 5-10　万科兰乔圣菲文案(3)

这套文案意境优美,行文非常有深度,从大都市的喧哗回归乡间小道的宁静,并没有降低楼盘的档次,反而得到进一步升华,这段文字的设计师很好地理解了这种宁静致远的感觉,表达十分到位!

第六章 广告媒体的运用

媒体指交流、传播信息的工具,是人们通过眼睛可以看得见的传播物体。所谓广告媒体,是指在广告主和广告受众之间起中介或载体作用的可视物体。广告媒体是随着商品经济和科学技术的发展而发展起来的,并且其形式也在演进,特别是近年来互联网和移动通信技术的发展使网络媒体得到了极大的发展。

第一节 广告媒体的分类与特点

广告媒体是传播广告信息的载体。广告媒体在广告活动中有着重要的价值。不同的媒体由于特点的不同,在广告活动中发挥着不同的功能。

一、广告媒体的分类

按照表现形式,广告媒体分为报纸、杂志、广播、电视、网络、新媒体及其他媒体。

(一)报纸

1. 报纸媒体的分类

(1)按发行范围分,有全国性报纸和地方性报纸。
(2)按从属关系分,有党报和非党报、机关报和非机关报。
(3)按报纸内容分,有综合性报纸和专业性报纸。

(4)按所使用文字分,有中文报纸、外文报纸、汉文报纸和少数民族文字报纸。

(5)按出版时间分,有日报、晚报、周报和星期刊报。

2. 报纸广告的类型

(1)文章或故事型广告。
(2)插页广告。
(3)公告/声明/启事。
(4)其他一般商业广告。
(5)分类广告。

(二)杂志

1. 杂志的分类

(1)根据发行区域,杂志可分为国际性杂志、全国性杂志、地方性杂志。

(2)根据内容,杂志可分为新闻杂志、财经杂志、家庭杂志、时尚杂志、健康杂志、教育杂志、体育杂志等。

(3)根据发行周期,杂志可分为周刊、旬刊、双周刊、月刊、双月刊、季刊、不定期刊等。

(4)根据读者群,杂志可分为大众消费者杂志和行业杂志,前者如妇女杂志、男性杂志、青少年杂志、娱乐杂志等;后者如法律专业杂志、医学专业杂志等。

2. 杂志广告的类型

杂志广告主要包括一般商业广告、文章型广告和插页广告,又以一般商业广告为主。一般商业广告可分为以下三种类型:

(1)邮购广告。

邮购广告不仅要提供清晰的产品实物图片和详细的有关产品价格、规格、品质、功能、材料等方面的介绍,而且还要提供详细的邮购方法和购买利益来促使消费者采取购买行动。

(2)图片式广告。

图片式广告指出现在杂志的版面中,充分利用杂志高质量的印刷效果来突出品牌形象的以大型图片为主的广告。这种类型的广告一般只要注明品牌的名称或出现品牌的标志即可,没有广告文案,只出现甚至不出现广告语。有时会在随文中列出获得产品的方式。

(3)图文结合式广告。

图文结合式广告指出现在杂志的版面中,依靠文案和图片的配合来共同传递广告信息的广告形式。一般以图片来展示产品形象,而以文字提供有关产品的具体信息或者对广告信息进行解释。

3. 杂志广告的版面规格

(1)常规篇幅广告:根据杂志的不同设定,在内页中特定位置的彩版广告,分为全页、半页、1/4页、1/6页等。

(2)特殊篇幅广告:分为扉页、封底、封二、封三等类型。就广告费用来看,扉页和封底费用最高,封二、封三次之。

(3)其他杂志广告:有时为了配合特殊的创意需要,也提供不同形状插入页面式、小包装样品等的广告样式。

(三)广播

1. 广播媒体的分类

(1)按照传输方式分,广播媒体可分为有线广播和无线广播。一般作为广告媒体的主要为无线广播。

(2)按照内容分,广播媒体可分为传播综合性内容的综合广播电台和传播专门内容的专业电台如交通台、音乐台等。

(3)按照调制方式分,广播媒体可分为调频和调幅两种形式的广播。

2. 广播广告的类型

(1)插播广告,即在节目和节目之间插播的广告或者在没有特定赞助商的节目中插播的广告。

(2)节目广告,即由赞助节目的广告主在节目中插播的广告,一般收费较高,其插播的广告时间占整个节目时间的1/10左右。

(3)报时广告,即在整点报时前播出的广告。

3. 广播广告的规格

广播一般提供60s、30s、15s、5s等广告规格。

(四)电视

1. 电视媒体的分类

(1)按照传播内容分,电视媒体可分为综合电视频道和专业电视频道。

(2)按照覆盖范围分,电视媒体可分为全国性电视媒体和地方性电视媒体。

(3)按照传输方式分,电视媒体可分为有线电视、无线电视、卫星电视和图文电视。

2. 电视广告的类型

电视广告和广播广告一样,可分为节目广告和插播广告、报时广告。

3. 电视广告的规格

电视一般提供60s、30s、15s、5s的广告规格。

(五)网络

20世纪90年代,互联网以其优越的传播特点,得到整个广告业的青睐。因特网成为继电视、广播、报纸和杂志之后的第五大媒体,且有赶超四大广告媒体之势。如今,无论是国际知名的跨国公司,还是刚刚崛起的新兴企业,纷纷上网设置主页和网站,将自己的资料搬上网络,在刊登信息、服务网络浏览者的同时,也在网络媒体上经营广告。

1. 网络媒体的特点

(1)交互性。

交互性是指传播者与受传者之间的双向互动。这种交互性淡化了传播者与受众之间的身份界限,使每个参与者都拥有了某种程度的选择自由。它动摇了传统媒体结构中信息操控者的地位,打破了传统文本向受众单向流动的垄断式交流方式,使广告信息的传播不再仅仅是单一的发出信息和单向的接收信息,接收者同时又是传播者。

网络文本的交互性体现在两个方面:

一方面是指控制内容的"交互性",受众在网上浏览信息时拥有更多的自主权,可以自己控制并有选择地获得信息。

另一方面是指作为反馈的"交互性",即受众可以随时就自己接收到的信息做出评价和反馈,随时可以把自己由受众变成传播者,由读者变成作者。这种反馈信息不是原信息的附属物,而是和原信息一起构成一个双向互动、多次反复的交互性文本。

(2)时效性。

与传统文本不同,网络文本上传即可发表,省去了中间环节,能最快地发挥效果。网络广告可以及时地将商品信息发布到网络平台,随时滚动以提供商品销售情况或消费者对商品的评价,而不必像传统新闻媒体那样,要等到审批,或者固定时间才能发布。

(3)超文本结构。

网络文本实际已成为多种媒体交织在一起的立体结构,不再是传统文本的线性的或平面的结构。超文本结构带来了文本空

第六章 广告媒体的运用

间上的立体化。这种结构的体现就是超文本链接。这种链接利用网络技术在众多信息间达成某种关系,在一个数据文件中又包含有其他数据文件的链接,用户点击文本中加标注的一些特殊关键词或图像,就能打开另一个文本。信息的传播由线性变成发散性。这种超文本结构大大增加了广告信息的综合性、选择的多样性和自主性。超文本结构通过文本的骨架传达出最基本的商品或服务信息,在此基础上,通过一些分类的链接以不同角度展示商品不同方面的详细信息,使信息的传播得以丰富深化。

移动互联网适应了大众对信息更加接近真实和全面性的要求,满足了对信息全面、多维、即时的要求。例如,电脑互联网阶段,检索一个餐馆,其提供的仅仅是地址;而在移动网络下,提供的是地址+导航+最新评价+前往的交通状况等信息。

2. 网络广告的分类

网络广告有以下几种形式:
(1)旗帜广告。

网络媒体在自己网站的页面中分割出一定大小的一个画面发布广告,因其像一面旗帜,故称为"旗帜广告"。旗帜广告是最常见的广告形式。旗帜广告可细分为动态传送广告、扩张式广告和互动式广告三种类型。旗帜广告最常用的广告尺寸是 486×60 像素,以 GIF、JPG 等格式的图像文件定位在网页中。旗帜广告允许客户用极其简练的语言、图片介绍企业产品或宣传企业形象。旗帜广告通常利用多种多样的艺术形式进行处理,如做成动画跳动效果或霓虹灯的闪烁效果等。

(2)按钮广告。

按钮广告是最早出现的网络广告形式,是一个链接着公司的主页或站点的公司标志,并注明"Click me"字样,希望网络浏览者主动来点选。它要求浏览者主动点选,才能了解到有关企业或产品的更为详尽的信息。其信息量较小,表现手法单调。

(3)赞助广告。

赞助式广告分为两种形式:内容赞助和节目赞助。内容赞助,如大型电影制作公司赞助开展影片评论的网页。网站节目或节目赞助,如澳门回归网站赞助、世界杯网站赞助、奥运会网站赞助等。节目停止,赞助即结束,有时效性的约束。

(4)插页广告。

插页广告又名"弹跳广告",广告主选择在自己喜欢的网站或栏目被打开之前,插入一个新窗口显示广告。用户在上网查看各网站主页时,这个小窗口会弹跳出来,吸引人们去点击。这种类型的广告还指在页面过渡时插入的几秒广告,可以全屏显示。

(5)首页广告和内页广告。

首页广告也称为"主页广告",在主页上做广告,会得到较高的注目率,给予上网者较深刻的印象。进入某站点后,选择点击某些内容即可进入新的网页,在这些网页上做的广告,就是内页广告。内页广告亦可称为"链接页广告",相对于首页来说,注目率会低一些。

(6)邮件广告。

邮件广告有两种形式:一种是邮件列表广告,也称为"直邮广告",利用网站电子刊物服务中的电子邮件列表,把广告加在每天读者所订阅的刊物中发放给相应的邮箱所属人,可运用横幅、插页等多种形式;另一种是电子邮件广告,广告利用拥有免费电子邮件服务的网站,直接向个人邮箱里寄送广告。广告以横幅广告的形式为主,问题在于要能得到个人电子邮件地址的资料。

3. 网络广告的传播特点

网络广告之所以受到众多广告主的青睐,是因为它与传统四大媒体的广告相比,具有众多优势。

(1)非强迫性。

受众接触网络广告时,具有相对的主动性,不想看可以不看,也可以粗略浏览,还可以详细查看,一切由自己来控制。这样就使受众大大节省了时间,并避免受众注意力集中的无效性和被动性。

(2)交互性。

网络广告采用的是一对一模式,即广告信息一次只针对一个广告对象。广告受众可以根据自身的需要和兴趣,主动地选择和访问相关的站点,这就是网络传播所具有的独特交互性。网络广告主要通过"Pull"的方法吸引受众注意,受众可自由查询。消费者能够和广告进行深入的交流,如在广告网页上表达自己的爱好和兴趣,还可以通过页面用电子邮件向公司发出咨询甚至订单,在虚拟空间里体验产品、服务和品牌。

(3)实时性。

在互联网上做广告能按照需要及时变更广告内容。例如,一则手机促销广告的销售价格变动了,就可马上更改,更改成本可以忽略不计,这样就可以减少广告决策变化与广告发布时间。

(4)广泛性。

网络广告可以通过互联网 24h 不间断地传播到世界各地,网民可以随时、随地、随意浏览广告信息。网络广告可以做得十分详尽,以满足想进一步详细了解有关情况的用户的需要。网络广告包括动态影像、文字、声音、图像、表格、动画、三维空间、虚拟现实等多种表现形式,它们可以根据广告创意的需要进行任意组合。

(5)易统计性。

大多数网络设置了访问记录软件,广告主通过这些软件可以随时获得详细的访问记录,并且可以随时监测广告投入的有效程度,如快速得到闪现、点击、页面访问数、页面下载数等数字资料,使广告公司和广告客户及时地了解掌握广告发布后的接触情况,有助于广告主和广告商测定和把握广告的传播效果。

(6)经济性。

网络媒体的广告售卖价格比较便宜。一般来说,网络广告可按每千人成本、每千人点击成本、点击次数等模式收费,如在新浪网上做广告,以每千人成本 250 元为报价,广告客户 1 万元的预算,就可以得到 4 万次的广告暴露次数。由于网络传播的特点,网络广告的接触基本上都是有效接触。通过为数不多的广告投入,就能得到较好的广告效果。

(六)新媒体

美国《连线》杂志认为,"新媒体是所有人对所有人的传播"。

分众传媒 CEO 江南春认为,新媒体"是要面对一个特定的受众族群,而这个族群能够被清晰地描述和定义,这个族群恰好是某些商品或品牌的领先消费群或重度消费群"。

新媒体的主要特点如下:

(1)在新媒体环境下,每个人都可以参与大众传播。

(2)受众的主动性增强。

(3)不受时空限制。

(4)具有小众的特点,即特定族群传播的特点。

(5)信息传播目的向自我参与、相互交流、个性展示、娱乐方向发展。

(6)成本费用极低。

(7)具有多媒体整合的特点。

所谓新媒体广告,是指体现在以数字传输为基础、可实现信息即时互动、终端显现为网络连接的多媒体视频上,有利于广告主与目标受众进行信息沟通的品牌传播行为与形态。

新媒体给广告业带来了新的活力,使其有了长足的发展。新媒体广告也成为越来越重要的广告媒体。新媒体广告依靠新媒体技术的发展,形态进化为移动媒体、数字电视、互联网三大体系。移动媒体广告形态主要以手机为载体,对移动媒体用户的 24h 的整体包围形态以及精准传播效率,使其显示出愈来愈强的市场作用。

1. 新媒体的类型

(1)交互网络电视。

交互网络电视一般是指通过互联网络传播视频节目的服务

第六章 广告媒体的运用

形式。典型特征为个性化和主动性。用户可以根据个性化需求主动选择节目内容。

(2)移动电视。

移动电视可以在公交车、轻轨、地铁、火车、轮渡、机场及各类流动人群集中的移动载体上广泛使用,其目标受众就是移动过程中短暂停留的观众。移动电视同样是"被动接收"。从心理学角度分析,处于移动或乘车状态的消费者在空闲时间里,也会自发地搜寻更多的信息,不会抵触移动电视的信息传播,从而使广告传播效果能够得到保障。

(3)博客与播客。

博客实现了多重的传播效果,即个体传播、人际传播和大众传播三种类型。它实现了个人性与公共性的结合。

播客通常指那些自我录制广播视频节目并通过网络发布的人。播客满足了人们自我表达、张扬个性的需求,同时还加强了媒体交流与互动。

2. 新媒体广告的形态

以新媒体广告信息作用于消费者为依据,可以把新媒体广告的形态分为以下五种类型:整合类新媒体广告、推荐类新媒体广告、发布类新媒体广告、体验类新媒体广告和暗示类新媒体广告。

(1)整合类新媒体广告。

它是指广告主自身建立的、可以向受众提供比较完整的品牌信息的媒体平台。它主要表现为企业的品牌网站。企业网站的主要功能有产品展示、信息发布和互动服务。企业网站是企业对外宣传自己的产品和服务、树立品牌形象的一个非常重要的窗口。

(2)推荐类新媒体广告。

这是指借助于新媒体建立相互链接的优势,开展有重点、有层次的信息推荐服务,将有关信息传送给所需要的消费者的媒体平台。它一般包括三个环节:第一个环节是推荐的信源优化;第二个环节是推荐的中介渠道;第三个环节是推荐的目标受众,点对点地进行相对应的产品信息推荐。

（3）发布类新媒体广告。

发布类广告是指在受众所关注的特定时间和空间内，通过数字化技术进行产品或服务广告信息的发布，以引起他们的关注和好感。它的主要呈现方式有户外视频广告、楼宇视频广告、车载视频广告等。

（4）体验类新媒体广告。

它是利用新媒体广告来营造虚拟、逼真立体的体验式场景，使得消费者能够获得更多的真实体验，最终产生巨大的终端吸引力和消费力。

（5）暗示类新媒体广告。

此类广告指的是在不妨碍受众接收信息的前提下，巧妙地将品牌信息或者产品信息植入新媒体广告中去，对目标受众进行无意识的熏陶和影响，从而达到品牌传播的效果。暗示类新媒体广告有三种较为明显的表现方式，即植入式广告、公关新闻和博客、微信等传播。

（七）其他广告媒体

1. 户外广告

户外广告的形式有路牌、招贴、设置在大楼墙体或屋顶的广告牌，大型的影像屏幕、广告气球等。由于设置在固定位置上，户外广告往往成为区域性标志，能够对受众进行反复的诉求。户外广告的表现效果突出，同时具有符号和动作的综合效果，很适合展示品牌形象和标志。

2. 直邮广告

直邮广告是指将广告以邮件的形式直接邮寄给潜在的消费者，希望以此来获得目标消费者直接订货或索取有关产品更详细的信息的行为。

邮寄广告要发挥作用,关键是能制作出新颖、独特的邮件来吸引消费者。还可发放问卷,调查目标消费者对商品的期望和建议,保持销售信息交流的畅通。

3. 销售点广告

销售点广告是指在销售地点设置的所有广告的总称,包括橱窗陈列、柜台、货架陈列、货摊陈列等,还包括销售地点的现场广告,以及有关场所门前的海报、招贴。最主要的形式还是通过商品本身为媒体的陈列广告。销售点广告能够在消费者采取购买行动的最后阶段帮助其在品牌间做出选择;还可以美化购物环境,制造气氛,对消费者起着诱导作用。

4. 交通广告

交通广告就是利用公交车、地铁、航空、船舶等交通工具及其周围场所等媒体所做的广告。交通广告因其价格低廉,并且有较好的传播效果,对广告主有很大的吸引力。

常见的交通广告媒体有:交通工具外部媒体,如公共汽车的车身、出租车顶灯;交通工具内部媒体,如火车车厢内的电子显示牌、地铁车厢、线路示意图、安全提示板等;交通工具站点媒体,如公共汽车站的灯箱、火车站内外的电视墙、座椅、灯箱、机场内外的广告牌、灯箱等。

二、广告媒体的特点

(一)报纸广告的特点

1. 优点

(1)及时性。对于大多数综合性日报或晚报来说,出版周期短,信息传递及时方便。

(2)说明性。报纸以文字符号为主来传递信息,可以进行深入的描述,因此说明性很强。

(3)易保存、可重复阅读。由于报纸是纸质媒体,具有较好的保存性,消费者对于有用的相关信息,可以剪贴存放、重复阅读。

(4)阅读主动性。报纸把许多信息同时呈现在读者眼前,读者可以选择阅读或放弃哪些部分;可以选择先读哪些地方,后读哪些地方;可以选择阅读的遍数;可以选择速读或精读等。

(5)地方性鲜明,读者群明确。报纸比其他媒体更具有地区选择力,广告主可以通过选择报纸或者报纸的组合形式实现广阔的覆盖面。此外,报纸的读者群相对稳定,层次比较高。

(6)报纸长期积累起来的优良信誉,使报纸广告也因此而受惠。

(7)广告版面、次数、刊载日期等能灵活机动地安排。

2. 缺点

(1)注意度低。在一份报纸中会出现众多的广告,一个广告如果不是特别富有视觉冲击力,很难引起消费者的注意。

(2)阅读率较低。报纸的文字性要求读者在阅读时集中精力,排除其他干扰。但读者一般不会在广告上花费过多的精力,除非广告信息与读者有密切的关系。

(3)表现形式单一。报纸仍需以文字为主要传达信息,相对于电视的立体、网络的斑斓丰富,报纸的表现形式相对要单调得多。

(二)杂志广告的特点

1. 优点

(1)读者群明确。杂志分类较细,专业性较强,每一类杂志都拥有其基本的读者群。由于读者对相关杂志的熟悉程度较高,专业人士对专业杂志刊登的信息容易接受,这样就有利于广告发挥作用。

(2)杂志印刷精美,传阅率及重复翻阅率较高,保存期长。杂志广告大都用全页或半页,版面较大,图文并茂,可以把广告主所要提供的信息完整地表达出来。杂志阅读时间长,经常被人保存下来反复阅读。

(3)杂志媒体版面灵活,色彩表现富于视觉冲击力。在版面位置安排上可分为封面、封底、封二、封三、扉页、内页、插页;颜色可以是黑白,也可以是彩色;在版面大小上有全页、半页也有1/3、2/3、1/4、1/6页的区别,有时还可以做大幅广告,做连页广告、多页广告,效果十分强烈。

2. 缺点

(1)同类产品广告竞争激烈。在同一期的杂志中出现若干同类产品的广告,这就造成了同类产品的直接交锋,对广告的创意、制作和设计提出了更高的要求。

(2)时效性差。杂志是定期刊物,发行周期较长,有周刊、半月刊、月刊、季刊、半年刊,甚至年刊,因而影响广告的传播速度。

(3)发行范围有限,市场覆盖率低。杂志的读者层面一般比较狭窄,接触对象不广泛,因此对受众的渗透率较低。

(4)制作成本较高。所谓千人成本,是指一种媒体或媒体排期表送达1000人或家庭的成本计算单位。

(三)广播广告的特点

1. 优点

(1)即时性。广播可使广告内容在讯息所及的范围内,迅速传播到目标消费者耳中。广播广告可以在数小时内完成播出任务,有时还可以做到现场直播。

(2)广泛性。广播不受空间的限制,尤其不受地理环境、天气等的限制,顺利到达世界的每一个角落。

(3)随意性。由于科技的进步,收听广播变得更加简便、自由和随意。随着"有车族"的增加,也使广播听众群加大。

（4）层次多样性。广播媒体的受众富有层次性，可以是老人和孩子，也可以是年轻人和"有车族"。

（5）制作简便，费用低廉。广播广告从写稿到播出制作比较简易，花费较少。

（6）易接受程度高。广播受众可以选择自己喜欢的电台和广播员，在收听广播时可以同时做其他的事情，因此对广播广告的接受度比较高，抵触情绪相对较少。

2. 缺点

（1）说服性差、易被忽略。线性传播的特点使广播广告的信息稍纵即逝，难以保存和反复接触，难以吸引听众。

（2）冲击力较弱。广播广告虽然可以借助声音形象的塑造来打动受众，但其单纯利用声音的局限使广播广告的表现手段比较单一，只能用声音诉诸听众，缺少视觉形象，印象比较浅薄，距离感大，使广告的冲击力减弱。

（3）听众注意力的缺乏。听众接触广告的态度是被动的，听众接收信息时的注意力不能保证。

（4）听觉信息无法保存。由于广播的声音稍纵即逝，其播放的广告也同样会转瞬即逝，广告很可能被漏掉或忘记，不易给受众留下深刻印象。

（5）收听效果难以准确把握和测定。广播媒体中存在着很多的干扰因素，收听效果很难用具体的数据来测定。

（四）电视广告的特点

1. 优点

（1）多种感官参与。电视具有声音和图像两种传播信号，同时启动受众的视觉和听觉两种感官。多种感官的开发，有较强的视觉冲击力和感染力。即便不识字、不懂语言，也基本上可以看懂或理解广告中所传达的内容。

第六章　广告媒体的运用

(2)强制性。电视受众都是在被动的状态下接受广告的,无法选择电视广告何时出现、有多长时间、是什么内容等。另外,电视广告的重复性强,能够较好地强化信息。

(3)传播效果不确定。家庭环境对电视收看效果至关重要,观看的角度及电视屏幕的大小、音量的高低、接收信号功能的好坏,都直接影响着电视广告的收视效果。

(4)较高的注意率。电视广告能够把语言、文字、舞蹈、戏剧、绘画、音乐等多种艺术形式融合在一起,再加入蒙太奇技巧或电脑特技,这种形象的直观性和立体性,大大吸引了受众的注意力。

2. 缺点

(1)信息持久性差。电视线性传播不能反复地阅读,只能依靠增加广告的暴露次数来增加目标受众接触广告信息的机会,这不便于展开深度说服,增加了电视广告的播出成本。

(2)费用昂贵。电视广告的制作成本高、周期长,且播放费用高。如果在黄金时段或特别节目中插播广告,费用就更加昂贵了。

(3)不利于深入传达广告信息。电视广告时间短,长度一般在5~45s之间,而15s的广告最为常见。广告画面停留的时间短、解说词少,影响人们对广告商品的深入理解。

(4)受众抵触度高。一旦受众正专注观看的电视节目被广告打断,容易引发他们的不满而调换频道,这样就使广告中断以至于不能及时到达受众。

(5)干扰较多。电视广告的播放要受到电视机设备、电视信号质量、收视人群周围环境等因素的影响,如果条件不具备,电视信息的传播就会受到阻碍。

(五)新媒体广告的特点

新媒体广告具有全球性媒体的特征,它打破了地方性与全国性媒体广告的限制。新媒体广告具有受众导向的交互性、信息服务的链接性、信息管理的即时性、信息传播的跨时空性、信息刺激的强烈感官性的特点。

（1）互动性。新媒体广告使得信息的传播具有了双向互动的特点。当受众获取到自己满意的产品和服务的信息之后，可以即时对广告信息进行反馈，厂商也会相应获取受众信息的反馈。

（2）信息服务的链接性。消费者出于自身对广告信息的需要，通过新媒体广告终端来进行信息的检索，进而可以获得某品牌广告主的网页文章、网上商店、电视购物栏目的产品信息，以及进一步链接的各种深度信息。

（3）信息管理的即时性。广告主可以借助于权威的访客流量统计系统，精确统计出广告的受众数量，以及这些受众上网查阅的时间和地理位置。目标客户群体的精确统计，也方便了广告行为收益的准确计量，有助于厂商正确评估广告效果。

（4）信息传播的跨时空性。新媒体广告不受时间和空间的限制，传播范围非常广泛。

（5）信息刺激的强感官性。新媒体广告可以融合图形、文字、声音、视频等多种形式，可以给消费者全新的体验，让消费者对产品和服务有更深刻的印象和认识。

（六）其他广告媒体的特点

1. 直邮广告

（1）广告信息的针对性最强，可以针对目标消费者的需要展开有效的诉求。

（2）直邮广告可以自主选择广告时间和广告投放地点，灵活性较大，更加适应善变的市场。

（3）形式鲜明，保存时间长、传阅率高。

（4）直邮广告能得到即时的效果反映，便于及时调整广告内容和形式，而且发布广告的时机自由度大，可以在产品销售旺季展开有效的广告攻势等。

（5）制作简单，成本低廉。直邮广告可以排除对广告介绍的产品没有需求的客户,大大降低了广告的成本。

2. 交通广告

(1)广告的到达率和暴露率较高。每年都有数以亿计的人使用大众交通工具,从而为交通广告提供了大量的潜在受众。

(2)乘客利用等车时的空闲时间来观看广告,印象会非常深刻。广告的导购效果也会刺激消费者的购买欲,促进产品销售。

(3)车内广告具有较大的强制性,广告信息所营造的氛围使消费者很容易被感染。

(4)车体广告的地理选择性使广告主可以根据自己产品的性能和消费者的类型,选择消费者经常乘坐的某一线路的公交车辆和场所对广告进行投放。

(5)成本低、内容富有持久性,广告信息展示时间长,累积的效果会较好。

(6)既可运用喷绘、招贴等表现手段,又可采用影片、音响等艺术形式;广告内容的变化弹性大。

第二节　广告媒体计划与媒体选择

一、广告媒体计划

(一)什么是广告媒体计划

广告媒体计划就是根据广告目标的要求,为了在一定的费用内把广告信息最有效地传达给目标消费者而做的一系列决策。媒体计划指导着广告媒体的选择。确定媒体目标是广告媒体计划的核心。媒体目标是广告信息经媒体传播后对现实的和潜在的消费者影响的程度。媒体目标要通过一些具体的指标,如暴露度、到达率、收视率、影响效果等来体现和衡量。

(二)广告媒体计划的中心工作

广告媒体计划需要围绕以下四个方面展开：

(1)传播对象。在广告策划部分制订具体广告表现战略时，首先要考虑广告的目标对象。

(2)沟通中的通道和方法。根据广告目标的总体要求，选择合适的媒体，使广告信息尽可能地接触目标消费者。

(3)广告的具体时间。考虑那段时间是否有节假日、有无特殊意义等。

(4)怎样实施计划，要根据广告预算的要求来考虑如何推出。媒体计划要做出具体的安排，做好广告排期表。

(三)影响广告媒体计划的因素

(1)产品本身的特点。如果是名牌产品，就要考虑选择能够扩大认知、权威性较强的主流媒体；如果是技术复杂的科技产品，则要选择有利于受众理解的媒体。

(2)目标市场的特点。根据目标市场的收入水平、消费方式等，对目标消费者进行分类，来确定广告的推出方式。

(3)传播效益。在做媒体选择时，应重点考虑广告所能产生的效益，争取将传播效果达到最好。

(4)媒体传播的可行性。媒体都有各自不同的传播特点，优势与不足同在。

(5)媒体的寿命。媒体的寿命是指媒体广告对受众持续影响的时间。

二、广告媒体选择

(一)影响广告媒体选择的因素

1. 媒体的性质

广告媒体本身的性质和特点对广告效果的影响是决定性的。

媒体传播范围大小、发行数额多寡会影响视听人数；媒体的社会文化地位、是否与广告的受众层相适应会影响广告的效果；媒体的社会威望对广告的公信力也有重要影响。

2. 广告商品的特性

具有不同特性的商品，消费对象不同，对媒体的选择要求也不同。

3. 广告目标要求和文本的特点

选择广告媒体，必须先考虑广告目标的因素，看其是否能与企业的经营活动紧密地融合。

广告媒体要能够体现广告作品文本的创作特色，有利于表现广告主题，有利于与目标受众沟通。

4. 市场竞争的状况

为了配合市场竞争，要慎重选择广告媒体。例如，2008年中国承办奥运会，体育用品巨头阿迪达斯成为奥运会主赞助商。

5. 广告费用的支出

广告费用包括媒体价格和广告作品设计制作费。同一类型的广告媒体，也因广告时间和位置不同，有不同的收费标准。企业发布广告需依据自身的财力来合理地选择广告媒体。在选择广告媒体时，不仅要考虑广告价格的绝对金额，也要考虑广告价格的相对金额，即广告实际接触效果所消耗的平均费用。此外，还要考虑广告媒体费用与效果之间的性价比。

(二) 广告媒体选择流程及方法

1. 调查研究阶段

若想在广告媒体策划中选择最佳的媒体，媒体调查工作必不可少。主要应关注以下几个方面：

(1)媒体的发行量、覆盖域及因此可能获得的市场覆盖面。
(2)媒体播出、刊发、开发的时效性。
(3)媒体的特性、地位和背景。
(4)媒体自身的广告传播技术及客户广告服务态度。
(5)媒体与公众的关系。

2. 制订方案阶段

第一,了解媒体策划过程中选择媒体的标准。

第二,考虑媒体的品质与传播效果、广告商品的性能和使用范围、目标消费者的消费和视听情况、市场现状和消费趋势、广告的制作成本和费用等。

第三,熟悉广告媒体的选择方法。

3. 方案评估及选择阶段

要考虑所选媒体是否与企业的特征、目标市场相符,是否适应商品和服务的特性等。

4. 组织实施阶段

要购买广告版面与时间、执行、监督刊播时间和内容,以及观测市场反应等。

5. 效果评估阶段

在这个环节中会进行媒体效果的评估,具体指标请参看第七章的内容。

第三节 广告媒体策略

一、媒体策略的基本要素

媒体策略是指为达到广告目标而采用的方法与途径。媒体

第六章　广告媒体的运用

策略要考虑的因素较多,最基础的包括三个方面:

(一)广告对象

广告对象指的是由于受广告活动的影响,而产生购买行为的消费者群体。目标受众可以按人口特征(年龄、性别等)、地理、生活方式或消费心态和模式进行划分。一般的媒体调查公司可以提供目标受众的媒体习惯和购买行为方面的详细信息,这些信息不仅可以提供人口统计方面的信息,还可以提供品牌、购买量、购买频率、支付价格以及媒体接触方面的信息,因而可以大大提高媒体选择的准确性。

(二)发布地域

当地理市场在某个产品种类或某个品牌上表现出强劲的购买趋势时,媒体策划人员就应该以地理性瞄准作为媒体发布决策的依据。但是,在实际运作过程中,确定媒体发布的地理范围并不是那么简单的事,它要受到许多因素的影响,如品牌表现、竞争对手活动区域等。

(三)广告次数

广告次数指的是对于广告目标对象来说,形成广告影响最合适的次数的认识和决定。影响不足,受众难以形成记忆;反之影响太大,刺激太强,就会造成反感。

二、媒体策略的类型

(1)媒体分配策略。例如,某一产品的主要消费者是儿童,但主要购买者是妇女,少数购买者为成年男性,这就涉及媒体分配问题。媒体分配策略的关键在于对目标对象的媒体接触情况有准确的估计。媒体分配总的原则是根据消费者的重要程度来确定媒体的比重。在消费者与购买者严重分离的情况下,一般应按同等比重进行广告,但所选用的广告主题要有所区别。

(2)媒体受众策略。媒体受众策略解决的是媒体传播对象的问题。媒体投放要以目标消费群为依据。

(3)媒体时机策略。首先,根据产品的生命周期把握广告传播的媒体时机;其次,根据产品销售季节把握广告传播的时机;最后,利用重大事件、赛事等大众广泛关注的事件进行广告宣传。

(4)媒体区域策略。第一,广告预算投放在全球性媒体,这种投放主要是针对那些全球性的大品牌而言的。第二,广告预算投放在全国性媒体。第三,全国性媒体与地方性媒体结合使用。第四,只使用地方性媒体或者绝大部分广告投放在地方性媒体。

(5)媒体选择策略。媒体选择策略解决如何在众多媒体中选择合适媒体的问题。这在前面已有论述,此处略过。

(6)媒体组合策略。这将在第四节进行详细论述。

(7)竞争品牌媒体投放策略。媒体策划者需要清楚地了解竞争对手以往和现在的媒体策略,包括媒体预算、媒体选择策略、媒体组合策略及投放策略等。

(8)到达率与平均频次策略。侧重点不同,效果也不同。以强调媒体到达率的情况:推出新的产品类别;处于成长期的产品类别;已有一定声誉或处于领导者位置的品牌;目标对象较宽的产品或服务;购买次数较少的产品或服务。以强调频次的情况:处于激烈竞争中的产品或服务;说明型广告;购买次数频繁的产品或服务;新品牌;目标对象狭窄的产品或服务。

(9)媒体的播放频率策略。它是指一定时间内广告的播放次数。它包括集中型、连续性和间断型。

第四节 媒体组合策略

媒体组合就是在同一广告运动中,采用两个或两个以上媒体进行广告信息传播。由于只使用一种媒体进行传播的情况比较少,一般都是多种媒体共同使用,因此本节重点对媒体组合策略进行介绍。

一、媒体组合需考虑的因素

(1)市场,明确营销计划与广告计划,依据不同目标消费群区隔优先顺序。

(2)资金,以预算购买广告接触人次,而非购买更多的GRP(总收视点)。

(3)媒体,确定各媒体的受众规模与特征,各种媒体的吸引力、暴露水平和成本效益。

(4)组合,确定传统媒体与新媒体之间的最佳组合方式,以及非常规媒体的配合。

(5)方法,以有限的预算得到更有效的接触。

二、媒体组合方式

(一)集中式媒体组合

集中式媒体组合将全部媒体向一种媒体集合,形成一元化的媒体组合。集中式媒体组合具有以下特点:

(1)可以让广告主在某一种媒体中占有绝对优势。

(2)可以提高品牌的熟知度,尤其在接触媒体种类较少的目标受众中提高品牌熟知度。

(3)只在非常显眼的媒体中发布广告,促使流通渠道产生热情,形成品牌忠诚。

(4)对于采用高度集中式媒体亮相的品牌,分销商和零售商可能在库存或店内陈列方面给予照顾。

(5)集中的媒体费可以使广告主获得媒体组合的可观折扣。

(二)分散式媒体组合

分散式媒体组合是指利用各种不同媒体,形成多元化媒体组合,到达更多的目标受众。分散式媒体组合具有以下优点:

(1)广告主可以针对每个目标在产品类别或品牌方面的特殊兴趣,制订专门的讯息,到达不同的目标受众。

(2)不同媒体的不同讯息到达同一目标,可以巩固这个目标的认知效果。

(3)提高讯息的到达率。

(4)更有可能到达那些接触不同媒体的受众。

第七章 广告效果测定

广告活动是一项复杂的系统工程,广告效果的取得具有多方面的影响因素,这就决定了广告效果具有复杂的特性。要对广告效果有清晰的把握,就需要对广告效果进行科学、合理的测定。为此,本章就来详细探讨广告效果测定方面的知识。

第一节 广告效果简述

一、广告效果的特性

所谓广告效果,是指广告作品通过广告媒体传播之后所产生的作用,或者说是在广告活动中通过消耗和占用社会劳动而得到的有用效果。通常而言,广告效果的特性表现在以下几个方面:

(一)广告效果的迟效性

广告对不同消费者的影响程度,受其所处的社会、经济、文化、时空、地域等多种因素的制约,消费者对广告效果的反应程度各有区别,有的可能快一些,有的可能慢一些。同时,广告对特定消费者的购买心理刺激也必须经过一定反应过程,即反复的刺激过程,才能达到购买行为阶段。因此,广告对消费者的影响程度总的来说具有迟效性,即广告效果必须经过一定的时间周期之后才能反映出来。当然,某些特殊的促销广告除外。时间迟效性使得广告效果不可能在短时期内表现出来,因此要准确地测定广告的效果就必须准确掌握它的时间周期,掌握广告有效发生作用的时间期限。

(二)广告效果的复合性

广告活动是一种综合性的、复杂的信息传播活动。它既可以通过各种表现形式来体现,又可以通过多种媒体组合来传播,同时它又受到企业其他营销活动、同业竞争广告和有关新闻宣传活动的影响。所以广告效果从总体上来说是复合性的,只有从整体上把握影响广告活动的各种因素,才能测知广告的实际效果。

(三)广告效果的累积性

广告作用于消费者,促成其购买行为而产生促销效果,大多数情况下并不是一次、一时或一种信息和媒体作用的结果,而是广告信息的多次重复,造成累积效果的体现。消费者在发生购买行动之前,都可看成是广告效果的累积时期。在这一时期,消费者的购买行为尚未发生,企业必须连续地、多次地广告,强化影响,通过量的积累转化为质的飞跃,促成消费者购买。而这种购买行动,显然不应看作最后一次广告的效果,而应看作在此之前多次广告信息累积的效果。正因为消费者的购买行为是多次广告信息、多种广告媒体综合作用的结果,所以很难测定某一次广告的单一效果。

(四)广告效果的间接性

广告效果不仅具有累积性,而且具有间接性。例如,某消费者接受广告宣传活动的影响,购买广告的商品,使用过一段时间后,觉得质量稳定,物美价廉,便向亲朋好友推荐从而激起他们的购买欲望。或者有的消费者接受广告的影响后,在自己对该商品不需要的情况下也会鼓励别人购买,这些都是广告间接效果的表现。

第七章 广告效果测定

(五)广告效果的两面性

所谓效果的两面性,是指广告不仅具有促进产品或劳务销售量增加的功能,同时还具有延缓产品或劳务销售量下降的功能。促销是广告的基本功能,促销效果是测定广告效果的一项重要内容。在市场疲软或产品进入衰退期,广告的促销效果表现在于减缓商品销售量的急速下降。在这种情况下,如果再从产品销售量的提高方面来评价广告效果,显然是不客观的。因此,在测定广告效果的时候必须充分分析市场的状况以及产品的生命周期,才能测定较为客观全面的广告效果。

以上阐述的广告效果的特性对于正确、有效地测定广告效果是十分必要的。广告效果测定的时间、对象、指标等的选取以及对测定结果的测定都应结合广告效果的特性进行综合考虑,使测定结论更符合客观实际情况。

二、广告效果的分类

为了有效地对广告效果进行测定,必须对广告效果进行科学的分类,按照广告效果的不同类型采取不同的测定方法,才能取得较好的测定效果。广告效果从不同的角度研究有不同的分类:

(一)按广告效果的性质分类

按广告效果的性质,可分为广告的经济效果、广告的心理效果和广告的社会效果。

1. 广告的经济效果

广告的经济效果主要是指广告的销售效果,是广告对促进商品或劳务销售和利润增加的影响。20世纪60年代以前,销售额一直是测定广告效果的唯一尺度。

2. 广告的心理效果

广告的心理效果是指广告在消费者心理上引起反应的程度及其对促进购买的影响。广告心理效果又称为"广告报道效果"。1961年，R.H.科利发表了著名的DAGMAR模式，首先提出了广告报道效果的系列指标。其主要观点是广告在传播其信息时是逐步深入人们头脑中的，人们接受信息分若干层次，每一个层次都做出相应的反应之后，又通向下一个层次，其模式是：

未知—认知—理解—确信—行动

在广告报道中，接触广告的人们心理变化基本上按"认知—(感情上)接受—行动"这种发展模式（当然，人们的心理变化并不总是直线地逐次推移的，而是螺旋地迂回推移的模式），每一个层次的目的都可以作为广告心理效果来测定，并以此来确定广告引起心理效应的大小。

3. 广告的社会效果

广告的社会效果是指广告对社会道德、风俗习惯、语言文字等方面的影响。

（二）按广告活动构成因素分类

按广告活动构成因素，可分为广告的原稿效果和广告媒介效果。

1. 广告的原稿效果

广告的原稿效果又称为"广告表现效果"，它是指广告剔除媒介作用后由广告原稿本身带来的效果，即广告原稿达到预先制订的认知率、显著程度、理解度、记忆率、唤起兴趣、形成印象等具体目标的程度。

2. 广告媒介效果

广告媒介效果是指纯粹由媒介本身给广告带来的效果。

1961年,美国广告调查财团(ARF)发表了 ARF 媒介评价模式。这一评价模式包括六个指标:媒介普及、媒介登出、广告登出、广告认识、广告报道和销售效果。媒介普及、媒介登出和广告登出这三项是媒介广告效果,而广告认识、广告报道和销售效果三项则是媒介和广告表现综合的结果。下面主要介绍媒介普及、媒介登出和广告登出。

(1)媒介普及在电波媒介里指广播和电视总的普及台数,或者拥有收音机和电视机的总户数,在印刷媒介里指报纸杂志发行份数或者实际销出份数。

(2)媒介登出是指潜在的听众、观众、读者的总数。具体而言,电波媒介的情况是在特定的时间内电视观众和广播听众的总数,或者在特定的时间内打开收音机、电视机的总数。印刷媒介的情况包括被传阅的读者总数。

(3)广告登出是指一则广告所接触的观、听众总数以及观众接触一则广告的频度总数。

三、广告效果测定的原则

明确了广告效果的特性及其分类后,在具体的广告效果测定过程中还必须遵循一定的原则,这样才能保证广告效果测定的科学性,达到广告效果测定的预期作用。

(一)目标性原则

因为广告效果具有迟效性、复合性、间接性等特点,对广告效果的测定就必须有明确、具体的目标。如广告效果测定的是长期效果还是短期效果,如果是短期效果,是测定销售效果还是心理效果,如果是心理效果,是测定认知效果还是态度效果,如果是认知效果,是商标的认知效果还是产品特性的认知效果等。只有确定具体而又明确的广告效果测定目标,才能选定科学的测定方法与步骤,才能取得预期的测定效益。

(二)综合性原则

影响广告效果的因素十分复杂,在具体测定过程中还有许多不可控因素的影响。因此,不管是测定广告的经济效果、社会效果还是心理效果,都要综合考虑各种相关因素的影响。即使是测定某一具体广告,也要考虑广告表现的复合性能、媒体组合的综合性能以及时间、地域等条件的影响,这样才能准确地测知广告的真实效果。另外,从全面提高广告效益来说,广告效果的测定也应该是广告的经济、社会、心理效果的综合测定。

(三)可靠性原则

广告效果测定的结果只有真实可靠,才能起到提高经济效益的作用。因此,在效果测定中样本的选取一定要有典型性、代表性,对样本的选取数量,也要根据测定的要求尽量选取较大的样本。对于测定的条件、因素要严加控制、标准一致。测定要多次进行,反复验证,才能获取可靠的测定效果。

(四)经常性原则

因为广告效果在时间上有迟效性,在形式上有复合性,在效果上有间接性等特点,因此对广告效果的测定,就不能有临时性观点。具体而言,某一时间和地点的广告效果,并不一定就是此时此地广告的真实效果,它还包括前期广告的延续效果和其他营销活动的效果等。因此,必须保存前期广告活动和其他营销活动及其效果的全部资料,才能真正测定现实广告的效果。同时,广告效果测定的历史资料含有大量的测定经验与教训,对现时的广告效果测定具有很大的参考价值。长期的广告效果测定只有在经常性的短期广告效果测定(并保存有详细的测定资料)的基础上才能进行。

(五)经济性原则

在制订广告效果测定计划时,在不影响测定要求和准确度的

第七章　广告效果测定

前提下,测定方案要尽可能简便易行。同时,进行广告效果测定时所选取广告样本的测定范围、地点、对象、方法以及测定指标等,既要考虑满足测定的要求,也要充分考虑企业经济上的可能性,尽可能地做到以较少的费用支出取得尽可能满意的测定效果。

四、广告效果测定的意义

从世界范围的广告发展来看,在 20 世纪 50 年代以前,人们对广告效果的测定与评价往往是凭经验、直觉进行主观判断。在 20 世纪 50 年代至 60 年代,世界广告业发生了一个重大变化,即一些研究人员从广告公司、媒介单位和广告主企业中脱离出来,组织独立的广告研究所,专门从事对广告效果的研究和测定工作,从而将广告业的发展推进到一个新的历史阶段。此外,随着市场竞争的加剧,广告投入的大幅增加和广告业务的丰富与拓展,以科学的方法和手段进行广告效果的评价也越来越成为广告主企业和广告公司所关注的问题。这些都说明广告效果的测定工作对于广告主企业的营销活动、广告单位的经营发展和广告水平的不断提高有极为重要的意义。具体而言,进行广告效果测定具有以下意义。

(一)有利于加强广告主的广告意识

一般而言,广告主企业对广告的效用是有一定认识的,但对广告的效果究竟有多大、是否合算却没有多大把握。广告效果信心影响广告主企业的信心,也影响对广告费用预算的确定。企业决策总是倾向于以事实为依据的,如果能对广告效果进行测定,具体说明广告的效力,就能使广告主加强广告意识,提高对广告的信心。

(二)为实现广告效益提供可靠的保证

广告效果的测定可以检查和验证广告目标是否正确,广告媒体的运用是否合适,广告发布时间与频率是否得当,广告主题是否突出,广告创意是否新颖独特等。因而,这种测定为实现广告效益提供了可靠的保证。首先,广告效果的事前测定可以判断广告活动各个环节的优劣,以便扬长避短、修正不足,从而避免广告活动的失误,使广告活动获得更大的效率。其次,广告效果的事后测定可以总结经验,吸取教训,为提高广告水平提供借鉴。最后,广告效果的测定还可以为广告活动提供约束机制,监督并推动广告质量的提高。

(三)保证广告工作朝着科学化的方向发展

广告效果的测定是运用科学的方法和科技手段对广告活动进行定性与定量分析,以判定广告的传播效果和销售效果,其涉及的学科包括统计学、心理学、传播学、社会学、计算机技术等专业范围。因而,这种测定必将推动广告事业的发展。

第二节 广告效果的过程测定

按广告每次活动的总体过程来划分,广告效果可分为事前效果、事中效果与事后效果。与此相对应,广告效果测定可分为事前测定、事中测定、事后测定。这是在实际广告效果测定中经常采用的方法。

(1)事前测定。事前测定除了市场调研中所包括的商品分析、市场分析、消费者分析之外,还可能需要探究消费者的心理与动机,以及设法测验传播信息能在传播过程中发生些什么作用。这也就是一般所指的文案测验,它的目的在于找出创作途径,选取最适当的信息。

(2)事中测定。广告进行中的事中效果测定,主要目的在于设法使广告战略与战术能够依预定计划执行,而不至于离题脱轨,即使有之,也可设法予以修正。

第七章　广告效果测定

（3）事后测定。广告活动的事后测定在于分析与评定效果，作为管理者策划的参考，以及在决定与分配广告预算时作为决策的基础。

一、事前测定

广告事前测定的首要法则是为测定确定目的。换言之，必须清楚地说明要测试的是什么，以及要测试的是些什么目标。很明显，事前测定的目的常是由广告以何种形式或在哪一阶段接受测定的情形来决定。如果要测定的是新产品各个不同概念的重要性，那么测定就是要确定概念所描述的产品是否能真正解决消费者的某个问题或者是否提供了足够的利益而诱使消费者试用；而如果要测定一个广告的效果，那么广告目的很可能是灌输品牌名称、建立对品牌或产品的认知、让人了解销售信息是什么。

（1）知觉。广告的知觉是指人们了解这是一个广告，其中包含某一个销售信息，仅此而已。这是广告传播要达到的最起码的目的。在杂乱的媒体上，在许多广告主向消费者发出有关同一产品的类似销售信息的情况下，广告主必须使其广告与背景刺激物明显区分开来，以吸引消费者无意间的注意力，使消费者对广告主刊播的广告及销售有所知觉。

（2）理解。理解指广告所用的文字与图片是否切实地传达了销售信息，即消费者是否了解广告主正试图去传播的是什么。或者说，消费者从广告传播中所得到的信息与广告主想要传达的信息是否一致。如果两者完全一致，那么可以肯定广告完整地实现了理解效果。对"理解"的测定，通常以播放或描述广告意图传达的信息去询问消费者，并将结果与广告陈述的目的相对比。

（3）反应。在事前测定中，最后的测定通常是测定消费者对广告的反应。换言之，如果消费者知觉这一广告并了解广告的主要内容，那么他对这一信息的反应如何？最常见的测定是确定这一信息在受访者看过（听过）之后，是否会被说服而改变他们对某品牌的态度或行为。如果广告的目标是以刺激来改变其态度,则事前测定反应就主要看广告是否能改变受众态度;如果广告目标是导致试用,则事前测定反应就要确定广告导致试用的情况。在事前测定中,受访者的反应是最重要的测定事项。

(一)事前测定概念说明、创作策略或承诺陈述的方法

1. 亲身访问

亲身访问是事前测定概念说明、创作策略或承诺陈述的传统方式,其程序有许多形式。最普通常用的访问场所是在家中、在百货商店、在零售店或者在一些机场、码头等。不管在哪里,关键在于要寻找适合目标市场所描述的人士,然后再作访问。例如,在为某一新食品概念作测定时,可以在食品店中对排队等候结账的人作访问,这些潜在顾客通常都有时间回答问题,同样他们对食品也都较为熟悉。

2. 焦点小组

亲身访问之外的另一种方法为焦点小组。之所以有此称谓是因为整个小组注意力的焦点都集中于所评价的产品类别、概念或策略上。从可能的目标市场中请来8～12人组成受访者小组,该小组由一位训练有素的访问者指导,集中讨论一个特定的题目,如产品概念或创意策略等,以寻求受访者对于这一特定题目的印象或态度方面的信息。

会议讨论情况一般都加以录音,会后由这位访问者或一位解释者对讨论录音加以分析,并制成一项摘要或该小组的共同意见。这种解释很有价值,它通常能洞察小组各成员的内心感受,也能确定小组成员对某产品是如何描述的及所使用的语言表达方式。亲身访问与焦点小组这两种方法测定的结果,通常只能指导方向,由于样本小并受到误差的限制,只能被认为是一种"防止重大失误"的测定,或为将来调查研究提供方向上的指导而非绝对真理。

第七章 广告效果测定

(二)事前测定广告草图或完稿的方法

1. 内部检核表、可读性测试

内部检核表和可读性测试是最容易、最常用的广告事前测定方法之一,尤其被工业产品的印刷广告所普遍应用,这些方法统称为"内部测定法"。

(1)内部检核表。

内部检核表是广告主或广告代理将测定标准按细目列成一张表,然后对照广告草图和完稿进行检核。内容一般包括:广告全部组成要素,如尺寸大小、颜色、折价券、订货信息等;产品的主要特色等。

(2)可读性测试。

这种测试的目的在于确定广告易于阅读和易于了解的程度。最常用的公式是由佛莱齐(Rudolph Flesch)所发展的"佛莱齐公式"。这一公式的计算基于以下各点:语句平均长度、音节平均数目、使用涉及人称的文字的百分比、在撰写的一百字样本中涉及人称的语句的百分比。佛莱齐公式指出,最易读的文案为每句有14个字、每100个字有140个音节、10个涉及人称的文字和总计43%的涉及人称的语句。

广告的检核表、评分量尺及可读性测试花费都不多,易于应用,并且通常都能发现某些显著的错误。然而这种事前测定对于测定广告对消费者的效果,作用却并不明显。

2. 消费者固定调查户测定法

消费者固定调查户只是一群可能购买某产品或劳务的消费者,把这些人暴露于广告草图或完稿、完成的影片之下,并请其对广告加以测定。消费者固定调查户选择灵活。用于消费者固定调查户的最普遍的测定方法有以下几种:

(1)评定等级测试法。

评定等级测试是由受测者把所要测试的一些广告按某种评价顺序排列出来。例如,请受测者观察几个可选择的广告,然后以某种方式将这些广告按高低顺序排列出来。顺序标准可以是多样的,但最普遍使用的是按广告说服能力的高低排序。

在评定等级测试法中通常使用的问题:你认为这些广告哪一个最可能被你阅读?这些广告中的哪一个最能使你信服某产品是高品质的?哪一个广告在说服你购买上最有效果?在排列顺序之外,还可要求受测者说明为何选某广告,或他们为何认为这个广告比其他的好,这有助于调研者或计划者了解他们做出这些决策的理由。

(2)搭配测试法。

这是指将一些未被认定的测试广告放入一个纸夹或卷宗内,并和一些其他未经测试的广告放在一起的方法。有时把卷宗模拟制作成像一本普通杂志或报纸的样子,甚至还可以包括编辑的内容,然后把卷宗交给受测者看,并允许受测者依自己意愿来看它。

在受测者看过卷宗后,就询问他们回忆所看的那些广告,他们对每一广告记住了些什么,他们最喜欢哪一个广告以及为什么等。这些资料有助于确定在把广告刊于正常环境下时应该怎样测定。在搭配测试中,必须用完整的广告,否则其他一切材料就必须减至和受测广告一样不完整的程度,以便能作公平的测定。搭配测试法一次可测定6~10个广告。在事前测定中,搭配测试法较评定等级测试法可能更为有效。

(3)评分量尺。

评分量尺常用于测定广告诉求或个别广告的各部分,并且可以利用几组受测者分别测定以供比较。在这种类型的事前测试中,常使用一种所谓的"语意差异法",即以意义相反的形容词去描述广告,或确认在广告中所作的说辞。

能用两极化形容词来描述的,可以是产品、劳务、品牌或广

第七章 广告效果测定

告,对每一广告及其传播力评分,即可在一组受测试广告中确认出最好的广告。其他评分量尺,如广告应包含的重要价值或某品牌及某说辞与竞争者比较如何等量尺亦可使用。但这类量尺测试法的问题在于其所要测定的要素均为主观性的东西。

(4)成对比较法。

这种方法是先确定几个广告的固定样本,请受测试者将每一广告与其余各广告分别对比,并加以评分。例如,对三个广告加以测试时,则会以广告1针对广告2评分、广告1针对广告3评分、广告2针对广告3评分。这样,就会使每一广告都与其他广告进行比较。使用这种方法,经过成对比较后,就会选出较好的广告来。通常这种方法限于在8个广告内使用。8个广告即需比较28次,如超过此数,工作量过大,就会使受测者感到疲惫。

(5)模拟杂志法。

在这种方法中,要在配销之前先取得印刷的特制杂志,或取得已知杂志的正常版本。把样本广告刊在正常广告版位以代替原来的广告或刊于正常广告以外的版位,然后把这些特制杂志分发给订户或读者,经过一段时间后,再与收到过这些杂志的受测者接触,并询问他们有关杂志与广告的问题。这种事前测定技术使用"回忆"作为衡量成功的尺度。其优点是在一种自然阅读情况下测试广告,而不是"强制阅读",但不足之处在于只能用完稿作测试,因而在测试前必须在制作上投资,如果测试结果被认为不合格,则可能浪费设计制作费。

(6)投射法。

投射法有各种不同的方式,如字谜拼图游戏、字词联想、填句,以及角色扮演等,均用于事前测试。以字谜拼图为例:给受测者一个不完整的广告,如广告除标题外都已完备,或只缺插图,然后给受测者几个标题或插图,并要求他们根据这些东西,选择他们认为最适当的标题或插图,完成这一广告。假定选中次数最多的标题或插图最为有效。其他方式的投射技术,是要求受测者填空或抽出对他们有吸引力的图片。

(7)故事板测试。

常用电视故事板对消费者判断小组加以测试,所用方法与上述大致相同。但是受测者通常所看的不只是布局,可以以幻灯片的方式配以事先录制的声音来表现电视广告影片。这种方法成本低廉。受测者30~60个。

(8)通信测试。

通信测试虽然应用不广,但不失为一种有效的方法。这种是将可能选择的文案诉求印于明信片上,寄给潜在顾客。明信片上均印有酬谢方法。得到最多回收的诉求则可断定为最好的诉求。因为这种方法需要提供酬谢并需相当长的时间等候回答,通常只用于在发重要的广告信函之前测试广告信函或直接反应广告。

二、事中测定

广告效果的事中测定是在广告作品正式发表后直到广告活动结束前的效果测定与测试。它的目的是检测广告计划的执行情况,以保证广告战略正常实施。它虽然不能对整个广告活动的最终效果进行评定,但是可以检验广告效果的事前测定和预测事后测定的结果,并为事后测定广告积累必要的数据和资料,以保证广告效果事后测定的顺利进行和取得较科学的鉴定结果。

由于广告媒介费用高昂、营销状况各有差异以及市场竞争的加剧,越来越多的广告主在广告活动的进行中不断对广告活动进行测定、测定和修正。事中测定采用的方法大致有以下几种:

(一)销售地区试验法

销售地区试验法也称"试测市场测验",是实地实验法的一种,也是一种比较直接的预测广告效果的方法。其具体做法是,先将销售地区分为实验城市与控制城市,在新的广告活动发动的一个月或一个半月前,在实验城市进行新的广告活动。而在控制城市控制住与实验城市大体相同的环境条件,但并不发布新的广

第七章　广告效果测定

告。最后将实验城市与控制城市两者在广告活动前后的销售量加以统计比较,便可测定新的广告活动或新的广告的相对效果。

这种方法的优点在于能够比较客观地实际检测广告的销售效果,尤其是对一些周转率极高的商品,如节令商品、流行商品等更为有效。但这种方法也存在着缺陷,这主要是检测时间长短不易确定,如果检测的时间太短,可能广告的真正效果还未发挥,如果时间过长,市场上各种可变因素又不易控制。再者,要找到与实验城市条件大致相同的控制城市也相当困难。因此,要想采用销售地区实验法,就必须舍去一些次要变数,但这些次要变数的取舍恰当与否又在一定程度上决定了测定效果的有效性。

(二)函索测定法

函索测定法是邮寄调查法的一种,其目的是检测不同的广告作品、不同广告文案的构成要素在不同广告媒体上的效果。具体做法是,在不同的媒体上刊登两幅或两幅以上的广告,其中有一个广告构成要素(如文字、图画、标题、布局、色彩或广告口号等)是不同的。每幅广告中含有两个项目:

(1)广告主希望消费者对其广告产生反应而作的邀请或提供物。

(2)便于核对广告及刊登媒体的编号。

最常见的提供物是赠券,赠券中含有表格,以备消费者填妥寄回索取样品、赠品或其他资料,而编号可以是门牌或信箱号码,也可以是函索表格上的一个暗记。函索的表格寄回后,由于上面有不同的编号,因而可以查知是在哪一家报纸上所刊登的广告产生的效果。最后进行统计,就能判断哪幅广告、哪种标题或哪家报纸最有效果。

这种方式的测定适合报纸、杂志及直邮印刷媒体,若是再附上"回邮由厂商代付"或"回邮邮资已付",或直接在信函中加附"商业回信卡",回收率可能更为显著。而每个广告的函索回收率越高,其所负担的成本也就越少。

这种方法的优点是简便易行,可以在各种印刷媒体上同时进行,而且可以用来比较广告任何构成要素的相对功能与效果。其缺点是只适应印刷媒体,回函期较长,而且若广告主提供的赠品具有高度注意价值,则儿童、竞争者、搜集样本者等这些回函者并不一定都具有广告主目标市场意义,因而测定结果的准确度会受到影响。

(三)分割测定法

分割测定法也是邮寄调查法的一种,其目的是检测同一媒体上只有某一构成要素不同的广告效果。实际上它是函索测定法的分支。其做法与函索测定法基本相同,只不过一个广告刊登在同期一半份数上,另一个广告刊登在同期的另一半上。然后将两者寄给各市场的读者,这就意味着每个市场的读者有一半人可见到第一个广告,而另一半人可看到第二个广告。每个广告附有编号和商品说明书,根据回函统计后即可得出两个广告销售效果的比较值。

这种方法的优点是检测的对象比较明确,检测的条件比较一致,即除了被测者之外,其他所有的变数都在控制之中。杂志和报纸分别寄给读者,两个广告几乎同时出现,刊在同样页次、同样版位,但彼此互不影响。同时,读者也不会觉察,而会在自然情况下接受测试,回收率可能高而且迅速。当然,采取这种方法可能要花上一笔相当大的费用,同时愿意提供这种服务的媒体也十分有限,这些都是在进行测定前须加以考虑的。

(四)追踪研究法

追踪研究法,是指在广告活动期间对消费者进行一系列访问,其目的是确定广告活动已达成的暴露和效果的程度。由于广告效果一般都具有迟效性,因追踪研究都在事前决定的广告活动的日程表上依"波浪状"执行。例如,假设从9月1日起对"雅倩"亮发保湿摩丝开始进行一项新的广告活动,该活动到次年6月1

第七章 广告效果测定

日结束。于是,确立11月1日和次年3月1日进行电话访问式的追踪研究计划。

在11月1日选择有代表性样本对消费者作一系列的随机电话访问。首先问受访者在"雅倩"所选择的媒体中是否看过或听过摩丝类的广告?如果是,是哪几则?一旦受访者指出记得的广告后,继续问受访者下列问题。

(1)这则(些)广告内容说了些什么?
(2)当您看完(听完)这则(些)广告后,心理有何反应?
(3)当您看(听)完这则(些)广告后,购买该产品的欲望是增加或减少?
(4)广告中,什么因素影响您购买的欲望?
(5)您最近购买了什么品牌的摩丝?

在对这些问题的答案综合分析整理后,可大致衡量出该广告下列三种广告效果:

(1)吸引受访者记住或想起某些广告的能力。
(2)受访者对某广告的心理反应或对销售重点的了解程度分析。
(3)说服购买产品的能力,受访者看了某广告后,购买该产品的欲望、受影响的程度。

到3月1日进行第二次一系列的随机电话访问,询问同样的问题。在样本是可比的前提下,对两次调查结果进行比较或研究,以确定可能发生的任何改变。此外,还可以了解到,第一次调查所发现的问题,在采取措施改正后,是否已得到了相应解决。

这种追踪研究一般可以在广告活动的约2个月的正常时间隔期内任何时间进行,而针对不同情况不同产品,追踪研究的间隔时间也可作相应调整。

追踪研究方法除采用电话式访问外,还可采用消费者日记和家中食品室查核两种方式进行。这是在广告目标是产生迅速的实际销售或力图有直接回应时所经常采用的追踪研究方法。

消费者日记被广告主用来记录在广告活动进行中其目标市

场中人们的行为。顾客或潜在顾客可能记入日记的活动有：所买产品的品牌、为不同活动所使用的品牌、品牌转换、媒介使用习惯、对竞争推广的暴露、使用折价券及其他的类似行动。广告主检查这些日记，可以了解广告信息是否被暴露于目标市场，以及这一暴露获得了什么效果。

家中食品室查核是让调查研究人员亲自到目标市场人士家中，询问消费者最近买了或用了什么品牌的产品，在某些情况下，还可以实际计点在其家中的产品或品牌并加以记录。这种查核可以在广告活动期间进行几次，并注意其购买习惯的变化情况。家中食品室查核方式还可以延伸出另一种相类似的被称为"垃圾箱法"的方式，也即要求消费者保留他们使用过的产品的空包装，然后由调查小组收集、点数并测定这些空包装，以此判定广告对消费者行为有无直接的影响。

三、事后测定

广告效果的事后测定是指在整个广告活动进行之后所作的效果测定。广告效果的事后测定是整个广告活动效果测定的最后阶段，是评价和检验广告活动的最终指标，是人们判断广告活动效益的依据。

广告效果的事后测定是对整个广告活动成果的评定，也即对广告活动达成预定计划与目标的测定。因此，广告效果的事后测定，基本上是采用目标测定法。就企业而言，一项广告活动要达成的目标可分为两大类：一是提高商品的销售额；二是改进商品或企业在消费者心目中的形象，即改进消费者对商品品牌或企业的态度。因此，广告效果的事后测定基本上也就是对广告销售效果的测定和对广告心理效果的测定。

（一）销售效果的事后测定

广告销售效果测定的实地调查法，是指根据广告商品在市场上的占有率、销售量及使用状况等的记录资料与同期广告量进行分析比较,以时间序列或相关分析来把握广告的总体效果。在实际广告测定中,应用较广的是事前事后测定法和小组比较法。

1. 事前事后法

事前事后法,就是实际调查广告活动前后的销售情况,以事前事后的销售额、利润额结合广告费等因素,作为衡量广告效果的指数。它具体包括以下几种方法:

(1)广告费用比率法。

销售(或利润)费用率＝本期广告费总额/本期广告后销售(或利润)总额×100%

单位费用销售(或利润)率＝本期广告后销售(或利润)总额/本期广告费总额×100%

从公式可看出,销售(利润)费用率越小,单位费用销售(利润)率越大,就说明广告效果越好。反之,则广告效果越差。

(2)广告效果比率法。

销售(或利润)效果比率＝本期销售(或利润)额增长率/本期广告费用增长率×100%

例如,某公司为配合旺季销售,第四季度投放的广告费比第三季度增长了40%,同时,第四季度的销售额比第三季度增长了20%。由此,可以计算出该公司广告销售效果比率为50%。

销售效果比率越大,说明广告效果越好。反之,则广告效果越差。

(3)广告效益法。

单位费用销售(或利润)增加额＝(本期广告后销售(或利润)总额－上期广告后(或未做广告前)销售(或利润)总额)/本期广告费总额

例如,某企业第三季度销售额为180万元,第四季度投入广告费0.8万元,销售额上升为200万元,则该企业单位费用销售增加额为25元,即每元广告费取得25元效益。

可见,单位费用销售(或利润)增加额越大,说明广告效果越好。

2. 小组比较法

小组比较法中常用的是广告效果系数法。

广告效果系数法:具体做法是在广告推出之后,广告经营者对部分媒体受众进行调查。调查以下两种情况:看没看过广告;有没有购买广告商品。假定调查结果如表7-1所示。

表7-1 广告效果测定表

	看过广告	未看过广告	合计
购买广告商品	a	b	a+b
不购买广告商品	c	d	c+d
合计	a+c	b+d	n

注:
a——看过广告而购买的人数
b——未看过广告而购买的人数
c——看过广告但没购买的人数
d——未看过广告又未购买的人数
n——被调查的总人数
(资料来源:杨柳、张慧婕、杨慧珠,2015)

从表7-1可以看出,即使在未看过广告者当中,也有 b/(b+d) 的比例购买了广告的商品,所以要从看过广告而购买的口人当中,减去因广告以外影响而购买的(a+c)×b/(b+d)人,才是真正因为广告而导致的购买效果。用这个人数除以被调查的总人数所得的值,称为"广告效果指数"(Advertising Effectiveness Index,AEI)。

(二)心理效果的事后测定

一种新信息的接受起码要经过三个过程,即注意、理解和接受。广告对消费者心理活动的影响程度,也就反映在对消费者认识过程、情感过程和意志过程的影响程度上。广告信息作用于消

第七章 广告效果测定

费者而引起一系列心理效应,这些心理效应是相互联系、相互促进的。一个广告的成功与否,与它是否有力地促进了消费者的心理效应有直接关系。因此,对广告心理效果的测定,可以直接在上述各种心理活动中进行。

广告心理效果的事后测定是建立在广告心理目标的基础上的,即建立在接触率、知名率、理解率、好感率与购买意图率等目标的基础上。根据广告心理目标的不同要求,可以采取许多不同的测定方法。较常用的方法有以下几种。

1. 认知测定法

消费者购买商品的心理活动,首先是从对商品的认知开始的。认识商品的过程,就是消费者对商品个别属性的各种不同感觉加以联系和综合的反映过程,这一过程主要是通过消费者的感觉、知觉、记忆、思维等心理活动来完成的。消费者的认识过程是购买行为的重要基础。认知测定法主要用来测定广告效果的知名度,即消费者对广告主及其商品、品牌的认知程度。其中,最有名的方法是丹尼尔·斯塔齐所倡导实行的读者率调查。

该调查方法系经由随机抽样选出调查对象,由调查员访问,如果所调查的是报纸,必须于该报发行次日实施,因为时间拖久,会受另一天报纸的影响,使记忆减弱。而如果是杂志则在下期出版之前实施调查。调查人员出示报纸或杂志,询问是否看过广告,如果回答肯定,再问:"有否读过这个广告的某一部分?"就这样,针对广告的各要素,即标题、插图、文案等,都加以询问。最后,根据调查结果将被调查者分为三类:

(1) 注目率,指该读者在报纸或杂志中曾见过某广告(即广告主所刊发的广告)。

(2) 阅读率,指该读者称他已充分看过该广告,知道广告中的商品及广告主企业为何人。

(3) 精读率,指该读者称已浏览过广告中 50% 以上的文字内容。

最后加以统计，便可决定这三类读者在广告费单位成本中每类所占的人数。当然，如果精读率项目下的读者数最多，自然就表示广告的效果最佳。这种测定法的结果，全得视读者对广告的认识与兴趣而定。当然，这种认知和兴趣与广告的各个组成要素都有极大的关联，测定者可以因此推断读者对标题、布局、色彩等要素的偏爱程度。

当然，这种方法也有其严重的缺陷，这一方面表现在其结果的有效性上，即调查结果完全建立在读者的记忆力及忠实程度上；另一方面表现在读者对于广告信息是否了解、接受，甚至于因相信而受到影响。这种方法无法提出令人满意的答案。

2. 回忆测定法

这种测定，较认知测定法向前推进了一大步，其目的在于广告的冲击力及渗透力。换言之，也就是要查明消费者能够回忆起多少广告信息，以及他们将商品、厂牌、创意与广告主联想在一起的能力，甚至于他们相信广告的程度。

这种测定的基本方式，是由访问员询问消费者所能记得其所见所闻关于某位广告主或其商品的情形。有时访问员给予消费者某种辅助，这就成了辅助回忆测定。最常见的方式便是让受访者在用来测定的杂志上，可以看到他所被问及的广告，再不然就是只让他看到杂志封面，并请他说出他记得的广告，然后再让他看列有品牌名或广告主名称的卡片，请他辨指哪些是他能记得的。对他所记得的，再询问其所知的广告布局及内容等。然后访问员将杂志打开，对该消费者作一番查证工作。这种询问越复杂，越见深度，所得情报也越多，也越能证实已刊发的广告是否有效。但是这种方法也有缺点，因为很少人有极强的记忆力，因此这种测定可能是强调广告引人注意的力量，而不是广告的说服力。

第三节 广告效果的类型测定

一、广告表现效果测定

广告表现效果测定主要是测试广告语言效果、广告画面效果、广告标题效果、广告创意效果、广告音响效果等。

（一）测试调查法

根据测试对象和方式的不同,测试调查法有以下几种：

1. 专家意见综合法

该方法是在广告文稿设计完成之后,邀请有关广告专家、心理学家和推销专家进行评价,多方面、多层次地对广告文案及媒体组合方式将会产生的效果做出预测,然后综合所有专家的意见,作为预测效果的基础。专家意见综合法是事前测定中比较简便的一种方法。

2. 直接测试法

这种方法是把供选择的广告展露给一组消费者,并请他们对这些广告进行评比打分。这种方法用于测定消费者对广告的注意力、认识、情绪和行动等方面的强度。虽然这种方法还不够完善,但一则广告如果得分较高,也可说明该广告可能是较为有效的。

3. 组群测试法

这种方法是让一群消费者观看或收听一组广告,对时间不加限制,然后要求他们回忆所看（或听）到的全部广告及内容,主持人可给予帮助或不予以帮助。他们的回忆水平表明广告的突出性及信息被了解或记忆的程度。在组群测试中，必须用完整的广告，以便能做出系统的测定。组群测试法一次可以测试5~10则广告。

4. 视镜研究法

视镜研究法（One-way Mirror）是在特别设计的测试室里进行的。测试室与准备室之间用一面单向视镜相连，准备室内堆放一些供受测者等待时阅读的杂志，主测者在测试室详细记录受测者所阅读该杂志的具体内容，有针对性地进行提问。这种方法取得的信息更为直观、可信。

5. 节目分析法

借助"节目分析器"（Program Analyzer），多位受测者以按键方式表示自己对所接触广告的喜好程度。根据仪器统计结果，来推断广告效果的好坏。

（二）投射法

广告原稿效果测定常采用实验测定的方式。投射法的设计方式使消费者得以在间接的、下意识的状态下反映出自己对某一理论中中立的刺激物的印象。这种方法具有间接性和隐蔽性，常用来测定广告受众的深层动机和欲望，多用于测试广告原稿中视觉要素的效果。

（1）完成投射法，是指提供部分文句或画面，要求受测者将其补充完整，以分析受众对广告的态度和倾向。

（2）文字联想法，是指提供相关广告词句或形容词，要求受测者进行自由联想或限定联想，如心情联想、印象联想、场所联想等。

（3）主题统觉法，是指要求受测者根据广告画面或广告词，想象、描述或解释其中的情景、人物关系等。

第七章　广告效果测定

(4)比喻推导法,是指要求受测者用比喻的方法想象某一产品或品牌,从而得出他们对该产品或品牌的潜在看法和感觉。

(5)SD测定法,是指针对某一商品形象或某一广告表现,要了解消费者的态度评价或感情好恶时,可用这一方法。SD测定法的通常做法是:排列若干意见相反的形容词,由调查对象加以选择,从中了解调查对象的态度。

(三)生理测量法

随着科学技术的进步,伴随人类心理效应变化而产生的生理变化测试仪也在不断地创新和完善。在广告界,作为一种辅助性手段,借助仪器测试广告作品效果的做法也多了起来。

1. 视觉流程法

视觉流程法是用一种眼球动向跟踪系统来监测眼睛在掠过广告作品时,关注广告作品各个部分的时间长短与顺序,以及瞳孔缩放状态和眼球的运动方向,由此分析广告作品的布局、插图及文案的合理性。

2. 皮电测量法

由于外界刺激能引起人汗量的增加,测试员利用皮电测量仪测试受测者在接触广告作品时因情绪卷入导致汗量增加而引起的电阻变化,借以判断其对作品的情绪变化。这种方法的适用范围较广,如广告音响效果、广告画面效果的测定等。

3. 瞬间显露测验法

该方法是利用电源的不断刺激,在短时间(1/2s 或 1/10s)内呈现并测定广告各要素的注目程度。如测定印刷广告中各广告要素的显眼程度、位置效果,文案的易读程度、品牌的识别程度。

4. 记忆鼓测验法

记忆鼓用来研究在一定的阅读时间内,人们对广告品的记忆量,从而估计出品牌名称、企业名称、文案的主要内容等易于记忆的程度。

5. 瞳孔计测验法

用有关设备将瞳孔伸缩情况加以记录统计,以测定瞳孔变化与兴趣反应之间的关系。这种方法多用于对电视广告效果的测定。

除上述实验方法外,还有认知列表、影院测试、调查车测验等,它们都是针对受测者对广告作品的注意和记忆情况进行有关测试,然后根据所取得的相应指标值,对广告作品的效果进行评价。

二、广告媒体效果测定

广告效果与发布广告作品的媒体直接关联。通过对广告媒体效果的测定,可以了解消费者的媒体习惯和了解有效到达目标消费群的媒体。由于广告可以利用的载体纷繁多样,不同的媒体都有各自的特点,因此对不同类型的媒体,应该采用不同的指标和方法进行测定。广告媒体评价指标中的到达率、暴露频次两个指标是测定媒体广告效果常用指标。以下介绍的是对不同媒体效果测定中常见的测定指标。

(1)广播、电视媒体效果测定,主要通过收视(听)率、毛评点来测定。目前电视方面的收视率调查主要有日记式调查法、电话调查法、机械调查法。

(2)报刊广告效果测定,主要通过发行范围、印刷量、发行量和读者结构、阅读状况(注目率、阅读率、精读率)等指标来测定。

(3)网络广告效果测定,主要通过访问量和回应率来测定。

三、广告传播效果测定

广告传播效果,又称"广告心理效果"或"广告沟通效果",其

第七章　广告效果测定

测定即对广告活动对目标受众心理的影响程度的测定。广告信息作用于消费者后会引起一系列心理效应,许多学者依据这些心理效应,提出不同的广告传播效果的层次模式。

(一)广告传播效果模型

1. DAGMAR 模型

DAGMAR 模型基于"知名—理解—信服—行动"的传播四阶段论,广告承担的传播任务是向消费者传达广告信息,并使消费者对广告信息在一定程度上有所了解,进而产生好感,采取行动。DAGMAR 模型要求在广告活动开始前,根据上述四个项目对消费者进行调查,作为比较参数。在广告活动开展后,定期对这四个因素进行测定,并与参数比较分析,其增减变化便是传播效果。

由于 DAGMAR 模型是围绕广告传播目标提出的,因此在实施目标管理上有着明显优势。但它是关于态度尺度的测定,隐性的不可控因素较多,在量化问题上比较难以掌握。就测定传播效果的总体程度而言,在广告效果测定中确实是一种操作性强的测定模式。

2. L&S 模型

L&S 模型是基于一种不同于 DAGMAR 理论的层级模型——"从知名到行动的发展"模式。后来有人对此模型进行了补充修订,提出了消费者最终采用其产品或服务前经过的"知名—了解—态度—认为合理—偏好—试用—采用"七个阶段模式,又称"采用过程模式"或"采用分级模式"。

L&S 模式是 DAGMAR 法的细化,但比后者更为明确,并提供了一个更好的建立及测定效果的方法。L&S 层级模式用于测定广告效果,可以归纳为四个项目,即知名与了解、回忆、喜欢、态度改变。

3. AIDAS 模型

美国广告顾问白德尔(Clyde Bedell)在早期 AIDA 模型基础上提出 AIDAS 模型(Attention-Interest-Desire-Action-Satisfaction)，又称"广告因果理论"或"有效广告理论"。

白德尔认为广告的效果是由广告主题、广告活动和其他广告以外的多种因素共同作用的结果，即广告效果＝广告主题＋广告活动＋其他外界因素影响。这种理论模式推动了测定广告效果思维方式的进展，但操作性不强。

(二)广告传播效果测定的常用方法

典型的态度变化调查采用在广告暴露前和暴露后对广告进行测试的设计方案。调查人员从目标市场中请来一些受测者，记录下他们在接触广告前对被测广告的品牌和竞争品牌的态度；然后，让他们接触实验广告和一些广告样本后再次测量他们的态度，以此推测特定广告版本在改变品牌态度方面的能力。

1. 语意差异法

语意差异法的基本原理是：准备几组关于公司或商品的正反形容词，如喜欢、厌恶、美丽、邪恶等，然后把这些形容词分为七个等级，要求受测者在等级标尺上标出自己对该公司或商品形象的态度。这样的调查便于获得受众对调查对象的大概印象，多用于测定商品、品牌、企业标识等。

2. 态度标尺法

态度标尺法也称为"桑士顿等距间隔法"。其基本工作原理是：人类对社会的态度复杂多变，在两个极端之间还分布着不同程度的态度。按照态度倾向的不同程度，人为地在态度标尺上划分出等距离的间隔加以区分，故称为"等距间隔法"。

3. 态度量表法

态度量表法是一种被广泛运用的问卷调查方法。其操作原理是：设计一份有 20 个左右问题的调查问卷；选项分为非常赞成、赞成、不确定、反对、坚决反对 5 个量度（甚至更多）；越正面的意见，分数比重越大，然后统计总分；分析结果时以总分之高低作为计算标准。

四、广告社会效果测定

广告社会效果是指广告刊播以后对社会产生的影响。广告作为一种大众传播活动，对社会、文化和人们的思想、意识及行为产生影响。人们在接受广告信息的同时，也改变着自身的思想、态度和行为。因此，测定广告的社会效果应该综合考察测定，它涉及社会伦理道德、风俗习惯等意识形态领域，因此很难用准确的量化指标对其进行衡量，而只能依据已经确立的法规或约定俗成的基本法则，定性的事前、事中与事后分析来评价它的社会效果。

（一）广告社会效果测定的原则

1. 真实性原则

发布广告应该以真实诚信为原则，向消费者实事求是地提供企业和商品的有关信息，不能弄虚作假，也不能只提供部分事实，故意隐瞒可能对消费者不利的信息。广告诉求内容的造假，不仅会侵害消费者的利益，而且也背离了社会伦理道德和精神文明的发展方向。所以，检测广告的真实性，是考察广告社会效果最重要的内容。

2. 合法性原则

广告的运作应该符合国家的各项法规政策。广告作为一种思想传播渠道和竞争工具,各个国家都对其设置了相关的法规条例,以确保广告活动在有利于本国稳定发展的轨道上运行。所以,广告的投放应该遵守该国或该地区的法规。当然也有一些国际公约性质的规则条例等,如《国际商业广告从业准则》是世界各地都要遵守的。

3. 社会规范性原则

广告宣传的社会效果必须合乎社会规范。由于不同地区、不同民族所体现的文化特征、风俗习惯、伦理道德等会有差异,因而也有不同的广告效果评判标准。总体来说,是否继承和弘扬民族文化,是否尊重民族习惯,是否遵循传统伦理道德等都是评判广告社会效果的重要尺度。

(二)广告社会效果测定的常用方法

广告发布之前,对其产生的社会效果进行测定、测定,可用专家意见综合法。让有关专家或消费者代表(意见领袖)对广告文案、图形、色彩及创意等要素,从社会文化观念、伦理道德、风俗习惯等角度进行评价,以确保广告刊播后能获得正面社会效果。

广告刊播之后,可采用来函、访问、问卷调查等方法,及时收集整理广大消费者的意见反映,分析研究社会公众对广告的态度、看法等,据以了解广告的社会影响程度,为进一步的广告活动决策提供参考意见。

第八章 广告管理

广告活动和其他经济活动一样,需要受一定的约束和限制。广告管理有两个所指,微观管理是指广告业的经营管理,属于广告公司的业务运作范畴;宏观管理是指国家、社会等对广告活动进行的指导、控制和监督。本章所讨论的广告管理是广告的宏观管理,也称为"广告规制"。

第一节 广告管理的范围与意义

一、广告管理的范围

广告活动不仅是一种经济活动,也是一种政治宣传活动。所以,广告管理所涉及的范围非常广泛,既涉及物质生产领域,也涉及上层建筑领域。广告管理不仅要最大限度地促进市场经济的发展,还要使广告活动符合我国的社会制度、民族习惯、精神文明建设等一系列要求,因此必须遵照党的宣传政策,开展对广告的管理工作。

广告管理还涉及再生产的各个环节,不仅与生产领域、流通领域的各项活动密切相关,而且直接关系到消费领域中广大消费者的利益。广告管理反映了国家的意志,而社会主义国家的意志又集中体现了全体劳动人民的利益,因此广告管理要顺应社会主义生产目的的要求,使广告活动符合广大人民群众的利益。

就具体的广告活动而言,凡在我国境内进行的广告行为,都属于广告管理的范围:在主体方面,包括任何广告主体实施的广告;在空间或来源方面,包括一切国内实施的广告,其中有内商广告和外商广告两部分;在经营行为方面,包括各种经营方式和手段;在广告内容方面,包括所有的广告信息和表现形式。总之,哪里有涉及广告的经济活动,哪里就有广告管理。

二、广告管理的意义

广告管理是伴随着广告业的发展、广告活动的进步而产生并逐步健全的。加强广告管理对于广告行业自身、经济繁荣、社会文明等各方面,都具有重要意义。具体来说,广告管理的意义体现在以下几个方面:

(一)有利于保证广告业的健康发展

随着我国改革开放的持续以及市场经济的繁荣,我国广告业得到迅猛的发展。广告在发展的过程中,不可避免地会出现一些消极现象和不健康因素,如果放任自流不加以重视,势必会阻碍我国广告业的进一步健康发展。从这个角度来说,广告管理是国家发展广告业的方针、政策得以落实的具体措施和手段,只有通过法律、行政以及其他手段加强管理,才可能抑制各种消极现象和不利因素,排除障碍,推动广告业沿着健康的轨道运行。

(二)有利于规范广告活动

广告是商品竞争的产物,是社会经济生活的重要组成部分,只有对广告活动进行规范化管理,才能保护广告活动顺利进行,维护广告市场秩序,进而为加强社会经济秩序的管理做出贡献。规范广告活动有最基本的要求,如不得危害国家和社会公众利益;不得以任何借口在经营中侵害他人利益;任何广告交易行为都应当平等、自愿,遵守公认的商业道德;遵守国家制定的、统一

第八章 广告管理

的广告管理制度,包括广告市场准入的登记许可制度,广告审查与收费制度等。广告事业要能为国家的经济发展、社会进步发挥积极作用,首先就应达到这些基本要求。因此,有必要加强对广告活动规范化的管理。

(三)有利于保护消费者的合法权益

广告作为信息传播的重要手段,与人们日常生活息息相关。广告合法与否、健康与否都直接影响着消费者的利益。广告管理就是要对广告传播行为进行监督,对广告活动主体的各方严格要求,使广告主、广告经营者和广告发布者从思想上、认识上能够重视发布违法广告的危害和后果。此外,广告管理能震慑和打击各种广告违法行为,从而保障消费者和用户的合法权益。可以说,保护消费者合法权益是广告立法与广告管理的最终目的。在现实广告活动中,尽管广告管理部门做了大量工作,但利用广告散布虚假信息、坑骗广大消费者的现象仍时有发生,这也从反面说明,广告管理必须加强,不可松懈。

(四)有利于维护社会经济秩序

良好的社会经济秩序不仅是社会经济活动正常运行的前提,也是社会稳定和市场繁荣的基本保障。广告作为一种竞争手段,其形式与内容是否合法,对社会经济秩序有着直接的影响。广告管理就是依法管理广告市场,使工商企业和广告经营企业的合法经营得到保护。如果广告活动处于混乱无序状态,就必然会扰乱市场秩序,侵害社会经济生活。完善广告法规,加强广告管理,就能在保护企业的合法权益,抵制不正当经营,促进竞争,推动经济发展等方面产生积极作用。

(五)有利于推动健康文化建设

广告对于信息传播所发挥的作用是多方面的。广告作为一种文化现象,在社会文化领域起着日积月累、潜移默化的效果。

其中也有负面的传播效果,如果不引起注意,其后果是很严重的。因此,保证广告从形式到内容都健康向上,是关系到建设和谐社会、发展社会主义文化事业的大事。许多虚假广告给消费者和社会带来了经济上的、精神上的危害,一些内容龌龊、污秽的广告也时有出现,毒化着社会空气,污染了人们的生活环境。至于街头巷尾传散的小广告,也亟待严格管理。而广告内容中所流露的不健康、不道德的信息,更需要引起深层次关注。这些仅依靠行政主管部门管理是不够的,还需要全社会的投入。

(六)有利于保证国家对广告业的统一领导

从目前来看,我国的广告业在所有制、经营渠道、经营方式等方面都存在诸多差异。为了使从事广告活动的各部门、企业间协调发展,国家必须通过法律及行政等手段,加强对各广告经营部门的领导与管理,健全组织管理机构,以确保各广告经营部门和单位都纳入国家统一领导和管理的监督之下,认真执行国家的广告仿真、政策、法律、规章,促进我国广告事业健康、有序发展。

第二节 广告管理的内容与方法

一、广告管理的内容

(一)维护广告的真实性

广告是为消费者购买提供一种依据,做出一种承诺,与消费者的切身利益密切相关,因此广告必须做到真实。维护广告的真实性是广告管理最重要的内容之一。从广告内容来看,广告主要分为真实性广告和欺骗性广告两大类。

1. 真实性广告

对企业来说,真实性广告是提高企业信誉、树立良好形象的关键因素之一。真实性广告是企业在市场经济条件下生存与发展的前提。但究竟什么样的广告才算是真实的广告,我们在判断时往往很难把握。总体来说,真实性广告应该是内容实事求是,承诺可以实现,而且作为一个整体不会给人造成误解的广告。

根据《中华人民共和国广告法》的规定,广告真实性的主要要求如下所述:

(1)广告内容必须清晰明白,实事求是。

(2)不得以任何形式弄虚作假,蒙蔽或欺骗用户和消费者。

(3)有缺陷的处理商品、试制和试销商品,都应当在广告中注明,不得使人误解。

美国联邦最高法院对广告的真实性的规定如下所述。

(1)不仅广告的每段叙述文字都应是真实的,而且作为一个整体也不应让人产生误解。

(2)广告不得模糊或掩盖事实真相。

(3)不得设法在广告中使读者对辞藻的真实含义或对一项许诺的内容产生忽视和误解。

(4)广告不得施展圈套伎俩来博取人们的购买行动。

总体来说,要保证广告的真实性,必须认真遵守以下原则:

(1)实事求是,不随意夸大商品的优点或特点。商品在某些条件下可能会对消费者生理或心理造成损害的,必须在广告中注明。

(2)广告表现不能给人造成错觉或误解,要坚持艺术性和真实性的统一。

(3)广告主的许诺必须是有根据的、能够实现的。

(4)有关商品知识的宣传是正确的。

(5)广告不能用给消费者设圈套的办法达到销售目的。

2. 欺骗性广告

凡是广告内容与事实不符,广告主的许诺没有兑现的广告都属于欺骗性的广告。具体来说,欺骗性的广告又分为诈骗性广告和不真实或失真广告。

(1)诈骗性广告。

诈骗性广告是指广告主、广告制作单位或人员在主观上就存在要欺骗消费者的意识。诈骗性广告虽然一直在被取缔,却从未杜绝。根据美国联邦贸易委员会(FTC)每年对广告的审核,总有约20%的诈骗性广告存在。[1]

在诈骗性广告中,广告主主要有以下表现:

①做出根本不可能实现的或根本不准备实现的许诺,"许诺"本身是欺骗和"吸引"消费者购买的手段。

②把质量低劣的商品说成是优质商品,如利用虚假的消费者"感谢信"进行欺骗。

③有意夸大商品的优点或用途,利用文字游戏等愚弄消费者。

④隐瞒商品的重大缺陷,特别是那些会给消费者生理或心理造成严重危害的缺陷,常见于药品、食品、低压电器、服装鞋帽等的假冒伪劣商品广告中。

⑤利用消费者缺少商品知识愚弄消费者,如在产品上胡乱标上高科技术语,在国产商品中只印英文说明书等。

⑥利用广告使消费者产生某些恐惧心理或不健康心理,消费者为了解除恐惧,只能购买所推荐的商品。

在诈骗性广告中,广告制作单位、媒体单位主要有以下表现:

①用含混不清的表现使消费者产生错觉。比如,某一产品2008年曾获奖,2014年又获奖,于是在广告上写某产品2008—2014年获奖,使人产生错觉,误认为该产品2008—2014年每年都获奖,而不是只有两次。

②用夸大的表现方式使消费者形成错误概念。适当使用夸张可以使商品的某些特征或优点得到强化,给人留下深刻印象。

---

[1] 苗杰.现代广告学[M].北京:中国人民大学出版社,2015:62.

但任何使事实扭曲的夸张或造成广告不能准确传递信息的夸张,就是错误的,有的甚至构成诈骗。

③无原则地与广告主勾结,共同欺骗消费者。很多诈骗性广告的出现与广告制作单位、媒体单位有直接关系。

④用广告表现制造消费者的恐怖感,也是广告制作单位"创意"的结果。

(2) 不真实或失真广告。

不真实或失真广告也很常见,它是指虽然广告主和广告制作单位在主观上并无欺骗意图,但在客观上已造成有违事实的和具欺骗效果的广告。这类广告产生的主要原因如下所述:

①广告主对自己的产品过分自信,这一般是由于缺少市场调查造成的。

②广告主忽视或根本不了解产品在使用过程中可能会给消费者带来的损害。

③低水平的广告制作造成的广告失真。

④因理解差异造成的广告失真,这是很常见的现象。换句话说,广告主/广告制作人员与消费者对同一产品及其表现可能会产生理解上的差异,最终导致广告不真实或失真。因此,要重视对消费者心理与理解能力的调查。

⑤广告媒体对广告表现的限制也是造成不真实广告的重要原因。广告的播放时间和版面都受很大限制,在有限的时间内以及在有限的版面上完全讲清楚一个问题是很困难的,因此往往只注意强调一面,而忽视另一面。此外,媒体的传真程度的限制会造成广告的失真。

⑥广告中使用了最高级、国家级、最佳等用语,从而使消费者产生错觉。

从上述分析来看,不真实或失真广告很大一部分是可以通过主观努力和科学管理来避免的。因此,在策划和制作广告作品时,要予以高度重视。如果一个企业有过硬的产品,却因为传播了不真实的广告,从而给消费者留下不良印象,那将是得不偿失的。

（二）保护广告业的正当竞争

广告管理的目的不是限制广告业的发展,而是通过防止、处罚和取缔无序的、非法的广告活动,促进广告行业的正当竞争。

保护和促进广告竞争,其中一个重要的问题就是如何看待比较广告。所谓比较广告,是指含有对比内容的广告,即通过选取某一个、某一类产品或者服务进行对比,用以说明产品、服务优点或者特征的广告。这是富有竞争性的广告。比较广告在美国较为盛行,在世界范围内也有大力发展的趋势。

我国业内对比较广告则有不同的看法,大体持乐观和悲观两种态度。持乐观态度的人认为,比较广告可使企业更科学地去分析自己所处的市场,更明确地树立自己的优势和长处;同时,能使消费者获得更多商品信息,有更充分的比较挑选的余地。也就是说,比较广告最终获益最大的是消费者。但是也有人对比较广告表示出了担忧,其中最大的问题就是如何保证广告公平、公正,不产生误导。此外,比较广告有可能导致市场次序重排。因此,比较广告除应符合一般广告的基本准则,还应符合下面一些特殊的要求:

(1)比较广告所涉及商品应当是相同的商品或可类比的商品,即属于同一竞争领域内的商品,比较之处应当具有可比性。

(2)对比的内容应以具体事实为基础,并且这些事实是可以证明的。

目前,我国对比较广告的运用还有一定的限制。相信随着我国广告业日益成熟,这种形式的广告应用会更广泛,从而在我国广告信息传播中发挥更大的作用。

（三）正确引导消费者

如今,广告充斥着人们生活的方方面面,对广大消费者产生着越来越大的影响。广告不仅向消费者提供有关生活的信息,从而为其消费活动创造便宜,还影响着消费者安排资金的投向,影

响其价值观念的变化和对生活的态度。因此,如何正确引导消费者是广告管理的重要内容。具体来说,应从以下几个方面做出努力:

(1)广告不能违反保密规定。

(2)广告不能影响人们的正常生活、学习、娱乐和休息,不能造成噪音污染和环境污染。

(3)广告应维护民族尊严,自觉弘扬民族精神,树立民族自尊心,反对无原则地崇洋媚外。

(4)广告的发展应与我国经济发展相适应,为整个经济发展战略做出自己的贡献。

(5)对那些反动、污秽、丑恶、迷信等内容的广告,应坚决予以清除和取缔。

(四)提高广告发布的质量

提高广告信息发布的质量也是广告管理的一个重要内容。通常来说,大众传播媒体和其他媒体是广告信息的发布者,在广告业比较发达的国家和地区,对广告媒体这一部分的管理相当严。具体来说,可以从以下几个方面做出努力:

1. 报刊发行量的认定和管理

报纸和杂志的发行量大小与这一媒体的广告效果、广告价格等有很大关系。因此,无论是从商业交易行为来说,还是从行业道德而言,报刊都有必要向社会、企业以及广告公司等公布真实无误的发行量数字。但如何对报刊的发行量进行认定,涉及一个管理问题。目前,我国大多数报刊社一般是自行发布发行量,这种办法不够科学和公正,缺少管理和监督。广告业比较发达的国家和地区都建有报刊发行量核查机构,即 ABC 制度,站在第三者的立场上,检查确认有关报刊已经公布的发行数字,以做到公正、真实。这种做法值得借鉴、参考。

2. 收视(听)率的调查和发布

与印刷媒体一样,广播电台和电视台各时段、节目的收视(听)率,有很多也是媒体自身或与媒体有关的机构组织调查、发布的,这同样缺少客观性和公正性。收视(听)率的调查,应该由不隶属于任何媒体的调查公司(机构)来进行,也可由广播电台和电视台委托。近年来,我国有关收视(听)率的调查与发布已有很大改进,但尚需进一步完善。

3. 广告发布量的规定

媒体应该以多少时间或空间发布广告,广播电视每次插播广告的时间和次数,以及赞助节目广告应该有什么要求,目前我国尚没有明确的规定,应该补充、制订有关办法,以保护消费者和广告主的利益。例如,应对报刊社最多可以销售多少版面的广告做出具体的规定;应对广播电视广告播出总量的比例有恰当的限制;应对哪些频道、时段不能播放广告予以明确;应对广播电视节目赞助广告的时间规定适当的比例;应对插播广告的时间和条数提出具体要求。可参照国外广告业比较发达的国家的做法,加强这方面的管理。

4. 媒体刊播广告的考察与管理

广告排期确定以后,媒体是否能按照计划全部、完整地刊播广告,也有一个核实、验证的问题。随着广告市场的竞争加剧,这个问题更需重视。国内外都有误登、漏播而影响广告效果的现象发生。为杜绝这种现象,除各广告经营单位加强自律外,建立一套行之有效的管理制度也是很有必要的。

二、广告管理的方法

(一)法律管理

广告的法律管理是指工商行政管理部门和其他有关部依据

《中华人民共和国广告法》及其他政策、法规,对广告活动的参与者进行监督、检查、控制和协调、指导的过程。[①] 我国的广告法律体系由《中华人民共和国广告法》和相关法律、广告单行法规、广告行政规章等几部分组成。

1. 广告法规的主要法律规定

广告法规对商品、服务广告的基本要求包括如下七个方面:
(1)广告不得有的情形。
①使用中华人民共和国国旗、国徽、国歌。
②使用国家机关和国家机关工作人员的名义。
③使用国家级、最高级、最佳等用语。
④妨碍社会安定和危害人身、财产安全,损害社会公共利益。
⑤妨碍社会公共秩序和违背社会良好风尚。
⑥含有淫秽、迷信、恐怖、暴力、丑恶的内容。
⑦含有民族、种族、宗教、性别歧视的内容。
⑧妨碍环境和自然资源保护。
⑨法律、行政法规规定禁止的其他情形。

(2)为了切实保护消费者的合法权益,防止利用广告对消费者进行欺骗和误导,《中华人民共和国广告法》做出了一系列的规定。规定广告中对商品的性能、产地、用途、质量、价格、生产者、有效期限、允诺或者服务的内容、形式、质量、价格、允诺有表示的,应当清楚明白。表明附带赠送礼品的,应当标明赠送的品种和数量。使用数据、统计资料、调查结果、文摘、引用语,应当真实、准确,并表明出处。涉及专利的应当标有专利号和专利种类;禁止使用专利申请和已经终止、撤销、无效的广告。

(3)为了维护公平竞争秩序,《中华人民共和国广告法》规定:广告不得贬低其他生产经营者的商品或者服务。

(4)在广告的表现方面,广告法规规定广告应当具有可识别

---

① 陈培爱.现代广告学概论(4版)[M].北京:首都经济贸易大学出版社,2017:328.

性,能够使消费者辨明其为广告。同时特别规定,大众传播媒体不得以新闻报道的形式发布公告,通过大众传播媒体发布的广告应当有明显的广告标记,与其他非广告信息相区别,不得使消费者产生误解。

(5)对药品、农药、烟酒制品、食品、化妆品等与人的健康和人身、财产安全密切相关的商品广告,广告法规作了更为严格的限制和规定。

(6)广告法规对重点商品广告如医药广告、烟酒广告、食品广告等作出了规定。

(7)对广告主、广告经营者与发布者做出了法律规定。广告主自行或委托他人设计、制作、发布广告时,应具有和提供真实、合法、有效的证明文件。广告经营者、广告发布者应当按照国家有关法律,健全广告业务的承接登记、审核及档案管理制度。

2. 广告违法行为的法律责任

法律责任是指行为人对其实施的违法行为及其所造成的危害所承担的法律规定的后果。

(1)主要的广告违法行为。

在广告活动中,出现以下行为要受到处罚或追究刑事责任:

第一,无照经营。

第二,不正当竞争。

第三,超越经营范围。

第四,虚假广告。

第五,不履行验证手续。

第六,冒牌新闻广告。

第七,发布禁止的研究广告。

(2)广告违法行为的行政法律责任。

广告行政处罚类型主要包括七种:停止发布广告;责令公开更正;通报批评;没收非法所得;罚款;停业整顿;吊销营业执照或广告经营许可证。

(3)广告违法行为的民事法律责任。

广告违法行为的民事法律责任是指广告活动主体从事广告违法行为致使用户或消费者遭受损伤或者有其他侵权行为应当承担的赔偿责任。广告违法行为的民事法律责任的承担者有时是一个行为人,有时可以是一个以上的行为人。数个行为人的广告违法行为适用连带赔偿责任。根据广告管理法规的规定,无论是一个还是数个广告违法行为的主体,只要造成他人损害,当事人即可向人民法院起诉,请求人民法院处理、裁决,以赔偿损失。

(4)广告违法行为的刑事法律责任。

广告违法行为的刑事责任是指广告活动主体从事的违法行为性质恶劣、后果严重、非法所得款项数额较大,已经构成了犯罪所应承担的责任。对于构成犯罪的,广告管理机关应及时移交司法部门追究其刑事责任。被追究刑事责任的主体只能是自然人。

(二)行业自律

从某种程度上来说,加强广告行业的自律比广告活动的他律(行政管理和监督)有着更重要的意义。广告主体包括广告主、广告经营者和广告发布者,如果能对广告活动进行自我约束,自觉遵守国家各项法规、政策,服从工商行政管理部门的指导、检查和监督,就从根源上解决了不正当、不合法广告的问题,降低了广告管理的难度。

1. 广告行业自律的概念与特点

广告行业自律又称"广告行业自我管理",它是指广告从业者通过章程、规则、规范等形式进行自我约束和管理,使自己的行为更符合国家法律、社会道德和职业道德的要求的一种制度。广告行业自律主要通过建立、实施广告行业规范来实现,行业规范的贯彻和落实主要依靠行业自律组织进行。

广告行业自律是广告业发展到一定阶段的产物,是广告业发展成为独立的经济行业后的必然结果。一般来说,广告行业自律由广告行业自律组织和广告行业自律规则两个方面组成。广告行业自律的特点主要有以下几个：

(1)广泛性。

广告行业自律调整的范围比法律、法规调整的更加广泛。广告活动涉及面广且不断发展变化，广告法律、法规不可能把广告活动的方方面面都规定得十分具体。而行业规范可以做到这一点，它不仅在法律规范的范围内，而且在法律没有规范的地方也能发挥其自我约束的作用。可见，广告行业自律是限制广告法规所不能约束的某些行为、思想和道德的重要武器。

(2)自愿性。

遵守行业规范，实行行业自律，是广告行业经营者自愿的行为，不需要也没有任何组织或个人的强制，更不像法律、法规那样，由国家的强制力保证实施。他们一般是在自愿的基础上组成行业组织，制定组织章程和共同遵守的行为准则，目的是通过维护行业整体的利益来维护各自的利益。

(3)灵活性。

广告行业自律的灵活性是指广告主、广告经营者、广告发布者和广告行业组织在制定广告行业自律规章、公约和会员守则等自律规则时，具有很大的灵活性。只要参与制定该自律规则的各方面统一认识，可以随时制定自律规则，还能根据根据客观情况的变化和现实需要，随时对自律规则进行修改和补充。与此相比，法律的制定、修改或废止要经过多道法定程序，因此也严格得多。

(4)道德约束性。

就广告行业自律的运作方式而言，广告行业的自律，一方面来自于广告主、广告经营者和广告发布者自身的职业道德、社会公德等内在修养和信念，即广告主、广告经营者和广告发布者不仅主动提出了广告行业自律规范，而且要自觉遵守；另一方面来自一些具有职业道德、社会公德等规范作用的广告自律章程、公约、会员守则等对广告主、广告经营者和广告发布者的广告行为

第八章 广告管理

的规范和约束。它主要借助职业道德、社会公德的力量和社会舆论、广告业同仁舆论的力量来发挥其规范与约束作用。即使广告主、广告经营者和广告发布者有违反广告自律规则的行为,也只是在广告行业内部,通过舆论和批评教育等方式,对其行为加以规范与约束。

2. 广告行业自律的重要意义

广告行业自律作为广告监督管理工作的必要补充,在增强广告业的社会责任感、抵制不正当竞争、维护广告行业的健康发展方面,具有重要意义。

(1)行业自律是广告行政法规管理的必要补充。广告行业自律虽然与行政法规管理一样,都是为了促使广告行业的健康发展,但自律的方式是建立在自律规则的基础上,其最基本的出发点就是自愿。此外,不同于行政法规管理,行业自律可以运用行业规范和社会舆论来制裁违约者。

(2)行业自律是广告行业健康快速发展的保证。从广告行业相对发达的国家的情况来看,每个广告发展较好的国家如美国、日本等都有一个良好的广告行业自律体系。随着我国社会主义市场经济的进一步发展,行业自律将发挥越来越重要的作用。

(3)行业自律是避免广告纠纷,保护行业利益的最佳途径。广告行业的飞速发展带来了广告业的繁荣,同时引发了许多社会和道德问题,如虚假广告等,其结果必然是受到法律的处罚。为了避免广告纠纷,保护行业利益,广告行业的自律是必不可少的。广告组织通过促使其成员熟悉《中华人民共和国广告法》及各种具体实施办法和法规,使广告经营者自觉加强自律,正确、科学地进行广告操作,杜绝广告中的违规现象,避免广告纠纷的发生。

3. 广告行业组织

行业自律首先要成立行业组织,这通常是以建立行业协会的形式出现的。我国目前最大的广告行业组织为中国广告协会,成立于1983年12月。中国广告协会作为中国广告界的行业组织，是具有法人资格的社会团体，接受国家工商行政管理局的指导。根据《中国广告协会章程》(1994年12月7日第四次会员代表大会修订)，中国广告协会的主要任务包括以下几项：

(1) 宣传贯彻有关广告管理法规、政策，协助政府搞好行业管理；反映会员单位的意见和要求，就有关广告管理、行业规划向政府提出建议。

(2) 开发信息资源，建立信息网络，为会员单位和工商企业提供经济、技术、市场、行业等方面的信息服务。

(3) 开展国内外人员培训和学术理论研究，提高广告从业队伍的思想水平、理论水平、政策水平和业务能力。

(4) 建立广告发展基金会，为促进广告行业健康发展提供资金支持。

(5) 组织开发、引进和推广国内外先进技术、设备、材料和工艺，举办本行业的全国性和国际性展览会、展销会，提高广告设计、制作、发布水平。

(6) 开展国际交流与合作，吸收引进先进技术、设备和管理经验，代表和统一组织中国广告界参加国际广告组织及活动。

(7) 开展行业资质检评活动，向社会推荐资质优秀的单位，促进会员单位不断提高经营管理水平。

(8) 加强行业自律，建立和维护良好的广告经营秩序，反对不正当竞争，坚持广告的真实性，提高广告的思想性、科学性和艺术性；向社会提供广告行业的法律咨询服务，调解行业内、外部纠纷。

除中国广告协会以外，成立于1981年8月21日的中国对外经济贸易广告协会也是在全国较有影响力的行业组织。

4. 广告行业自律规则

世界上最早的国际性广告行业自律规则，是20世纪60年代国际广告协会发表的《广告自律白皮书》。它的发表对世界广业发展的影响巨大而深远,成为世界各国制定本国广告行业自律规则的主要参考文件。

新中国成立之前,我国许多报馆的广告简章都含有自律条款,如声明"有伤风化及损害他人名誉,或迹近欺骗者,概难照登"等。20世纪20年代,全国报界联合会通过了《劝告禁载有恶影响于社会之广告案》,同时呼吁该会各报一律罢载各种不良广告。

新中国成立后,特别是《广告管理暂行条例》以及其施行细则发布之后,许多广告经营单位都按照要求制定了本企业的自律条文。其中,以中国广告协会的自律规则的影响最大。此外,在广告行业内部,许多广告主、广告经营者和广告发布者根据自身特点,分别制定了各自的自律规则,成为其进行自律的依据。

(三)广告社会监督

广告的社会监督是指来自人民群众通过某些社会组织和社会团体、舆论机关、各种群众自治组织或公民自行对广告活动的各个方面的监督。[1] 社会监督主要包括新闻舆论监督、消费者监督和群众监督等,其中以消费者监督为主。这里我们主要介绍新闻舆论监督和消费者监督。

1. 新闻舆论监督

随着大众传播事业的发展,新闻舆论的社会作用越来越重要,它在揭露虚假广告、促进广告健康发展方面,具有极其重要的作用。特别是当它和消费者协会工商管理部门联合起来后,对广告的监督作用更加强大。具体来说,新闻舆论对广告的监督方式主要有下面两种:

(1)通过舆论监督,开展新闻揭丑活动。把虚假广告和其他各种违法广告通过大众传媒公之于众,揭露违法广告的意图,指出其违反的广告法规,让人们了解违法广告的真面目。这样,违

---

[1] 倪宁.广告学教程(4版)[M].北京:中国人民大学出版社,2014:304.

法广告就会失去市场,广告主、广告经营者、广告发布者都得不偿失,以后自然不敢再贸然策划、制作、发布违法广告。可见,新闻舆论监督对于净化广告市场是极其有益的。

(2)宣传优秀广告活动和广告作品。这种活动对于广告从业者交流创作体会,提高广告活动的宣传艺术水平有巨大的推动作用。例如,每年由中国广告协会举办的"中国国际广告节",其优秀的广告作品吸引了众多的广告界人士参与,作品水平一年比一年提高,有力推动了中国广告业科学与艺术水平的提升。

2. 消费者组织监督

消费者组织监督是指消费者组织从保护消费者的利益出发,对广告进行日常监督,向有关部门投诉违法广告,同时针对广告活动中存在的问题,向有关管理部门提出建议。[①]

消费者组织监督最早起源于西方的保护消费者运动。第二次世界大战后,消费者运动在世界范围内蓬勃发展,消费者的地位受到世界各国政府经济主管部门的重视。1960年,国际消费者联盟组织成立,各国消费者保护组织便开始发展起来。消费者组织是依法成立的对商品和服务进行社会监督的保护消费者合法权利的社会团体,是公众进行广告监督的主要工具。目前,全世界已有30多个国家成立了消费者组织,它们在保护消费者合法权益、促进商品生产发展以及促进整个社会经济繁荣等方面发挥着越来越重要的作用。

(1)美国的消费者组织。

美国消费者运动发起较早,1914年就成立了经营改善协会,后来成为美国消费者保护运动的最主要机构之一。经营改善协会对消费者的咨询提供比较详尽的解答,其活动目标主要有:防止扰乱正常商业秩序和揭露虚伪广告宣传,保护消费者合法权益;调查虚伪、欺骗广告和销售手段,并予以揭发。

---

① 陈培爱.现代广告学概论(4版)[M].北京:首都经济贸易大学出版社,2017:340-341.

经营改善协会在美国有 100 多个分支机构。凡是加入它的组织或团体必须具备以下条件：独立的非营利团体，不得成为政府或营利性事业的一部分；了解经营改善协会的工作并能实行的；经营改善协会的经营者和资金部门必须保持独立。

除了经营改善协会，消费者同盟也是美国重要的消费者运动机构，它的一项重要工作就是从事商品比较试验，并将结果向消费者公布供其购买商品时进行识别。此外，美国是世界上第一个查处互联网广告欺诈案的国家。

（2）日本的消费者组织。

日本民间有日本消费者协会、日本广告协会、主妇联合会和广告审查机构等，在推广商品知识、提高消费者对自身权益的认识、揭发欺骗性广告和保护消费者方面起着很大作用。日本消费者组织制定了消费者运动六大原则，具体内容如下：

①尊重消费者意志。

②确保消费者在丰富的商品中能自由选择。

③确保公开竞争。

④加强消费者的社会责任感。

⑤完善消费者组织。

⑥正确普及商品知识。

（3）英国、法国、德国的消费者组织

英国消费者协会从 1957 年开始实施对各种商品的检验和试验，并向消费者提供优质商品资料。

法国消费者协会成立于 1951 年，是法国消费者利益的主要代表。其主要活动包括对消费者提出的问题，如商品、价格、质量及使用方法等进行调查研究，并提供资料。

德国于 1953 年成立消费者联盟，主要以主妇同盟和消费者团体作为活动中心，出版《购物指南》等有关消费者的定期刊物，并通过电台、电视台对消费者进行商品知识教育。此外，德国的商品检验基金会在消费者和商品生产者中具有很大的权威性，其出版的《测试》杂志由于公正、客观和科学而享有很高的威望。

(4)我国的消费者组织。

我国于1984年12月成立中国消费者协会,由各人民团体、有关部门,各省、自治区、直辖市以及各有关方面消费者代表组成,标志着我国消费者运动的开端。此后,我国消费者组织进入全面发展的阶段。中国消费者协会是代表我国广大消费者利益的组织,其宗旨是:对商品和服务进行社会监督,保护消费者的利益;指导广大群众的消费,促进社会主义市场经济的发展。1994年1月1日,我国正式实施《中华人民共和国消费者权益保护法》,中国消费者协会真正开始有法可依。

具体来说,中国消费者协会对消费者的权利进行了以下概括:
①了解商品和服务的权利。
②选择商品和服务的权利。
③获得商品和服务安全、卫生的权利。
④监督商品和服务价格、质量的权利。
⑤对商品和服务提出意见的权利。
⑥受到商品和服务损害时索取赔偿的权利。

中国消费者协会及各地的分会在工作中与工商行政管理、商品检验、标准化、物价、卫生等部门保持密切的联系,并得到了它们的协助和支持。中国消费者协会出版了自己的刊物,并建立了网站。

第三节 广告准则与广告审查

一、广告准则

(一)广告准则的意义

广告准则又称"广告标准",它是指发布广告的一般原则与限制,是判断广告内容是否合法的依据,也是广告法律、法规规定的广告内容与形式应符合的要求。广告准则对广告活动具有重要

第八章　广告管理

意义和作用,主要体现在以下几个方面:

(1)可以规范广告活动行为。广告设计者、广告制作者策划、制作、设计的广告内容和形式应当符合广告准则的要求。广告主自行或者委托他人设计、制作广告应当具有或者提供真实、合法、有效的文件,以确认广告内容的真实性。广告经营者应当依据国家有关规定查验有关证明,核实广告内容是否符合广告标准。

(2)是广告发布者审查广告内容和形式的依据。广告发布者在发布广告之前,应当依照法律、法规的规定,审查广告内容真实性的证明文件,审查广告内容和形式是否符合广告准则,以决定是否发布某一则广告。

(3)是广告审查机关进行广告审查的依据。对于一些涉及人体健康和人民财产、生产安全的特殊商品广告,应当进行事先审查方能发布。广告审查机关必须在发布前依照广告准则以及法律、法规的其他有关规定,对广告内容进行审查,未经审查或者审查不符合有关规定的,不得发布。

(4)是判断违法广告的重要依据。广告监督管理机关对已发布的广告有事后监督的责任,广告监督管理机关应当依据广告准则及其他规定,对已发布的广告进行监督,查处违法广告。

(5)是司法审判的重要依据,司法机关需要依据广告准则对有关广告诉讼案件进行审判。

(二)广告准则的内容

1. 一般广告准则的内容

广告准则可以分为一般的广告准则和专门的广告准则,这主要是基于广告准则作用的范围以及重要性的不同划分的。一般的广告准则是一切广告的内容和表现形式所必须遵守的最根本的原则,它适用于所有的广告,贯穿广告活动的始终。其主要表现为广告管理法律、法规对一切广告内容和形式的要求,以及对广告内容和形式的限制的禁止性规定。具体来说,一般广告准则的内容如下所述：

(1)广告内容必须真实。

广告内容应真实地、客观地传播有关商品或服务的信息,不能传播虚假信息欺骗受众,或对受众产生误导。具体来说,广告的真实性主要表现在以下几个方面：

①商品的质量、价格、生产者、产地及允诺必须具有真实性。

②对服务的形式、质量、内容、价格、允诺要真实。

③广告使用数据、统计资料、调查结果、文摘、引用语应当真实、准确并表明出处。

④广告中表明推销商品、提供服务附带赠送礼品的,应当标明赠送的品种和数量。

(2)广告要能促进文明建设。

广告内容必须符合社会主义建设事业的总体要求,为社会主义精神文明、物质文明、政治文明服务,确保广告的社会效益。

首先,广告一方面要具有给人以一种美的、艺术上的享受的作用,另一方面要完成商品或服务的宣传作用。广告内容应对全社会的人民有利,符合社会主义精神文明建设的要求。

其次,商品和服务的质量关系到企业的兴衰、社会的整体利益、国家的经济发展水平和总体形象,是一项至关重要的问题。广告是与商品服务有关的活动,因此应该努力促进提高商品和服务的质量提高,做出应有的贡献。

再次,广告的目的是让更多的消费者来扩大消费,满足消费者日益增长的物质和文化需求。广告传播应将消费者的合法权益摆在首位,不得妨碍社会安定和危害人身、财产安全,损害社会公共利益。

最后,广告也是开展社会主义公共道德教育的有效方式。特别是广告自身,相关的信息内容应该体现出高尚的精神文明,引导受众建立起崇高的道德情操。广告更要在维护国家尊严和国家利益方面发挥作用,不得有损于人民群众、有损于国家。

(3)不得含有贬低其他商品或服务的内容。

广告中直接含有贬损其他企业产品和服务的内容;或是以诋

毁的方法,给予竞争产品或服务不公正的评价;进行不全面的比较,抬高自己,贬损他人;侵犯竞争产品或服务的声誉,损害竞争对手的合法权益等。这些均属于不正当竞争行为,是不允许的。

(4)广告应具有可识别性。

广告在形式应上具有可识别性,能够使消费者辨明其为广告;大众传播媒体不得以新闻报道形式发布广告,通过大众传播媒介发布的广告应当有广告标记,与其他非广告信息相区别,不得使消费者产生误解。特别是利用电视、广播、杂志、报纸等大众传播媒体发布广告时,必须有专门的标记作为提示,以便广大消费者将广告与新闻区别开。

(5)不得损害未成年人和残疾人的身心健康。

未成年人是指未满18周岁的公民。广告不得损害未成年人和残疾人的身心健康。主要包括以下方面的内容:

①在制作、发布广告时要尊重他们的权利,维护他们的尊严。

②广告语言、文字、画面不得含有歧视、侮辱未成年人和残疾人的内容。

③有关未成年人和残疾人的饮食品、用具、器械等商品的广告,应当真实、明白、容易理解,真实反映产品质量,明白无误地说明产品的性能、用途及使用方法,不得损害未成年人和残疾人的身体健康。

2. 专门广告准则的内容

除了一般的产品,与人民健康和生命密切相关的产品,如药品、医疗器械、农药、烟草、食品、化妆品等一些特殊商品以及其他法律、行政法规中规定的应当进行特殊管理的商品,对这些特殊商品的广告,更要做出严格的规定和要求,制定特殊的标准。

(1)农药广告。

①不得使用无毒、无害等表明安全性断言的语言。

②不得含有不科学的表示功效的断言或者保证的语言。

③不得含有违反农药使用规程的文字、语言或者画面。

④法律、行政法规规定禁止的其他内容。

(2)烟草广告。

《中华人民共和国广告法》对烟草广告做了限制性规定,具体介绍如下。

①禁止利用广播、电影、电视、报纸、期刊发布烟草广告。

②禁止在各类等候室、影剧院、会议厅堂、体育比赛场馆等公共场所设置烟草广告。

③烟草广告中必须标明"吸烟有害健康"。

(3)食品、酒类、化妆品广告。

食品广告其内容必须符合卫生许可标准和事项,如食品的主要成分、生产日期、保质期等必须与标准相符;不得使用医疗用语或者易与药品混淆的用语。

对于酒类广告,获得国优、部优、省优奖和39度以下的烈性酒,以及符合卫生许可事项的酒,才可做广告。不得用一些医疗用语或易于混淆的用语,不得以文字、语言、图画等形式鼓励人们饮酒,给消费者身心造成危害。

对于化妆品广告,其质量必须达到卫生许可标准,在广告中表述的化妆品主要配方、功用、生产日期、有效期等,均要与标准相符。此外,不能使用医学用语或易与药品相混淆的用语。

(4)药品、医疗器械广告。

首先,必须符合广告内容的规定要求。例如,不得含有不科学的表示功效的断言或者保证;不得说明治愈率或者有效率;不得利用医疗科研单位、学术机构、医疗机构或者专家、医生进行广告表现,或利用患者的名义和形象做证明;不得与其他药品的功效和安全性相比较等。

其次,必须经过严格的审核。具体来说,药品广告的内容必须以国务院卫生行政部门或者省、自治区、直辖市卫生行政部门批准的说明书为准;药品广告中介绍药品的成分、功能、主治、用量、服法、禁忌证、不良反应等内容,必须与卫生行政部门批准的

第八章 广告管理

说明书一致,不得擅自更改;国家规定的应当在医生指导下使用的治疗性药品广告中,必须注明"按医生处方购买和使用";利用电视、广播、报纸、杂志和其他印刷品以及路牌发布推荐给个人使用的药品广告,必须标明对患者的忠告性语言:"请在医生指导下使用。"

(5)涉及专利的广告。

①未得到专利权的不得在广告中谎称取得了专利权。

②广告中涉及专利产品或者专利方法的,应当标明专利号和专利种类。

③不能使用专利申请和已经终止、撤销、无效的专利做广告。

二、广告审查

广告审查是指在广告发布前对广告的内容依照法律、行政法规的规定进行审核的活动。广告是既负有法律责任,又负道德责任的信息传播活动,影响大,范围广,持续长,涉及社会公共利益、经济文化活动、消费者利益等各个方面。因此,建立广告审查制度是非常必要的。

我国的广告审查由广告审查部门执行,包括广告经营者和广告发布者、行政主管部门和专门广告审查机构——广告审查委员会。广告经营者和广告发布者的审查,是对全部受委托的广告进行审查;行政主管部门的审查,是对特殊商品以及法律、行政法规规定应当进行审查的其他广告的审查。广告审查委员会的审查,我国目前还没有全面展开。

(一)应查验、核实的内容

(1)工商企业(公司)的《企业法人营业执照》副本或《营业执照》副本;个体工商户的《营业执照》;全国性公司、中外合资经营企业、外商独资企业的《中华人民共和国营业执照》;外国企业常驻代表机构的《外国企业在中国常驻代表机构登记证》;机关、团体、事业单位的单位证明;个人提交的由乡镇人民政府、街道办事处或所在单位的证明。

(2)质量检验机构对广告中有关商品质量内容出具的证明文件以及发布广告需要经有关行政主管部门审查的批准文件。

(二)特殊商品广告审查的内容

特殊商品广告的审查,是对法律、行政法规规定实行特殊管理的商品的广告,在广告发布前,依照法律、行政法规规定对广告内容进行的审查。

1. 农药、兽药广告的审查

广告主发布兽药广告,必须经省、自治区、直辖市农业行政主管部门审查批准。申请审查兽药广告,应交验省、自治区、直辖市农业行政主管部门出具的兽药广告证明,省、自治区、直辖市农业行政主管部门核发的兽药生产批准文号,兽药经营企业应交验县以上农业行政主管部门核发的《兽药许可证》证明材料。申请审查进口兽药广告时,还应交验《进口兽药登记许可证》、检验合格证明等材料。

2. 药品广告的审查

发布药品广告,批准机关是国务院卫生行政部门和各省、自治区、直辖市的卫生行政部门。凡是申请发布药品广告的,必须向卫生行政部门办理《药品广告审批表》,应向卫生行政部门提交《药品生产企业许可证》《企业法人营业执照》、生产批准文件等一系列证件和材料。经营进口药品的企业发布进口药品广告,在办理审批手续时,还要提交生产该药品的国家(地区)批准的证明文件、该药品的《进口药品注册证》、国外企业的授权委托书等证件和材料。

3. 医疗器械广告的审查

刊播医疗器械广告,须有《医疗器械广告证明》,国内广告主

第八章　广告管理

申请办理《医疗器械广告证明》,应当提供营业执照、生产或经营许可证、产品鉴定证书等文件、证件。国外广告主申请办理《医疗器械广告证明》的,应当提交所属国(地区)政府医疗器械管理部门颁布的生产许可的证明文件和产品说明书。

4. 化妆品广告的审查

广告主申请发布化妆品广告,必须持有《企业法人营业执照》《化妆品生产许可证》《化妆品生产企业卫生许可证》证明材料;美容类化妆品,必须持有省级以上化妆品检测站(中心)或者卫生防疫站出具的检验合格的证明;特殊用途化妆品,必须持有国务院卫生行政部门核发的批准文号;化妆品如宣称为科技成果,必须持有省级以上轻工行业主管部门颁发的科技成果鉴定书。

如广告主申请发布进口化妆品广告,必须另持有国务院卫生部门批准化妆品进口的有关批件、国务院商检部门检验化妆品合格的证明等证明材料。

5. 食品广告的审查

发布食品广告,必须持有地(市)级以上食品卫生监督机构出具的《食品广告证明》。广告主在申请《食品广告证明》时,应提交营业执照、卫生许可证、食品卫生监督机构或者卫生行政部门认可的检验单位出具的产品检验合格证明等证明文件。经营进口食品的广告主申请发布进口食品广告时,还应当提交所属国家(地区)批准生产的证明文件、国境口岸卫生监督机构签发的卫生证书等证明文件。

广告主在所在地以外发布广告时,应当在广告发布前15日内将《食品广告证明》及有关证明材料复印件,送达广告发布地省级以上食品卫生监督机构备案盖章。未经备案盖章的,不得发布。

《食品广告证明》的有效期为2年。在有效期内改变食品的配方、定型包装或者广告内容,以及期满后继续进行广告宣传的,必须重新办理《食品广告证明》。

第九章 营销策略中广告学的运用

随着商品经济的快速发展,广告宣传在营销策略中的影响力日益显现。广告主宣传自身的商品,是为了更好地使自己的产品被更多的消费者所接受。如果广告配合营销策略实施得当,广告的作用是很惊人的。一个有想法的广告不仅仅能达到宣传产品、提高产品知名度、增加销售额的目的,而且它还能引导人们的消费观念,从而改变人们的生活方式。广告在营销策略中的地位和作用可见一斑。本章就来分析和探讨营销策略中广告学的运用。

第一节 营销与广告策略简述

营销是市场经济运作中的一门艺术。在市场竞争日趋激烈的今天,谁能够把握时代的脉搏,嗅出商机,谁就能在市场中立足。广告应基于国情、文化、企业的需要和消费者的接受度来制订相应策略。如果要理解广告和营销的关系,首先必须学习并了解以下重要概念。

一、市场营销的概念与策略

(一)市场营销

市场营销是指企业的以下职能,即"认识目前未满足的需要和欲望,估量和确定需求量大小,选择和决定企业能最好地为其服务的目标市场,并决定适当的产品、劳务和计划(或方案),以便

第九章　营销策略中广告学的运用

为目标市场服务"(《市场营销管理》序言)。美国市场营销协会(AMA)于1985年对市场营销下了更完整和全面的定义:市场营销"是对产品及劳务进行设计、定价、促销及分销的计划和实施的过程,从而产生满足个人和组织目标的交换。"[①]

(二)市场营销策略

营销策略就是针对一定的目标市场所采用的一系列可测量、可控的,旨在提高销售及厂商声誉的活动,它包括多种营销方法,如产品、价格、渠道、促销等。市场营销策略是企业以顾客需要为出发点,根据经验获得顾客需求量以及购买力的信息、商业界的期望值,有计划地组织各项经营活动,通过相互协调一致的产品策略、渠道策略、促销策略、价格策略,为顾客提供满意的商品和服务而实现企业目标的过程。

1. 产品战略

产品定义:能够提供给市场的满足需要和欲望的任何东西,在市场上包括实体、商品、服务、人、地点和创意。

现代营销把产品划分为五大层次:

(1)潜在产品。

(2)附加产品。

(3)期望产品。

(4)基础产品。

(5)基本服务和利益。

本书认为,现代产品营销可以划分为三个层次:

(1)附加层——外包装及服务等观赏性、艺术性、增值等,全部附加服务和利益。

(2)实体层——支持的主件产品(有形产品),是指核心产品借以实现的形式,即所提供的实体和服务的形象。

[①] 杨柳,张慧婕,杨慧珠.现代广告学原理与实务[M].北京:人民邮电出版社,2015:206.

（3）核心层——真正实际的部分,是指消费者购买某种产品时所追求的利益或满足某种需求的效用。

任何东西都有一定的生命周期,当然产品也存在生命周期,具体包含如下四点。

（1）导入期。有四种策略:

①快速掠取策略,采用高价格、高促销费用,以求迅速扩大销量。

②缓慢掠取策略,采用高价格、低促销费用,以求得到更多的利润。

③快速渗透策略,低价格、高促销费用,以求迅速打开市场,尽可能提高市场占有率。

④缓慢渗透策略,低价格、低促销费用,适用于市场容量大,但消费者对价格敏感的产品。

（2）成长期。有四种策略:

①改善产品品质。

②寻找新的细分市场。

③改变广告宣传的重点。

④在适当的时机可以采取降价策略。

（3）成熟期。有三种策略:

①市场改良。

②产品改良。

③营销组合改良。

（4）衰退期。有四种策略:

①继续策略。

②集中策略。

③收缩策略。

④放弃策略。

2. 渠道战略

（1）直接渠道系统:指产品的所有权从生产者手里直接转移到客户或最终消费者手里。它主要有邮购、电话订购、上门销售、多层传销四种形式。

第九章　营销策略中广告学的运用

(2)垂直渠道系统:指实行专业化管理和集中计划的营销组织网。该网成员将采取一体化或联合经营的方式。它主要有三种方式:

①公司系统:指一家公司拥有和统一管理若干工厂、批发机构、零售机构等。

②管理系统:指制造商与零售商建立协作关系。

③合约系统:指制造商与经销商以合约为基础建立的联合体。它有三种形式特许经营:自愿连锁、零售商、合作社。

(3)水平渠道系统:指同一层次的两个或两个以上企业自愿组成短期或长期的联合关系(如两个不同产品同一网络渠道销售)。

(4)多渠道系统:指各种渠道混合并用。

3. 促销战略

(1)广告策略:主要做好广告信息设计、媒体选择、时间的选择、地点的选择。其中信息设计要关注广告受众的优势需求和动态需求。

(2)人员推销策略:人员推销是指企业派出销售员与客户交谈,进行产品销售。它要做好队伍规模设计、区域划分、人员培训、费用预算与控制、销售激励、绩效评价等工作。

(3)销售促进策略:指企业运用各种短期诱因,鼓励购买,促进销售产品或服务的活动。它包括针对消费者的促销工具(样品、折扣、以旧换新、赠奖等);针对中间商的促销工具(红利、竞争、提成等)。

(4)宣传策略:指企业为实现销售目标,在所有媒体上免费获得编排的版面和播放的时间,以供客户或可能的客户读、看、听的各种活动(即软文)。它主要有三种优势:高度真实感、没有防御、戏剧化表现。

4. 价格战略

(1)定价策略:定价的目标有四种,即生存、当前利润最大化、市场占有率最大化、产品质量最优化。定价的一般方法也有四种,即成本导向、竞争导向、价值导向、竞标导向。

(2)价格修改策略:其包含如下五种,即地区性价格、折扣与折让、促销定价、需求差别定价、新产品定价。

二、广告策略及在营销策略中的意义

广告被看作企业参与市场角逐的非价格竞争的手段,是处于竞争中的以利润最大化为目标的企业市场经营活动的一个重要内容。然而广义上,广告的意义远不止于此。广告竞争不仅是企业经营策略问题,而且更重要的是,它也是影响行业市场结构和行业集中度的要素之一。那么,广告竞争和市场集中之间到底体现出一种什么样的关系?广告竞争又是如何影响市场集中的?这不仅是经济学界所试图讨论的问题,同时当实业界在制订广告竞争策略和政府加强竞争管制时,也必须给予相当的重视。

(一)广告策划的战略

广告策划的战略,就是对广告发布的时间和频度做出统一的、合理的安排。品牌联播会视广告产品的生命周期阶段、广告的竞争状况、企业的营销策略、市场竞争等多种因素的变化而灵活运用。品牌联播根据企业的现状和需求制订媒体发布方案,找到精准的定位,充分利用近两万家网络媒体资源,为客户提供专业的网络媒体策划、撰写和发布服务。

此外,品牌联播还提供网络精准广告、行业口碑营销、网络活动营销、品牌营销、搜索引擎营销、网络舆情监控等服务项目,全方位为企业打造全新互联网知名品牌。

1. 时间思想战略

广告的时间策略在时限运用上主要有集中时间策略、均衡时间策略、季节时间策略、节假日时间策略四种;在频度上有固定频度和变动频度两种基本形式。

第九章　营销策略中广告学的运用

2. 品牌思想战略

企业品牌由于信誉高、销量大,附加值高,可以使企业加速资金周转,获得高额利润。因此,企业品牌战略应纳入企业整体战略中去,而企业品牌战略作为企业战略的一部分,只有与企业整体战略有机结合,才能发挥整体效应,否则遗憾无穷。例如,有的企业占领市场后沾沾自喜,认为皇帝的女儿不愁嫁,于是不再考虑产品和营销创新;有的企业闯出了市场,俨然以品牌自居,任意加价而最终失去市场;有些企业急功近利,为了扩大规模仓促搞联营、卖牌子(有偿使用品牌而不注意产品质量监控),最终影响品牌信誉;有些企业舍不得在企业品牌上投资,而当形成规模,实力增强,想独创企业品牌则为时已晚。从这些反面例子我们可以看出,企业的品牌战略具有长期性、整体性和前瞻性的特点。这就要求企业必须树立"品牌"意识,端正"创立品牌"思想。

3. 产品设计思路战略

品牌商标必须掌握两个基本要素:名称定位与产品设计定位。名称定位有很多技巧,企业品牌名称是否产生"一眼望穿"效应,最大限度提高公众的"直接联想力",让众人在短短几秒钟内知道品牌的含义,这是品牌营销中成功品牌名称的基本特征之一。企业品牌名称的定位需要对历史、文化、风俗、习惯、民族心理及现代意识有全面的把握。同时,品牌名称定位还应重视韵律感、视觉美、寓意美、个性化。对一个新企业的新产品来说,商标的首要问题是搞好商标设计,确定商标投资。它主要是提出新商标开发的经费估算,包括商标的设计费、注册费、宣传费以及设计和使用新包装的材料费等,如果要发展国际商标,则还要研究各国政府及商标国际组织的有关规定、商标所指的市场情况。既要搞清市场饱和程度和竞争对手情况,还要掌握各国的消费心理。

（二）广告策略在营销策略中的意义

广告策略是在市场调查的基础上，围绕市场营销的整体目标而制订广告策略、创意表现及实施方案的过程。这一过程包含三个相互衔接和支撑的环节：制订整体营销目标下的广告策略；体现广告策略的创意表现；实施策略的行动方案。理解广告策划的内涵，首先要明确广告策划与营销策划的关系，认清广告策划在营销策划中的地位和作用。

制订营销策略的目的是指导企业各部门，包括产品开发、生产、销售、信贷、运输等部门围绕顾客开展工作，是整合企业经营各个环节的依据，要反映企业上层的目标，也要使企业的目标和能力达成一致。它帮助管理者分析并改进企业所有的运作活动，包括营销和广告，支配着广告在营销组合中的作用，使广告活动得以更好地完成和控制，还能够在总体上对广告预算做最有效的分配。广告策划被营销策划所涵盖，是营销活动中与消费者沟通的促销组合的一部分。与其他促销环节相比，广告具有大众传播的沟通方式和以说服劝导为主的特征。

三、广告策略在营销策划中的运用

营销策略中，广告策划与运用是一种重要的营销手段，同时也是营销策划的基础。运用广告开展营销活动，可以有效提高企业的知名度，获得更好的营销效果。

（一）广告对消费者和竞争者的影响

1. 广告对消费者的影响

广告的基本目的是"通过市场有效的交换创造出能使买卖双方需求都得到满足的信息流"。它是以信息沟通社会需求和企业经营活动的中介环节，使消费者产生需求欲望和购买行为。广告

第九章　营销策略中广告学的运用

主要通过以下三种方式来满足消费者的需求：

（1）满足现存的需求。

（2）激发潜在的需求。消费者除具有现存需求外，还有潜在需求，即潜伏于消费者心理和社会关系中，消费者自身还未充分认知到的需求。

（3）创立全新的消费需求。传统上，广告是通过对消费需求心理和消费行为的适应达到诉求认知目的，而现在随着现代商品经济的发展，"适应消费市场"的观念逐渐淡薄，"消费创造市场"的观念逐渐兴起，并且日益受到重视。例如，日本索尼公司在20世纪80年代就提出了"创造市场"的口号，向20世纪60年代提出的"消费者需要什么，我就生产什么"的市场观念提出挑战，而代之以"我生产什么就准是消费者真心所需的"的创新市场观念。针对这种新的营销观念，广告逐渐改变过去仅仅向市场诉求认知的表现方式，而积极引导，创造需求，使广告不仅迎合消费需求，而且创造消费者全新的需求意念，并以新的需求意念创造新的消费市场。

2. 广告对竞争者的影响

竞争是商品经济发展的产物，它对于促进经济繁荣和经济资源的有效配置起着重要的作用，是经济机制有效运转、发生健全作用的主要条件。广告作为企业市场营销中的一个重要因素，它对于企业的竞争环境有什么影响呢？

广告实际上是市场竞争的产物。在所有的促销手段中，广告是竞争性最强的传播方式：一方面，广告为消费者提供了充分选择商品的机会；另一方面，也为生产者向消费者展示自己的商品提供了舞台。企业为了通过广告吸引消费者，千方百计地去改进产品，提高产品性能，完善产品服务。一个企业产品和服务的改进通过广告宣传，往往又引起同行业企业的连锁反应。为了维持市场均势，它们纷纷改进自身的营销策略及广告策略。

广告是市场竞争的外化，也是企业对自己产品向消费者作出的承诺。广告内容要真实地反映产品实际,不能夸大其词,搞假广告;本来是一,你不能随意夸大为十。如果广告保证产品是十,企业就要千方百计保持产品水平,不能降至一。因此,广告在一定程度上驱使企业不断对产品加以改进,进行良性循环的竞争。

(二)广告区域的选择

1. 地方性广告策略

地方性广告策略是产品或观念仅在一个城市或乡镇、直接贸易区域、某一生活范围内传播时所采取的广告策略。企业一般较重视选择地方性的广告媒体,如户外广告媒体或地方性新闻媒体。另外,有些行业的新产品,为了试探一下市场反应,有时需要在某个地方或商店开展试销,也可选择此策略,采用当地报纸、大众读物、售点广告、展销会广告等。

2. 地区性广告策略

地区性广告策略是指某种产品或消费观念适用于某个地区,即在具有共同特征的自然地理、风俗习惯、民族或语言等条件时所采取的广告宣传策略。地区性与地方性相比,范围更大,可能包括几个省(市),或者一些毗邻的贸易区。地区性广告宣传,可以选择地区性广告媒体,如全国性媒体的地区版或地区节目。

3. 全国性广告策略

有的商品或观念适宜在全国性范围内传播,这时采用的广告宣传媒体应是针对全国范围的全国性报纸杂志、广播电视,也可以选择户外、交通、电影等流动性范围大的媒体。

4. 世界性广告策略

世界性广告策略通常是在主销市场或欲打入的市场,确定适当的媒体开展广告宣传。这可以通过国际广告咨询机构或使馆商务部门的参赞等途径,来加以选择。

5. 选择性广告策略

有的产品或观念广告,适应特殊的对象。这些特殊对象可能存在于某个地方、地区,也可能存在于全国和全世界。在选择广告媒体时,要注意其专有性,如某些专业性杂志。

第二节 广告学整合营销传播理论

随着营销沟通领域日趋网络化、互动化和全球化,所有的相关营销主体都逐渐认识到,特定的传播工具、单一的销售渠道、各自为战的营销组织、浅尝辄止的消费者沟通再也无法应对日益复杂的市场竞争。营销的成功逐渐取决于战略性地整合各种相关传播组织,在深入了解各个营销环节的基础上,针对特定的目标消费者群体实施统一、协调的营销传播计划。在这样的背景下,整合营销传播应运而生。整合营销传播包括广告、公关、促销、直效营销四种基本传播类型,其核心在于与消费者建立长久的关系,从产品、服务或交易导向转向消费者导向。

一、整合营销传播理论的诞生与发展

1993 年,由唐·舒尔茨(Don E. Schultz)、史丹利·田纳本(Stanley L. Tannenbaum)以及罗伯特·劳特朋(Robert F. Lauterborn)合著的《整合营销传播》(*Integrated Marketing Communications: Putting it Together and Making it Works*)问世。这也标志着整合营销传播(Integrated Marketing Communication,IMC)理论的诞生。此后,这一理论在传播学领域与市场营销学领域都得到了广泛应用和拓展。值得一提的是,在传播学领域中该理论通常被称作"整合营销传播",但在营销学领域中又被称作

"整合营销沟通",这是基于学科特征的一种中文解读,英文没有变化,都是 communication 一词。

2005年5月,唐·舒尔茨夫妇根据整合营销传播理念在全球的应用与发展,以及他们亲身参与的企业实践情况,又做出了众多原创性的理论突破,出版了《整合营销传播:创造企业价值的五大关键步骤》一书。他们坚信,整合营销传播已经开始主导未来的营销传播活动,它同样有助于中国企业为了应对市场发展的需要而不断拓展和提升其营销传播的能力。这本书的问世标志着整合营销传播的完善和发展,同时也将整合营销传播理念转化为运作层面的应用程序,赋予这一理论更加丰富的实践意义。

在这本书的前言中,唐·舒尔茨写道:"第一本著作出版以来,整合营销传播已经席卷全球。第一次提出这个概念时,很多人都认为整合营销传播只能在稳定的、数据丰富的以及高度发达的经济条件下实施。而今,这些概念却能够而且已经被形态迥异的市场采用,如印度和中国、智利与墨西哥、日本与菲律宾。简而言之,正如本书中的个案与实例所示,整合营销传播是能够在全球进行推广发展的少数方法之一。"[①]

二、整合营销传播的定义

关于整合营销传播,学术界和业界机构都曾给出不同的定义,其中由原创者之一的舒尔茨、美国广告公司协会以及奥美广告公司提出的定义最有代表性。

舒尔茨指出:"整合营销传播是将所有与产品或服务相关的信息来源加以管理的过程,使顾客以及潜在消费者接触到整合资讯,并且产生购买行为,并维持消费忠诚度。"

---

① 苗杰.现代广告学(6版)[M].北京:中国人民大学出版社,2015:355.

第九章 营销策略中广告学的运用

美国广告公司协会(American Advertising Agency Association, 4A)提出的整合营销传播的定义是:"一种作为营销传播计划的概念。确认一份完整透彻的传播计划及其附加价值,这份计划应评估各种不同的传播技巧在策略思考中所扮演的角色,如一般广告、直效回应、销售促进、公共关系,并且将之结合,透过天衣无缝的整合以提供清晰、一致的信息,以发挥最大的传播效果。"

奥美广告公司是以整合营销传播为己任的营销服务机构,其给出了一个更具操作性的定义:"整合营销传播是指融合各种传播技能与方式,为客户解决市场问题或创造宣传机会。不同的乐器,必要时能够一起合奏,并且演奏出悦耳的和谐之音。"

上述对整合营销沟通的界定具有一定的共性,都阐述了一个核心的理念,即整合营销传播是指将一个公司的营销沟通的工具、手段和资源协调整合成为一个无缝连接的项目,从而运用最小的成本使得对消费者和其他最终使用者产生的影响最大化。这一整合会影响到一个公司的企业间的、渠道的、顾客导向的和内部导向等全方位的沟通。

从广义上讲,一个完整的整合营销传播组合应该涵盖营销组合的每一个元素:产品、价格、分销渠道和推广(图9-1),以及为此付出的人力资源和财务资源;从这个视角来看,整合营销传播不仅是手段的整合,更是战略的整合。正如舒尔茨赋予整合营销新的内涵时所说:"整合营销传播是指公司把传播目标与企业目标结合起来从而加速回报的过程。"他同时指出:"整合营销传播还是一种整体性的模式,其基本假设之一就是企业组织的所有部分与其他部分是相关联的。IMC要求企业经理能够同步关注内部顾客和外部顾客;IMC认为企业的能力在于其品牌以及与现有顾客和潜在顾客的关系;进一步来说,IMC坚信企业组织的任何事情都可以对其品牌价值和客户关系带来正面或是负面的影响。"

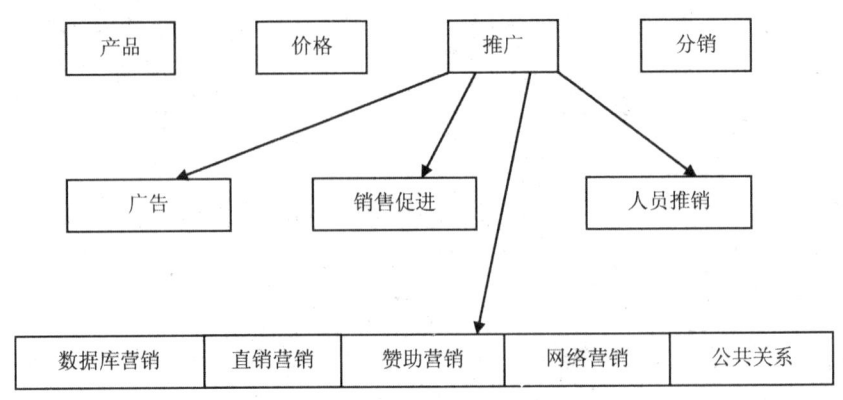

```
┌──────┐  ┌──────┐  ┌──────┐  ┌──────┐
│ 产品 │  │ 价格 │  │ 推广 │  │ 分销 │
└──────┘  └──────┘  └──┬───┘  └──────┘
            ┌──────────┼──────────┐
            ↓          ↓          ↓
        ┌──────┐  ┌────────┐  ┌────────┐
        │ 广告 │  │销售促进│  │人员推销│
        └──────┘  └────────┘  └────────┘
                      ↓
┌────────┬────────┬────────┬────────┬────────┐
│数据库营销│直销营销│赞助营销│网络营销│公共关系│
└────────┴────────┴────────┴────────┴────────┘
```

图 9-1　促销组合

(资料来源：肯尼斯·E.克洛、唐纳德·巴克,2007)

从狭义上讲,整合营销传播只涉及推广手段的整合。图 9-1 显示了主要的推广手段,其中广告、销售促进和人员推销是传统观点中的三个主要手段。随着时代的发展,有新观点认为,除了传统的三个手段外,数据库营销、直销、赞助营销、网络营销和公共关系等也成为广泛采用的推广手段。目前我国广告界很多人对整合营销沟通的认知实际上停留在这个狭义的概念上,就是扬长避短、整合各促销手段来实现推广目标。

三、整合营销传播的核心思想与特性

(一)整合营销传播的核心思想

整合营销传播的核心思想是"整合"。这里的整合有聚合、优化、流程、全时空等含义。具体是指将与企业市场营销有关的传播活动一元化,即把广告、促销、公关、直销、CI、包装、新媒体等一切传播活动都涵盖在营销传播的范围之内,使企业能够将统一的传播资讯传达给消费者。因此,整合营销传播也称为 Speak With One Voice,即营销传播的一元化策略。

整合的思想体现在以下七个方面,即认知、形象、功能、协调、关系管理、效益以及其他一切可以利用的社会资源。具体如下:

第九章　营销策略中广告学的运用

（1）认知的整合，要求企业内外营销全员达成共识，明确认识和牢记品牌传播一元化的信息。

（2）形象的整合，要求在各种传媒以及品牌的所有接触点上传达一致的品牌形象。

（3）功能的整合，要求不同的营销和营销传播手段、方法和工具的功能能够累积并综合生效。

（4）协调的整合，要求不同的营销和营销传播要素内容和组织形式能够协调一致。

（5）关系管理的整合，要求企业内外不同的关系资源以及社会资源协同、共生品牌传播效益。

（6）效益的整合，要求企业凡是投资的环节和流程都要降低成本，提高产出，以提升总效益。

（7）一切可利用的社会资源的整合，要求企业将社会一切可利用的，如传媒、金融、运输等过去无法想象但如今却可以把世界连为一体的资源调动起来。目前，制造业与分销业交融等这一类跨行业、跨领域的合并使跨度资源的整合也成为可能。

（二）整合营销传播的特性

第一，采用"从外到内"的策略，形成消费者导向策略。整合营销传播是一种"由外而内"的互动沟通过程，采用"外推式"的营销方式，综合运用各种营销工具，整合各种利益相关主体，以统一的营销计划向特定的目标消费者群体传达一致性的品牌信息，最终影响消费者的行为，这一过程是由内而外的。

第二，整合多种传播方法，不再以广告形式为主。整合营销传播运用了各种形式的传播方法，这些营销传播方法协调发挥作用。传统的营销传播以广告为主，而整合营销传播则综合运用广告、公关、直效营销、促销等多种传播方式，不再拘泥于广告这一种形式。

第三，以"一种声音"说话塑造企业形象。整合营销传播是将广告、公关、直效营销、促销和事件营销等所有营销传播工具组合起来,以统一的声音向品牌利益相关群体传播统一的品牌概念,其最终目的是建立强有力的品牌形象,创造品牌资产。

第四,建立企业与消费者的长期关系,创造品牌忠诚。整合营销传播强调的是品牌与消费者及一切利益相关群体之间长久的关系,而不在于短暂性的销售目标。整合营销传播以现有及潜在的消费者为基础,维持和建立品牌与消费者之间良好的长期互动关系,创造品牌忠诚。

第五,通过各种推广手段的整合来影响消费者的认知、态度与行为,形成最后的相对稳定的购买行为习惯。整合营销传播的出发点和落脚点都是消费者,整合营销传播从消费者的需求和动机来决定品牌传播的模式和策略,进而制订恰当的营销计划,选择合适的沟通工具,促成购买行为并建立品牌忠诚,最终目的是影响消费者的行为。

四、整合营销传播的方法与流程

(1)建立顾客或者潜在消费者数据库,这是整合营销传播的起点。资料库的内容应包括消费者人口统计资料、消费者心理及态度信息资料、以往购买记录等。获取消费者个人资料的方式有很多,如建立会员制、采用抽奖或者返现等销售促进的手段等。

(2)基于消费者数据库进行分析与研究,即充分利用消费者数据库进行决策,以寻找需要整合的一些有利元素,明确一元化的内容。

(3)实施接触管理,即发现每一个可以与消费者接触的时间、地点和场合,在市场资讯超载、媒介噪声干扰的营销环境中,决定何时、怎样与消费者接触才能实现有效传达更为重要。这是整合营销传播的重要方法。

(4)创新沟通手段,即充分发掘营销及营销传播工具、传播方式和新媒介,利用一切可与消费者接触的通路传递品牌信息。

(5)整合传播组合,即调动一切沟通要素,除传统意义上的广告、直效营销、公关及事件营销之外,诸如产品包装、商品展示、POP、店面促销、礼品馈赠等,只要能协助达成营销及传播目标的方法,都要成为整合营销传播中的有力手段。

此外,整合营销传播的流程即执行程序,包括五个步骤:
(1)识别客户与潜在客户。
(2)评估客户与潜在客户的价值。
(3)创建并传递信息与激励。
(4)评估客户投资回报率。
(5)预算、分配与评估。

五、整合营销传播组合

狭义的整合营销传播理论强调了各种推广手段的整合。这些手段各具优势,也各有不足,所以整合强调的是取长补短,达到协同效果。图9-2显示了一些主要的、常用的推广手段,包括公共关系、广告、人员推销、销售促进、直销、互联网营销等。下面鉴于篇幅的限制,仅就公共关系、人员推销和销售促进三种主要推广手段分别进行介绍和解析。

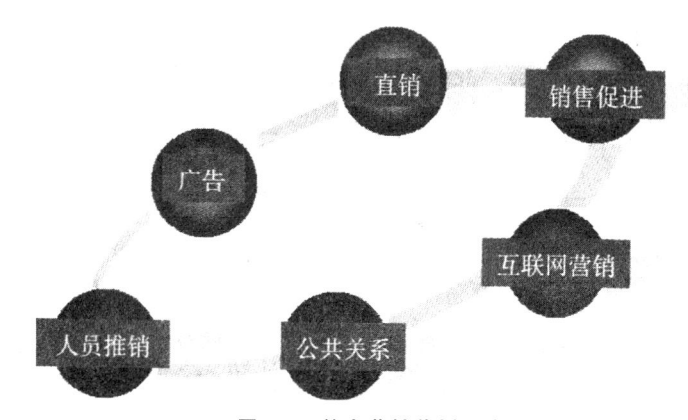

图9-2 整合营销传播组合

(资料来源:苗杰,2015)

（一）公共关系

与其他营销相关概念相似，公共关系（Public Relations）在其不断发展的过程中也经历多次的界定，每次由于界定的视角不同而有所不同。从英文的概念来看，公共关系是指"公众的关系"，而且从"关系"一词是个复数的形式可以看出，"公众的关系"是指企业和其多方公众的关系。通常，对于营利性组织（即企业）来讲，多方公众是指其所有的利益相关方，如消费者、政府、投资人、社区、媒体、内部员工、上下游经销商以及竞争对手等。

在所有的定义中，亨特和格鲁尼克关于公共关系的定义是最简洁也是最为人们所熟知的，他们认为，"公共关系是对企业与公众之间沟通的管理"。该定义的核心正是公共关系的基础，是一个实体企业与其众多受众之间的沟通渠道的建立、使用、维护和发展。此外，定义中的"之间"具有深刻意义，强调了沟通是双向的，企业不仅向其公众发出信息，也接收来自公众的信息反馈，而很多时候这些反馈会用来鼓励和促成企业决策的调整。

1. 公共关系的特点

纵观公共关系定义的发展历史可以看到，公共关系的核心特点如下：

（1）它是企业与其消费者之间的双向沟通。

（2）其目的是建立良性的企业消费者关系。

（3）该良性关系的建立的基础是平等互利、相互尊重信任以及频繁沟通的意愿和机制。

（4）企业与其公众之间关系的建立、保持和提升是一个长期的过程，对于企业形象的维护和企业良性健康的发展起到了至关重要的作用。

2. 公共关系的作用

很多公关活动并不被认为是典型的市场营销的功能，这是由

第九章　营销策略中广告学的运用

于市场部门关注的是顾客以及抵达顾客过程中的渠道成员,如批发商和渠道商。相反,公关部门则关注公司一系列的内部和外部的利益相关者,如员工、股东、公共利益团体、政府以及社会。公共关系的作用体现在如下五个方面。

(1)与其利益相关者保持联系。

所有企业沟通和传播的接收者都是不容忽视的,任何与企业有接触的个体都应该接收到清晰统一的信息。利益相关者是指那些可以从一个企业的良好运营中获得既得利益的个人或团体,这里的既得利益可以包括很多项目,如股东分红、支付给员工的工资、在上游厂商那里发生的购买等。与每一个利益团体的沟通都非常重要。为了确保沟通的连续性和有效性,企业应该建立一个清晰的、与企业的整合营销传播计划相契合的并且可以传递企业形象的传播策略,企业传递给每个利益相关者的信息都应该相同。此外,为了满足不同受众的期望,每一条信息都应该量身定制。通过量身定制沟通的内容、风格和渠道,每个利益相关者接收到的是与他们产生最好的共鸣效果的信息,这个信息与传递的其他信息和企业形象紧密一致。除了与每一个利益相关者进行沟通之外,公关部门还必须密切关注每个利益团体的观念和行动,一旦他们的态度、观点或关注点发生变化,公关部门就应该立即准备解决这些问题。企业公关部门应确保与公众的各种形式的沟通都与企业的整合营销传播计划和企业努力倡导的形象相一致。

(2)维护企业声誉。

企业的声誉是非常脆弱的,同时也是非常重要的。一个深受好评的企业和品牌形象可以在企业经营情况好的时候增强企业的业务,在企业遇到危机或问题发生时发挥保护作用。消费者在购买产品时对于品牌的偏好受到企业声誉的影响;人们在做投资决策时会受到企业声誉的影响;员工在选择去哪家企业工作时也会受到公司声誉的影响,因此测评和管理公司的声誉是非常重要的。虽然非常重要,但是很少有公司会专门安排人员去管理公司形象,公司的领导者很少知道消费者、投资者、员工以及公众如何看待该公司。如果一个公司不知道其他人是如何看待自己的,那么其公共关系活动也就变得毫无意义。一个公司想要对公司形象进行管理,首先要进行调研和访谈从而了解到人们是如何看待自己的。公司声誉的测评不仅应该包括公司内部的人,还应该包括公司外部的人。

(3)对企业社会责任进行审计。

企业社会责任是指一个企业有义务做到有道德、有责任并且对社会的需求做出积极反应。一些企业可以变得更加有道德和对社会有积极反应的领域包括:慈善捐助、赞助当地的活动、销售对环境无害安全的产品、开展再就业计划、支持社区活动等。一般来讲,人们都认为有社会责任的企业长远来看会发展得比较好。当公司参与一些积极的质量公示活动或者顾客忠诚的活动时,往往会产生良好的企业形象。那些致力于减少不公平活动、污染、骚扰等消极活动的企业更容易减少诉讼案件,同时会减少消费者的负面口碑。通过管理这些活动,企业可以有效减少公共形象的损害,提高公众对于该公司正面形象的认知。

(4)阻止和减少企业形象的损坏。

公共关系最大的作用在于对企业形象损坏的控制。损坏控制是指由于企业的错误、消费者不满导致的负面事件发生时,或者面临一些不公平或夸大的负面压力时,公司能够积极做出反应。当负面的公共事件发生时,公司和品牌的形象会很快受到损害。一个经过多年苦心打造的公司形象很可能会在一两周内被毁坏。"好事不出门,坏事传千里",负面事件一旦曝光,负面影响会迅速传播,造成的不良影响会持续很久。因此,企业要通过对公共关系的管理最大限度地阻止和减少企业形象的损坏。

(5)公共关系与营销的关系。

公共关系与营销紧密相关,但如果说一者是另一者的一部分,则过于简单。在一个企业中,公关部是和与企业相关的利益群体沟通的部门。公关部承担的一些职能与市场部承担的职能

第九章 营销策略中广告学的运用

相似,而其他职能则非常不同。通常来说,公关部与市场部是相互独立的,这两个部门相互合作,相互帮助,独立决策。一些市场营销专家认为公共关系应该归属于市场部管理,如同广告、商业促进、销售促进一样,统一归属于市场经理来管理。然而,其他人则认为公共关系的活动与广告、销售促进等不同,如果在市场部内部是无法充分有效运作的。相反,公关部应该作为市场部的顾问存在。

(二)人员推销

人员推销(Personal Selling)是整合营销传播组合的重要组成之一,然而对于多数营销传播的实践者来说,它却是一个经常被忽视的方面。这是因为典型的组织管理结构中它是个独立的功能单位,但营销人员不仅是外部营销传播的一个重要组成部分(外部营销传播是最具功效、最灵活的方式之一),也是内部营销传播的一个重要目标群。内部营销传播的目的是确保其成员得到足够的信息去进行营销传播并完成推销任务。不仅销售人员应该被看作是一个组织机构中的推销人员,所有员工,无论是否有正式的推销任务,都应该在与外部顾客沟通中扮演营销传播的角色。

在最佳的组织结构中,关注焦点已从销售人员寻找新客户转向留住现有客户并建立关系。留住客户是比争取客户更具收益的策略,此种做法代表了从单纯交易营销到关系营销的市场营销思维方式的重大转变。不同的学者用不同的方式划分销售任务,有的学者把销售工作分为两大类:一是服务推销,此类推销把力量集中在以现有顾客为基础从而获得销售量;二是开发推销,指将潜在顾客转变为长期顾客。有的学者将推销分为三个基本任务,即订单寻求者、订单创造者、订单获得者。

并不是所有的推销都是一样的,从图9-3中可以看出销售人员的不同任务。从简单的低价值销售到复杂的高价值销售,不同的产品涉及不同的复杂程度。有些销售要求相对简单的沟通和建立关系的技能,而关键客户经理或者全球客户经理就要有更高的技能。成功的企业能够保证销售人员所具有的技能与销售任务所需要的技能相匹配。

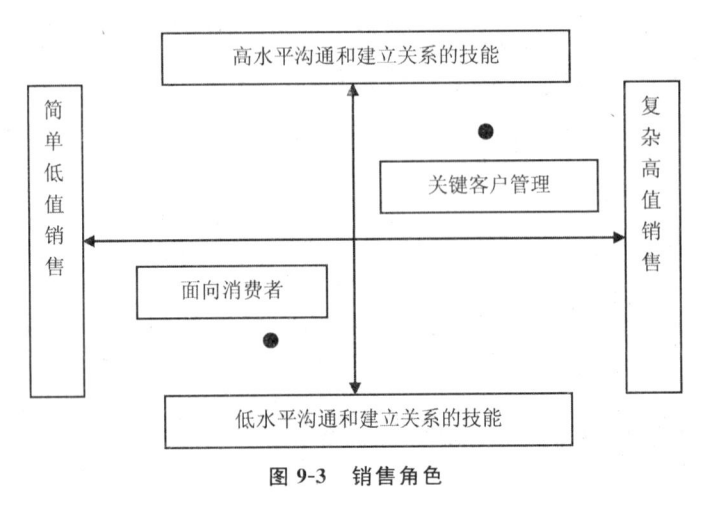

图 9-3　销售角色

(资料来源:大卫·佩克顿、阿曼达·布劳德里克,2009)

(三)销售促进

销售促进(Sales Promotion)是指在营销传播活动中通过影响促销产品的认知价值或其他激励行动来鼓励行业(中间商)或最终消费者购买其产品或采取其他相关行动。销售促进的目的包括:增加销售量、鼓励试用、提高再次购买率、增加产品使用频率和数量、拓宽使用对象、提高顾客忠诚度、延长产品在市场上的生命周期、形成顾客对产品的兴趣、取得中间商的支持等。

1. 销售促进的内容

销售促进包括销售规划和售点销售两个组成部分。

销售规划(Sales Planning)是指在售点陈列产品的活动,目的在于保证产品易取得、显著、突出和有吸引力。为配合电影新片推出放映而组织的产品促销活动也是销售规划的一种形式。销售规划在这种情形下发挥了一种支持作用。现在,这种与电影配合的销售规划已经发展成几十亿美元的产业。销售规划大部分

第九章　营销策略中广告学的运用

是在销售点进行的。许多企业甚至邀请销售规划专家专门负责检查其产品在零售店的展示情况,特别是竞争对手也有产品在附近展示时,更要研究检查其产品在店内是否被放置在合适的位置上。一些机构(大部分为著名零售商)用平面图帮助处理货架的陈列和摆放。这是一种有关货架如何摆放、如何陈列产品、如何展示在货架上的规程。如果零售商希望保持其所有零售商摆设布局一致,这种平面图将是十分重要的。平面图方案由总部制定,各个零售点按照方案统一执行。方案根据最近与供应商所签的合同来分配各种产品的货架陈列的空间和位置,制造商的销售规划专家负责检查其产品摆放的位置是否正确。商店将保证产品摆放的正确性,并保持适当的库存。利用现代技术,保持适当的库存,补充库存已经达到了自动化的程度。

售点促销(Point of Sales,POS)是指在商品的买卖场所进行的促销活动。售点即完成销售的场所、支付现金或签署支票的场所,这个理念被延伸后通常是指商场。销售规划发生在售点促销之中,同时还包括视觉上的商品展示方法,也包括与购物有关的软环境,如商场的通道、灯管、招牌、音乐和气味等。超市经常有烤炉或其他让人喜欢的气味,如面包或咖啡的香味。

2. 销售促进的方法

销售促进活动包括很多种类,这些活动大部分与提供直接激励有关,通常都是现金或与现金有关的激励形式,其他活动是与传播活动有关的活动,主要包括提供信息或产品展示。销售促进活动主要包括消费者导向的销售促进方法和企业导向的销售促进方法两大类。

(1)消费者导向的销售促进方法。

针对消费者的销售促进活动属于拉动式策略下的促销活动,用来鼓励最终用户的需求从而拉动分销链上的产品,主要包括样品试用、优惠券、赠品、打折和竞赛/抽奖等。

①样品试用,即企业以免费或降价形式给消费者提供标准数

量的或仅用于尝试数量的样品,以激励消费者尝试。这种方式可通过零售商、小包装、邮递、随杂志报纸附送或上门派发的形式完成。

②优惠券,即企业以提供不同程度的价格优惠来引导消费者进行产品购买。优惠券有不同形式,使用范围很广,常与销售促进的其他要素,如降价等配合使用,可出现在包装内外、广告中、直接邮递或上门派送的宣传品中和售点促销中。

③赠品,赠品主要用于推销产品和服务,包括免费赠送同一产品或服务,如购买某产品后再额外免费赠送该产品,或免费赠送其他产品或服务,如赠送公园门票等。

④打折,打折是销售促进中最受认同的促销方式。在使用即刻式的折让价格时需谨慎小心,因为折扣会立刻对销售产品的价值、利润产生影响。有时会在关键的时间段,对店内商品实行全场价格促销。例如,在春季、秋季、圣诞节或在商店装修、停业时。打折通常被设计为短期行为,但有些品牌一次又一次地打折,与其他品牌发生价格战,打折所带来的效用会大打折扣。

⑤竞赛/抽奖,即企业根据其业务特点和产品特征在每年的固定时段举办竞赛活动,在宣传其产品的同时,也期望该竞赛活动可以引起公众的注意、引发媒体的兴趣。食品公司通常会组织这样的竞赛活动。抽奖活动由企业不定期举办,奖品往往较昂贵,如汽车、旅行计划等。这种类型的抽奖活动通常是企业收集潜在消费者个人信息的一种有效手段。

(2)企业导向的销售促进方法。

企业导向的销售促进是指生产商面向其经销渠道所实施的销售促进方法,即通过销售促进使其下游的经销商、分销商、批发商以及零售商购买/订购其产品并销售给终端消费者。与针对消费者的销售促进活动的拉动式策略不同,针对企业的销售促进是基于推动式策略的,即通过提供促销的手段鼓励渠道的中间商将需求由上至下地推及最终用户。因此,对中间商的经理级人物、其他销售人员的特别促销措施也应在促销策划方案中考虑到。

主要的企业导向销售促进方法有以下几种类型。

①折扣，提供给中间商的折扣有不同的方式，包括：打折/降价，对大宗购买的顾客提供折扣和减价等优惠；目标返点，即厂家同意在中间商实现一定的销售目标之后即可返还一定的金额给中间商；特别条件，是指可以通过谈判达成的针对价格或有关支付条件的协议（例如，延长付款期限）或者其他方面的条件，如特别的交货安排或特别包装等。

②竞赛和激励。这些竞赛与激励计划是针对中间商和售货员的，以鼓励其更好地完成销售工作。可采取的形式有与绩效相关的激励方式，即实现销售目标后就可以获得现金或奖品。

③售点促销与销售规划。售点销售与销售规划的材料可由厂家提供给中间商，这样有利于促使分销商优先于其他竞争者来销售该供货商的产品。这些材料的成本对供货商来讲也是微不足道的，不过是一些货架、展板和免费陈列品等。

④样品，厂家可以提供样品给渠道分销商以帮助他们进行销售，厂家也可以提供样品给B2B客户。

⑤礼品与免费商品，厂家给中间商送礼已经十分普遍，事实上礼品生产本身也是涉及金额庞大的产业，许多礼品上带有公司的标志作为公司销售活动的一部分。礼品形式多样，从钢笔、日历、日记本到非常贵重的如轿车和其他奢侈品。假日游、就医、戏票、运动会入场券也是一些普遍采取的礼品形式。

第三节 整合营销传播中的广告策略

广告策略是整合营销传播的重要组成部分，也是整合营销传播成功的关键。消费者可以通过各种接触方式获得信息，可由各种各样的媒体接受各种形式、不同来源、种类各异的信息，这些信息必须保持"一种声音，一个面目"才能获得最大程度的认知。因此，广告策略必须对各种传播媒介进行整合运用。

现代信息社会的特点之一,是图像和声音传播已日益代替文字传播。受众越来越多地通过电视来了解外部社会,其平均阅读能力日益减弱。大众传播媒介一方面出现强势媒体(受众庞大、广告位紧张等),另一方面出现媒介数量膨胀,受众细分化。当每个媒体的视听观众越来越少时,就意味着每个消费者或潜在消费者所接触的媒体越来越多,而且消费者越来越依靠主观感性认知来达成购买行为,而不是对产品进行客观理性的评价。消费者在大量的广告信息面前,只能选择零散的模糊的信息,依靠自己的筛选达成对品牌的印象,这种印象的深浅往往决定是否购买这一品牌的产品。

消费者的心理图像显示一个一致的品牌信息,必须接触多次才能构成记忆留存,只有永不间断地接触这个信息才能构成品牌忠诚。因此,整合营销传播的广告策略是由"一个声音"的广告内容和永不间断的广告投放两个因素构成的,世界名牌广告所传递的广告内容,一定是整合一致而且广告不会随着品牌的树立而减少。

制订整合营销传播的广告策略必须注意以下内容:

(1)要仔细研究产品。首先要明确这种产品能满足消费者的哪一方面需求,有何独特卖点。

(2)锁定目标消费者。确定什么样的消费者才是销售目标,做到"有的放矢"。

(3)比较竞争品牌。比较竞争品牌的优势以及其市场形象。

(4)树立自己品牌的个性。研究自己品牌应该树立什么样的品牌个性才会受到消费者的青睐。

(5)明确消费者的购买诱因。消费者购买该产品的诱因是什么?为什么会进行品牌的尝试?

(6)强化说服力。必须加强广告的说服力,通过内容和形式的完美结合说服消费者。

(7)旗帜鲜明的广告口号。这是在众多消费者中引起注意的捷径。

第九章　营销策略中广告学的运用

(8)对各种形式的广告进行整合。对电视广告、广播广告、平面广告、DM广告、POP广告进行一元化整合,以达成消费者最大程度的认知。

(9)研究消费者的接触形式,确定投放方式。要研究消费者是如何接触到自己的广告的,怎样做才能增加消费者的接触次数,确定广告投放方式,以达成品牌认知。

(10)对广告效果进行评估。对广告的效果进行量化评估,为下一次广告投放提供科学依据。

整合营销传播的核心是使消费者对品牌产生信任,并要不断维系这种信任,与消费者建立良好的信任关系,使其长久存在消费者心中。整合营销传播的广告策略所力求避免的,是传统传播方式造成的传播无效和浪费。

第十章 品牌战略中广告学的运用

品牌战略指的是公司将品牌价值和品牌形象作为提升公司的综合竞争力与发展潜力的着力点。这是公司获得利润与剩余价值的重要经营策略。公司对于品牌战略的选择过程是一项复杂的系统工程,需要综合考虑多种因素。为了更好地做好公司的品牌,需要恰当地运用广告。一个好的广告需要有创意。每一个成功的企业,都非常重视广告的促销工作。

第一节 产品与品牌

一、产品

产品是能满足用户某种需求的任何有形物品和无形服务。之所以说产品是有形的,是因为它通过实体、品质、式样、品牌和包装等体现出来;之所以说它是无形的,是因为它给用户带来附加利益和心理上的满足感及信任感的售后服务、产品形象、销售者声誉等。

(一)产品的层次

产品是一个整体概念,由核心产品、形式产品、扩大产品三个基本层次组成。

第十章　品牌战略中广告学的运用

1. 核心产品

核心产品是顾客真正要买的东西,是最基本、最主要的部分,是消费者购买某种产品时所追求的利益和效用。

2. 形式产品

形式产品是核心产品借以实现的形式,即实际产品,是向市场提供的实体或服务的形象。形式产品通常表现为产品的质量水平、外观特色、款式、包装等。

3. 扩大产品

扩大产品又称为延伸产品或附加产品,是顾客购买有形产品所获得的全部附加服务和利益,如免费送货、安装、售后服务等。

(二)产品的类别

根据不同的标准,产品可以分成以下不同的类型:

根据产业市场中的产品进行分类,可分为材料(又可以分成原材料以及半制成品)和部件、资本项目(包括装备和附属设备)、供应品和服务三类。

根据消费者的购买习惯,消费品分为便利品、选购品、特殊品和非渴求品四类。

根据耐用性和是否有形,产品可分为耐用品、非耐用品和劳务。

(三)产品组合

产品组合是指企业生产或经营的全部产品的有机构成方式,或全部产品大类、产品项目的组合。产品组合一般由若干条产品线组成,每条产品线又由若干个项目构成。

企业产品组合一般通过产品的宽度、长度、深度和关联度来表现。

企业在调整和优化产品组合时,主要有以下方式:

1. 扩大产品组合

扩大产品组合包括拓展产品组合的宽度和加强产品组合的深度两个方面。前者是在原有产品组合的基础上增加一个或几个产品大类;后者是在原有的产品大类中增加新的产品项目。一般而言,扩大产品组合,可使企业充分地配置和利用资源,分担企业的风险,增强企业的市场应变能力和竞争能力。

2. 产品延伸

产品延伸主要是指全部或部分地改变企业原有产品的市场定位。产品延伸包括向下延伸、向上延伸和双向延伸三种。

(1)向下延伸。

向下延伸是指在原先高档产品线下面增加低档次的产品项目。此做法可能带来损害企业形象、招致竞争者反击和经销商抵制的风险。

(2)向上延伸。

向上延伸是指在原先产品线上增加高档产品,改变生产低档产品的定位,进入高档产品的市场。此做法可能会引起竞争者向低档市场的反攻、顾客的怀疑及经销商的能力危机。

(3)双向延伸。

双向延伸是指原定位于中档产品市场的企业,在掌握了市场优势后,决定向产品大类的上下两个方向延伸,一方面增加高档产品,另一方面也增加低档产品。

3. 缩减产品组合

当市场出现不景气,或原料、能源紧张时,有必要从原产品组合中剔除那些获利很小甚至不获利的产品线或产品项目,缩减产品组合。这样,可使企业集中资源发展获利较多的产品线和产品项目。

通常情况下，企业的产品线是呈不断延长的趋势。但随着产品线的增长，企业的经营、营销费用也在加大，最终使总利润减少，这也需要对产品线进行相应的遏制，提高整体经济效益。

4. 产品线现代化

随着科学技术的发展，产品线的生产形式可能落后，因此要运用现代科学技术对原产品线进行改造。改造的方式有两种，各有利弊。一是快速改造，短期内耗资甚多，但可减少竞争者；二是逐步改造，耗资压力较小，但可能会被竞争者察觉，使其有时间展开应对抗衡。

(四)产品生命周期

产品有一个生命周期，即从进入市场到最后被淘汰退出市场的全过程。产品生命周期通常有四个阶段：

1. 引入期

新产品研究开发后开始推向市场，销售量有限。由于研制成本和推销宣传费用高，企业获取利润很低，以至没有利润甚至亏本。这一阶段多采用开拓性广告，介绍新产品的特点，促使消费者对商品产生初步的需求。

2. 成长期

产品逐渐或迅速被消费者知悉、接受，企业开始大批量生产，成本大幅度下降，销售额迅速上升，企业利润得到增长。同时，同类产品进入市场，参加竞争，使产品供应量增加，价格降低，企业利润达到最高点而逐步减慢增长速度。这一阶段的广告主要是加深消费者对某一品牌商品的印象，刺激选择性需求。

3. 成熟期

这一阶段市场进入相对饱和的状态，潜在顾客已经很少，市场竞争进一步加剧,产品售价更低,促销费用增加,销售额下降,新产品或新的代用品出现。消费者的消费习惯可能有所转移或改变。广告主要是刺激消费者重复购买,提高指名购买率。

4. 衰退期

销售额下降趋势继续增强,利润额逐渐趋向于零,从而退出市场,或转向另一轮循环。

事实上,市场的实际情况与理论上的产品生命周期并不总是对应的。有的迅速越过引入期,有的由引入期直接进入成熟期,也有的先经历成熟期,而后进入第二个快速成长期。

随着科学技术的发展和市场竞争程度的加剧,产品的生命周期变得越来越短,特别是高科技产品。因此,企业不能依赖一种产品的成功,而要不间断地开发新产品;或对现有产品进行更新换代,采取各种方法实现产品组合的平衡,保证企业产品在市场上的生命力和竞争力。

二、品牌

(一)品牌的含义

品牌,英文为 Brand,原意是指在马匹身上烫制的火印,以便辨认不同的马匹。欧洲中世纪的行会,曾要求手工业者在其产品上加印标记,以保护他们自己以及消费者不受劣质产品的侵害。

品牌的定义有很多,但普遍认同的是美国市场营销协会为品牌做出的定义:品牌是一个名称、术语、标记、符号或设计,或是它们的组合,其目的是识别某个销售者或某群销售者的产品或劳务,并使之同竞争对手的产品和劳务区别开来。

可见,完整的品牌包括品牌名称和品牌标志两大部分。名称,即可用语言称呼的部分;标志,即可被识别,但不能用言语称呼的部分,如符号、设计、特殊的颜色等。

商品的品牌经过政府主管部门审核通过后,获准注册登记便成为商标,即获得使用某个品牌名称和标志的使用权。商标受到法律保护,可以在多个国家注册,得到某个品牌的经营专用权。

产品更多的是通过品牌出现在市场上,与消费者进行沟通。品牌不仅仅是产品的名称,更是产品质量的标志,是市场消费、购买的主体。品牌区别出销售者,实质上也是经营者在产品特征、利益、服务等方面对消费者做出的一种承诺。企业经营实质上就是经营品牌,品牌越有深度,就越能支撑和促进企业可持续发展。

(二)品牌的特性

1. 属性

属性就是产品所固有的性质、特点。一提到品牌,人们首先可能想到的就是品牌的某种属性。某个品牌商品的质量如何、性能怎样、有何用途、是否美观等。

2. 利益

利益是指品牌可能给消费者所带来的好处。消费者是因为商品的利益才做出购买行为的。因此,品牌的属性需要转化为功能性或情感性的利益。例如,高档昂贵的属性可以使消费者得到自尊、气派的利益,寿命长的属性可以使消费者获得经久耐用的利益。

3. 价值

品牌凝聚着生产者的一些价值,如声望、效率、用途等。企业营销人员要能够辨析出对品牌某些价值感兴趣的消费者群体。

4. 文化

品牌实际上也代表着一种文化。例如,可口可乐饮料代表了一种美国文化。

5. 个性

每一个品牌都代表着某种特性,反映出一定的个性。

6. 用户

品牌也体现出购买或使用产品的消费者类型。例如,"娃哈哈"就反映了儿童这样的消费群体。

如果一个品牌具有以上六种特性,那么这个品牌就是有深度的、有前途的品牌。消费者购买商品时更重视的是品牌利益,而不是品牌属性,然而竞争的焦点往往集中在这一层面上,使广告策划陷入一个误区,多从经营者的关注点去思考,而很少从消费者的角度出发,致使广告诉求重点得不到准确把握。

(三)品牌的作用

在营销领域,从受益的对象来看,品牌的作用主要分为对企业的作用和对消费者的作用两个方面。

1. 品牌对于企业的作用

(1)存储功能。品牌可以帮助企业存储、积累声誉、形象。有人曾说,品牌就是一个创造、存储不断循环的过程。品牌能够将企业、产品在市场和消费者那里得到的反馈都忠实地记录下来,并成为将来发展道路上的助力或是阻碍。

(2)维权功能。通过注册专利和商标,品牌可以受到法律的保护,防止他人损害品牌的声誉或非法盗用品牌。

(3)溢价功能。品牌是企业的一种无形资产,它所包含的价值、个性、品质等特征都能给产品带来重要的价值。即使是同样的产品,贴上不同的品牌标识,价格就会不一样,这就是品牌的溢

第十章　品牌战略中广告学的运用

价效果。

(4)形象塑造功能。品牌是企业塑造形象、知名度和美誉度的基石,在产品同质化的今天,品牌能够赋予企业和产品差异化、文化等许多特殊的意义。

(5)降低成本功能。赢得一个新客户所花的成本是保持一个既有客户成本的好几倍,而品牌则可以通过与顾客建立品牌偏好,有效降低宣传和新产品开发的成本。通常,企业80%的利润是来自20%的重视客户。因此,品牌战略是低成本高回报一石二鸟的金科玉律。

(6)积累品牌资产功能。品牌通过"存储功能"能够积累起一种独特的资产——品牌资产。它是一种难以量化的无形资产,但其总量却非常大。

2. 品牌对于消费者的作用

(1)识别导购功能。品牌可以帮助消费者辨认出品牌的制造商、产地等基本要素,从而区别于同类产品。同时品牌可以帮助消费者迅速找到所需要的产品,从而减少消费者在搜寻过程中花费的时间和精力。

(2)降低卷入度功能。消费者都希望买到满意的产品,同时还希望获得周围人的认同。选择信誉好的品牌可以帮助降低精神风险和金钱风险。这种品牌降低消费者的购买卷入度,即减少消费者在购买决策中花费的精力和承担的压力与风险。

(3)建立"品牌忠诚"功能。"品牌忠诚",是指品牌为消费者提供优质产品和服务,消费者则回报以稳定的购买,双方最终通过品牌形成一种相互信任的契约关系。

(4)个性展现功能。品牌在发展的过程中能积累起自身的个性和丰富的内涵,而消费者可以通过购买与自己个性相符的品牌来展现自我。所以常常有人认为,看一个人身穿的所有品牌,就能洞察这个人的性格。可见,品牌已经融入消费者的生活甚至人格中去了。

第二节 品牌战略简述

一、品牌的定位

20世纪70年代,美国营销学家艾·里斯和杰克·特劳特提出市场定位的概念。它是指企业根据竞争者现有产品在市场上所处的位置,针对顾客对该类产品某些特征或属性的重视程度,为本企业产品塑造难忘、独特的形象,并将这种形象生动地传递给顾客,从而使该产品在市场上确定适当的位置。

品牌定位是品牌真正在潜在消费者的心目中留下了些什么。品牌定位的本质是使本企业在众多企业中有较高的辨识度,使顾客明显感觉本企业的差异,从而在顾客心目中占有特殊的位置。

(一)品牌定位的原则

品牌应该采用什么样的诉求点来进行定位是有一般规律可循的。品牌定位的原则大致分为三类:从产品角度定位、从消费者角度定位和从品牌环境角度定位。

1. 从产品角度定位

(1)功效定位。

消费者购买产品主要是为了获得产品的使用价值,希望产品具有所期望的功能、效果和效益,因而品牌定位常常以强调产品的功效为诉求。事实上,很多产品不止一种功效,但由于消费者的记忆容量是有限的,因此向消费者传递一个功效点,容易产生较深的印象,更能突出品牌的个性。

(2)品质定位。

品质定位就是以产品优良的或独特的品质作为诉求内容,以面向那些注重产品品质的消费者。适合这种定位的产品往往实用性很强,必须经得起市场考验,能赢得消费者的信赖。

(3)质量/价格定位。

质量和价格是消费者最关注的要素,都希望买到质量好、价格合适的物品。因此,品牌定位也会致力于宣传产品的价廉物美。

(4)档次定位。

不同档次的品牌带给消费者不同的体验和心理感受。现实中,高档次的品牌传达了产品高品质的信息,往往通过高价位来体现其价值,并被赋予很强的社会心理涵义和象征意义。

2. 从消费者角度定位

(1)消费群体定位。

消费群体定位直接以产品的消费群体为诉求对象,突出产品专为该类消费群体服务,来获得目标消费群的认同。把品牌与消费者结合起来有利于提升消费者的归属感,使其产生"我自己的品牌"的感觉。例如,金利来定位为"男人的世界"。

(2)情感定位。

情感定位是将人类情感内涵融入品牌,使消费者在购买、使用产品的过程中获得关怀、牵挂、思念、温暖、怀旧、爱等情感体验,从而唤起消费者的共鸣,最终获得对品牌的喜爱和忠诚。

(3)自我表现定位。

自我表现定位通过表现品牌的某种独特形象和内涵,让品牌成为消费者表达个人价值观、审美情趣、自我个性、生活品位、心理期待的一种载体和媒介,使消费者获得一种自我满足和自我陶醉的快乐感觉。

(4)生活情调定位。

生活情调定位就是消费者在产品的使用过程中能体会出一种良好的令人惬意的生活气氛、生活滋味和生活感受,而获得一种精神满足。该定位使产品融入消费者的生活中,使品牌更加生活化。例如,美的空调的"原来生活可以更美的"给人以舒适、惬意的生活感受。

(5)生活理念定位。

该定位将品牌形象和生活理念联系在一起,将品牌形象人性化。这样的生活理念必须是简单而深奥的,能引起消费者内心的共鸣和对生活的信心,产生一种振奋人心的感觉,甚至成为消费者心中的座右铭。例如,纳爱斯雕牌广告将"努力就有机会"这一生活真理融入品牌之中,让人无限感慨,自然叫人喜欢。

3. 从品牌环境角度定位

(1)企业理念定位。

企业理念定位就是企业用自己明确的经营理念和企业精神作为品牌的定位诉求,体现企业的内在本质。一个企业如果具有正确的企业宗旨、良好的精神面貌和经营哲学,那么这种定位就容易树立良好的企业形象,借此提高品牌的价值。

(2)文化定位。

将文化内涵融入品牌,形成文化上的品牌识别。中国有着历史悠久的文化传统,国内企业应该好好利用这一独特资源。文化定位能大大提高品牌的品位,使品牌形象更加独具特色。

(3)历史定位。

以产品悠久的历史建立品牌识别。一般而言,消费者容易对历史悠久的产品产生信任感。人们会认为一个产品持续了这么多年,其品质应该是可靠的。因而,历史定位具有"无言的说服力"。

(4)情景定位。

情景定位是将品牌与一定环境、场合下产品的使用情况联系起来,以唤起消费者在特定的情景下对该品牌的联想,从而产生购买欲望和购买行动。例如,雀巢咖啡的广告提示消费者在工作场合喝咖啡,会让上班族在疲倦、充满压力时想到雀巢。

第十章 品牌战略中广告学的运用

(二)品牌定位的策略

品牌定位的策略主要包括首席定位、加强定位、空当定位、比附定位和高级俱乐部定位。

1. 首席定位

首席定位,即追求品牌成为本行业中领导者的地位。广告宣传中使用"第一家""市场占有率第一"等口号,就是运用了首席定位策略。人们对"第一"印象最深刻,首席定位就是以这种心理规律为依据。首席定位能使消费者在短时间内记住该品牌,并使以后的销售更加便捷。

2. 加强定位

加强定位,即在消费者心目中加强自己现在的形象定位。品牌是被设计出来的,当企业在竞争中处于劣势且对手实力强大不易被打败时,品牌经营者可以另辟蹊径,避免正面冲突,以期获得竞争的胜利。

3. 空当定位

空当定位,即寻找为许多消费者所重视但尚未被开发的市场空间。任何企业的产品都不可能占领同类产品的全部市场,也不可能拥有同类产品的所有竞争优势。市场中机会无限,问题在于企业是否能够发现机会。空当定位包括以下几个方面:

(1)时间空当,如"反季节销售"。

(2)年龄空当。品牌经营者应寻找合适的年龄层,它既可以是该产品最具竞争优势的,也可以是被同类产品品牌所忽视的或还未发现的年龄层。

(3)性别空当。对某些产品来说,奠定一种性别形象有利稳定顾客群。

(4)使用量上的空当。每个人的消费习惯不同,有人喜欢小包装,会经常更新;而有人喜欢大包装,可以长期使用。

4. 比附定位

比附定位,即通过与竞争品牌的客观比较,来确定自己的市场地位。例如,美国艾维斯(Avis)出租车公司"我们是第二"的定位,借助与行业龙头赫兹(Hertz)的比较来向市场诠释自己的独特定位,使其从一个弱势品牌迅速成长为在业内具有较大影响力的强势品牌。

5. 高级俱乐部定位

高级俱乐部定位,即强调自己是某个具有良好声誉的小集团的成员之一。当企业不能取得第一位和某种有价值的独特属性时,将自己和某一名牌划归为同一范围不失为一种有效的定位策略。

(三)品牌定位的步骤

1. 分析行业环境

在这个步骤中,要求对品牌目标消费者需求、对手和品牌所在的行业等环境因素进行分析。

首先,要调查竞争者在消费者心中的大概位置,以及他们的长处和短处。

其次,要考虑市场当下的状况,以判断推出区隔概念的时机是否合适。定位需要把握住最佳时机,才有可能得到一个好的区隔。

通过对行业及市场的宏观分析,找出产品的市场区隔,这样才能有效地和同类竞争产品进行差异化竞争。

2. 寻找市场区隔

寻找市场区隔,就是寻找一个概念来使自己与竞争者区别开来。和在"夹缝"中求生存相比,"开创新市场区隔"是品牌定位的首选。一个品牌如果将自己定位为一个与强势对手所不同的选择,其广告只要传达出新品类信息,就能收到较好的效果。

3. 找到区隔的支持点

有了区隔概念,还要找到支持点,让它真实可信。任何一个区隔概念都不是空中楼阁,必须有据可依,必须证明给消费者看。例如,曾经负债累累的IBM凭着为顾客提供集成服务而成功实施了战略转型,这说明IBM的规模和多领域的技术优势是IBM的支持点。

4. 对区隔进行传播和执行

有了区隔概念,企业还要靠传播才能将概念植入消费者心中,并在应用中建立起企业的定位。一方面,企业要在每一部分的传播活动中都尽力体现出区隔的概念;但另一方面,一个真正的区隔概念也应该是真正的行动指南。只有当区隔概念既被别人接受,又在企业研发、生产、销售、服务、后勤等任何可以着力的地方都得到贯彻,才能说已经为品牌建立了自己的定位。因此,从这个角度来看,无论是品牌的定位还是整个品牌的建设,决不仅仅是依靠广告运动就能够实现的。

二、品牌的构建

企业要想在竞争激烈的市场中取得一席之地,必须为产品建立可察觉的形象以及相应的品牌形象。企业经营的实质,就是经营品牌,是一个需要不懈努力的过程。

(一)品牌构建的必备条件

1. 独特性

品牌只有独特、与众不同,才能构成差异,才具有可持续发展的潜力。这就关系到如何给产品定位,如何在目标消费者心中寻求一个位置。同样是饮料,"农夫山泉"突出的是来自千岛湖、万绿湖等的天然水,"王老吉"强调能清热降火。品牌构建需要创新,要能出奇制胜。

2. 高品质

产品的质量是建立一个好品牌的基础。企业只有提供优质的产品,才能赢得用户的认同,才能逐步建立起良好的品牌形象。例如,法国"爱马仕"(Hermes)现已拥有包括皮具、箱包、丝巾、男女服装、香水、手表等14个系列的产品,其对所有的产品都奉行"至精至美、无可挑剔"的宗旨,因此享有极高的国际声誉。有些企业产品一旦有了一定的市场后,就忽视了质量的维护和加固,品牌也就难以建立起来。

3. 知晓度

品牌应该被目标消费群体广泛知晓。在这个市场竞争激烈、同质化现象日趋严重的情况下,确定品牌在目标消费者心目中的位置非常重要。现代品牌理论认为,品牌是一个以消费者为中心的概念,没有消费者,就没有品牌。没有与消费者充分的交流沟通,品牌也难以构建。这就需要运用包括广告在内的传播战略。除广告等传播外,如何增加消费者的接触点,使产品能够在消费者之间被评价、传送,形成"口碑",也是很重要的。

4. 创业故事

任何企业的发展、品牌的形成,都会经过艰难的创业历程。一个成功的品牌就是由无数个感人至深的故事所构成的,没有故事就没有品牌。不要奢望品牌能够在一夜之间形成。因此,企业在创建品牌的过程中,必须有充分的思想准备,要能经得起时间的冲刷,要敢于应对挑战。

第十章　品牌战略中广告学的运用

(二)品牌资产

品牌资产是 20 世纪 80 年代新出现的一个重要概念。继 1991 年美国加州大学教授、品牌理论专家大卫·艾克出版力作《品牌资产管理》后,品牌资产成为当今营销领域的研究热点。要构建品牌,必须了解和掌握品牌资产方面的内容。

1. 品牌资产的含义

品牌资产(Brand Equity),也称品牌权益,是指只有品牌才能产生的市场效益。这是从操作层面上做出的定义,现今更多的是从营销学和心理学的角度来定义品牌资产。业界普遍认同的关于品牌资产的定义是大卫·艾克对品牌资产的定义:一组品牌的资产和负债,它们与品牌的名称、标志有关,可以增加或减少产品或服务的价值,也会影响企业的消费者和用户[1]。

根据这个定义,品牌资产主要包括五个方面,即品牌忠诚度、品牌认知度、品牌感知质量、品牌联想、其他专有资产(如商标、专利、渠道关系等),这些资产通过多种方式向消费者和企业提供价值。

品牌资产具有三个主要特点:

第一,品牌资产是无形的。

第二,品牌资产是由品牌名称带来的,品牌名称是一个公司拥有的最重要的资产。

第三,品牌对公司的价值是通过品牌对消费者的影响产生的。

品牌资产因市场而发生变化,既有正资产,也可能出现负资产。品牌资产会因消费者的品牌经验而变化,开展营销传播活动,对于维持或提升品牌资产有着重要的积极意义。

2. 品牌资产的构成

第一,品牌名称与产品类别的联想。这是品牌资产构成中最

---

[1] 薛可.品牌扩张:路径与传播[M].上海:复旦大学出版社,2008:68.

为关键的部分,是其他联想建立的基础,可分为品牌名称—产品类别的联想和产品类别—品牌名称的联想。品牌名称—产品类别的联想所反映的是品牌是否是类别比较典型的成员,如果联想强度大,那么该品牌名称不利于将来品牌的类别延伸。产品类别—品牌名称的联想反映的是品牌意识,联想强度大,则品牌意识强,也就是品牌的知名度高。

第二,品牌名称与产品评价的联想。消费者受广告影响,或经过产品试用,会对产品的质量做出主观的判断,形成对产品的评价或对产品的总体态度,并在记忆中将这些受品牌营销活动影响的结果与品牌名称联系起来,即形成品牌名称与产品评价的联想,包括品牌名称—产品评价和产品评价—品牌名称的双向联想,这是构成消费者品牌知识的一个重要部分。品牌名称—产品评价的联想所反映的往往是消费者对品牌的看法,产品评价—品牌名称联想则反映一个品牌与相应的竞争品牌在消费者心目中的相对地位。这些联想会影响以后消费者的品牌选择、品牌购买以及对营销活动的反应。

第三,品牌名称与关联物的联想。这包括品牌名称—关联物的联想和关联物—品牌名称的联想。关联物是指产品类别和产品评价之外的其他信息或线索。在由品牌名称联想到的各种关联物中,很多关联物会被消费者用做质量判断的信息或质量推断的线索,如价格、产地、包装、公司规模、产品代言人等。关联物又可分为独特的或共同的。独特联想是指一个品牌所独有的联想,如茅台酒—国酒。例如,洁白就是许多牙膏品牌共享的关联物。

品牌名称—关联物的联想主要服务于产品评价或形成主观质量;关联物—品牌名称的联想,则作用于消费者的品牌选择。

3. 品牌资产的形成

第一,品牌命名是品牌资产形成的前提。品牌资产是以品牌名称为核心的联想网络,一种产品只有具有了名称,才可以谈得上品牌资产。一个品牌的名称还会影响消费者对品牌知识的了

第十章　品牌战略中广告学的运用

解。品牌的命名受两个方面的影响：品牌名称的语义暗示性，即品牌名称是否暗示产品类别、产品利益等；品牌名称是否易于记忆。一般而言，暗示性的品牌名字或容易记忆的品牌名称，品牌资产的建设速度较快，但品牌资产规模的扩大有一定局限。

第二，营销和传播活动是品牌资产形成的保障。品牌的建立需要相应的营销传播活动，进而品牌资产也就形成了。广告作为最重要的营销活动之一，可以加强消费者的品牌意识，提高品牌知名度。除了广告之外，其他营销活动如促销、产品展示等，也有助于提高品牌知名度。

第三，消费者的产品经验是品牌资产形成的关键。消费者的产品经验对品牌资产形成的重要性主要表现为：产品经验会强化或修正基于营销传播建立起来的联想，通过检验，合理的品牌联想会得到强化，不合理的品牌联想则会被修正；产品经验导致一些联想的形成，消费者对产品的态度往往是在产品使用之后才发生的。基于直接经验建立起来的联想比基于间接经验建立的联想强度更大，更可能被保持。

(三)品牌的命名

赋予品牌一个名称，也就是赋予品牌一种符号。品牌命名既包括深厚的学问，也需要一些技巧，还要遵循一定的规律。

1. 品牌名称的结构布局

企业大多都要运用产品组合，如何使这些产品品牌化，如何给它们命名，这有一个结构和布局的策略问题。具体来说，主要涉及以下几个：

(1)规模较大的、拥有多条产品线的企业通常都采用个别品牌名称。每一项产品分别赋予一个品牌名称，不同产品使用不同的品牌名称，以便和市场上其他产品有所区别。采用个别品牌名称，品牌定位比较明确，有助于扩大市场占有率，此外还可以规避风险，避免某一品牌的问题导致公司的形象受损。

(2)产品家族品牌名称。公司将所生产的产品区分为几个产品类别,对每一类产品分别赋予一个品牌名称,对不同类别的产品分别使用不同品牌名称。采用产品家族品牌策略有利于瞄准目标市场,除具有个别品牌策略的优点外,还能产生一加一大于二的增益,但品牌经营的投资可能过大。

(3)单一品牌名称。企业所生产的所有产品一律使用相同的品牌。采用单一品牌名称策略最典型的是美国 GE 公司(General Electric),该公司以"GE"品牌营销所生产的各类产品,创下单一品牌营销成功的典范。采用单一品牌名称策略,对内可以简化品牌管理,减少多品牌的庞大投资,有助于新产品的迅速推广,容易累积品牌权益;对外可简化消费者的记忆,增进沟通效益,有助于消费者辨识公司与产品。

(4)复合品牌名称。这是指公司所生产的产品同时采用两个品牌名称,既可以把企业名称和单个产品名称相结合,也可以将品牌名称和产品名称结合应用。运用复合品牌名称策略,主要是想借助公司形象或品牌名称的影响,实现品牌应用的累积效果。尤其是形象良好的公司,受到广泛认同的品牌,采用复合品牌名称的策略,效果往往非常显著。

2. 品牌命名的构思方法

拟定理想的品牌名称涉及多方面的因素,如产品、文化、语言表达、消费者的情趣等。在构思品牌名称时,以下方面可供参考:

(1)易于消费者记忆。品牌名称经过各种传播渠道,会成为消费者汇聚该品牌相关信息的汇合点。消费者接触有关品牌信息(包括名称)的时间和注意力是非常有限的,要能在瞬间产生记忆,品牌名称就应该简洁、平实、独特、上口,便于传诵。品牌名称也应尽量避免雷同,否则难以给消费者留下深刻的印象。品牌名称的词、义、音等及其组合都可能成为消费者的记忆点。

(2)体现产品的通用效用。产品的通用效用指的是某一种类产品共同的用途、效能,这是针对产品类别而言的。让品牌名称体现产品的基本用途、效能,可以使消费者一看到产品品牌就能了解产品的用途、效能,或者让消费者一遇到这方面的需要就能直接联想到这个品牌,促使消费者在通用效用和品牌名称之间相互联想。这种命名方法,一般适用于消费者介入程度较低,同时产品实体的其他方面不容易体现效用的产品。

(3)展现品牌的独特之处。此种方法在于突出品牌与其他同类产品的差异,让品牌名称体现品牌定位,主要包括两个方面:产品特性,如独特的成分、功能、性能、风格等,是产品区别于其他同类产品的重要内容;目标顾客特性,即品牌所针对的目标顾客群体的年龄、性别、喜好、生活方式、价值观念等。

(4)引发相关的感性联想。这是指品牌采用相对含蓄的、具有象征意义的名称。品牌名称不直白地显露产品的效用,而是使用一些浪漫或时尚的感性字眼含蓄地表达品牌带给消费者的美妙感觉,增进消费者对品牌的亲切感。

(5)与良好视觉的图案和符号相配。品牌有了好名称,还要一个与之匹配的图案和符号,即品牌标志。

创建一个独一无二的品牌名称,是企业孜孜以求的一个重要方面。一个好的品牌名称的获得往往需要经历一个反复推敲、修改的过程。

(四)品牌的扩展

一旦品牌建立起来,就要做好维护和扩张工作,充分发挥和延伸品牌的影响力。

1. 产品线扩展

运用产品组合策略,在现有产品类别中增加新的产品项目,如新口味、新包装、新配方等,以同样的品牌名称推出。由于市场扩展和竞争的需要,以及生产能力的增强,许多企业在开发新产品时,多注重产品线扩展。

2. 品牌延伸

企业利用已经获得成功的品牌名称来推出改良产品和新产品。采取品牌延伸可使新产品迅速被市场接受,但品牌的延伸线不宜过长,不能淡化品牌,如果丰田推出牛奶产品,就会影响消费者对原有品牌的态度。

3. 多品牌

企业同一种产品上拥有两个或两个以上的品牌,彼此互相竞争,借以扩大市场。推出新品牌,目的是战胜竞争对手,而不是自相残杀。例如,美国宝洁(P&G)公司生产了飘柔、潘婷等不同品牌的洗发剂。虽然不同品牌可能对覆盖市场有冲突,每一种品牌的市场占有率有限,但能占据陈列空间,捕捉流动购买,取代老化的品牌,使企业的总体竞争力加强,总销售量增加。

4. 品牌重新定位

品牌的重新定位对于传统品牌来说尤其重要,某一品牌即使最初市场定位很好,也需要根据市场、消费者特性的改变适时做出调整。美国七喜公司根据消费者对软饮料的需求,取得了非可乐饮料市场的领导地位。从整体上来说,美国20世纪80年代以后,已基本完成品牌重建,我国也要正视这一问题。瑞士军刀的长盛不衰和我国老品牌"王麻子"剪刀的衰落,就形成了强烈的对比,应该引起国内企业家的思考。

第三节 品牌战略中的广告运用分析

在一个品牌战略中,广告起作用的范围相当大,包括如何定义品牌、强调新挖掘的品牌元素、延伸一个品牌等。因此,在品牌战略的大环境中,必须明确广告在其中的具体角色与责任。

第十章　品牌战略中广告学的运用

一、品牌推广中广告的运用

品牌推广就是企业的品牌第一次面对顾客或第一次参与竞争的阶段,是一个全新的起点。整个品牌推广时期表现出以下一些明显的特点:

(1)目标顾客由于缺少对新品牌的了解而谨慎选择。

(2)对于新品牌,有些勇于接受新鲜事物的顾客敢于尝试,这些试用者可能就是顾客群中的意见领袖,或者品牌日后的支持者。

(3)竞争对手正在观察并想要获取企业的市场意图,且尚未建立阻击计划。

(4)媒体或其他利益相关者可能也在密切注视品牌的推广过程和结果。

根据以上这些特点,必须制订适合的广告策划和媒体投放策略,才能找准时机使品牌拥有一个较高的市场起点。

面对一个新品牌的推出,目标受众的反应肯定有很大的差异——漠视、关注、尝试和充当传播者的都有。这四种目标受众的行为状态的比例依次大概可以看成60%、20%、15%、5%。而造成"漠然"现象的原因是消费惯性,广告旨在打破这种惯性。但是,由于消费惯性的根源比较复杂,如果消费者是因为忠诚于其他品牌而产生了这种冷漠,广告就难以打破这种惯性,而是要结合品牌内涵、产品服务的差异性与利益点、渠道的合理便捷等因素来综合作用。

在这一个阶段,因为大量的广告信息可能使消费者对陌生品牌的广告产生回避,有操之过急之嫌,所以应该尽量打开品牌的知名度,在面上扩大整个覆盖率。如果广告在内容、形式或是媒体使用上有创意,就很容易吸引目标受众的注意力,甚至可能引发新闻媒体、社会都卷入的话题或事件。这样自然地引起了消费者的兴趣,更能推动他们自主地去搜寻更多的品牌相关信息。这样就达成了在品牌推广这个初期阶段广告的任务——高覆盖、高认知。

二、品牌延伸中广告的运用

1994年,营销学家道尔(Doyle)将"品牌延伸"定义为:"产品使用相同的品牌名称在同一市场上,成功地切入该市场的另一个区块。"在这一品牌的原有产品中,让消费者第一个回想起的、最具有代表性的产品,称为旗舰产品。品牌延伸战略就是借助已有品牌的优势更迅速、更顺利地推广新产品,所以常常被视为挖掘品牌潜在价值并对其进行大规模充分利用的有效途径之一。

利用广告打造成功品牌延伸的关键在于以下几点。

(一)感受功效

要提高品牌延伸的成功概率,就要尽量保证品牌在质量方面令消费者满意并能够提供比较大的产品差异化特征。也就是说,如果延伸产品能够唤起消费者对该品牌旗舰产品的高品质感受,延伸品牌就更容易成功。但是需要注意的是,延伸产品对旗舰产品的影响可以是同样巨大的,故失败的延伸品牌的推广有可能会损及旗舰产品甚至整个品牌的无形资产。

(二)社会心理涵义

从马斯洛的需求层次理论的角度来看,品牌提供的产品除了能够满足消费者的实际使用需求之外,还能够提供更高层次的、社会心理需求满足的一种能力。因此通常情况下,具有高度社会心理涵义的品牌可能更适合品牌的延伸。

(三)品牌名称认知度

很显然,已经被消费者广告识别并且认可的品牌更有利于做品牌延伸。因为品牌延伸的一个中心思想就是希望能从已有品

第十章 品牌战略中广告学的运用

牌及其旗舰产品"借势",从而迅速、顺利地推广新产品。如果品牌本身就名不见经传,还是由新产品自食其力,也就无所谓"品牌延伸"了。

(四)产品品类的相关性

如果延伸产品与旗舰产品两者的品类越近,越能唤起消费者的联想从而获得消费者的认可;相反,如果两者的品类之间相差很大,消费者对新产品的认可就有较大的障碍,进而影响延伸产品的推广。

(五)目标消费者群体相似度

品牌的相当一部分"无形资产"都要依靠品牌的忠实消费者来实现,因此延伸产品如果在目标消费者群体上与旗舰产品有比较大的重叠,自然能够轻易地吸引一部分老顾客。若延伸产品和旗舰产品之间能保证统一的视觉风格,消费者就能轻易地识别出两者同属于一个品牌"大家族"。

三、多品牌战略中广告的运用

随着全球经济的一体化,跨国企业越来越多,有的旗下产品已经跨品类、跨层次、跨地区,有的子品牌甚至可能通过兼并、收购而来。因此,简单地为它们戴上母公司的品牌"帽子",可能使得产品、品牌之间互相削弱、混淆、抵触等。因此,为了保证每一个子品牌都能够"对号入座"地找到相应的市场区划,同时将母品牌可能提供的优势发挥到最大,就必须根据实际情况采取相对应的多品牌战略。

目前,世界上的跨国企业采取的多品牌战略主要有三个模式:单一品牌模式、混合品牌模式和独立品牌模式。

(一)单一品牌模式

单一品牌模式,是指母品牌旗下的所有产品系列,无论分布多宽广都使用同一个品牌名。只有这样才能保证品牌在整个运行的过程中不单单是视觉识别,而是留给人们一致的心理感受、风格认知。

(二)混合品牌模式

混合品牌模式,即整个公司的产品都作为一个系列、使用有关联的品牌名。这种模式中,母公司的名字与所有的公司品牌都有关联,虽然它可能只扮演一个次要的、支援性的角色。这种模式适用于母公司的品牌非常强大、能够为旗下的子品牌提供增值的情况。因此,广告就必须兼顾母公司的品牌广告和子品牌的产品广告之间的关系。母品牌和子品牌之间是"本"和"源"的关系,只有保证母品牌不受到伤害,并在市场和消费者心目中永葆活力,才能够对战略中的子品牌起到积极的作用,实现战略的真正意义。所以,广告不但要将"背书"的优势发挥到最大,也不能忘记母品牌的品牌广告。

(三)独立品牌模式

独立品牌模式就是母品牌下的每一个子品牌都是一个独立的品牌,有时,其中一个子品牌会使用与母公司相同的品牌。

在这种模式中,通常除了沿用公司品牌的那个子品牌之外,其他众多子品牌各自独立,消费者甚至有时候不知道这些品牌都同属于一个公司。使用这种模式的公司有一部分是出于历史遗留问题,因为很多独立的子品牌是通过资金运作形式加入公司的;更主要的一个原因还是为了拓宽公司的产品、业务范围,但同时又不愿意损伤公司原有的品牌内涵与价值。

在广告策划与执行时,要考虑哪些子品牌要突出表现其与母品牌之间的关系,而哪些子品牌应该尽量避免使受众产生与母品牌之间的相关联想。

参考文献

[1]奥吉思,艾伦,赛梅尼克.广告学:从 IMC 的视点重新审视现代广告活动[M].北京:机械工业出版社,2002.

[2]陈培爱.现代广告学概论(4 版)[M].北京:首都经济贸易大学出版社,2017.

[3]陈月明.文化广告学[M].北京:国际文化出版公司,2002.

[4]大卫·佩克顿,阿曼达·布劳德里克.整合营销传播(第二版)[M].北京:经济管理出版社,2009.

[5]段轩如,李晓冬.广告学[M].北京:清华大学出版社,2016.

[6]段轩如.广告学概论[M].北京:经济科学出版社,2010.

[7]樊志育.广告学原理[M].上海:复旦大学出版社,2005.

[8]郜明.广告学原理与实务[M].上海:上海人民美术出版社,2014.

[9]韩光军.现代广告学(第 4 版)[M].北京:首都经济贸易大学出版社,2006.

[10]肯尼斯·E.克洛,唐纳德·巴克.广告、促销与整合营销传播(第三版)[M].北京:清华大学出版社,2007.

[11]纪华强.广告媒体策划[M].上海:复旦大学出版社,2003.

[12]李苗,王春泉.新广告学[M].广州:暨南大学出版社,2002.

[13]苗杰.现代广告学(6 版)[M].北京:中国人民大学出版社,2015.

[14]孟韬,毕克贵.营销策划[M].北京:机械工业出版社,2010.

[15]彭涌.广告策划[M].北京:中国青年出版社,2012.

[16]彭兰.网络传播学[M].北京:中国人民大学出版社,2009.

[17]舒咏平.新媒体广告[M].北京:高等教育出版社,2010.

[18]赛佛林.传播伦理:起源、方法和应用[M].北京:中国传媒大学出版社,2006.

[19]田明华.广告学[M].北京:清华大学出版社;北京交通大学出版社,2013.

[20]吴柏林.广告学原理[M].北京:清华大学出版社,2009.

[21]王诗文.电视广告[M].北京:中国广播电视出版社,2005.

[22]王伟明.广告学导论[M].上海:上海交通大学出版社,2009.

[23]薛可.品牌扩张:路径与传播[M].上海:复旦大学出版社,2008.

[24]杨柳,张慧婕,杨慧珠.现代广告学原理与实务[M].北京:人民邮电出版社,2015.

[25]杨海军.中国古代商业广告史[M].郑州:河南大学出版社,2005.

[26]余明阳,陈先红.广告策划创意学[M].上海:复旦大学出版社,2003.

[27]丁俊杰,王昕.产业聚集理论视阈下的广告产业园区发展思考[J].山西大学学报(哲学社会科学版),2012,(3).

[28]段广宏.韩国电视广告产业现状综述[J].广告研究,2013,(4).

[29]王越飞.品牌战略中广告设计方法探析[J].中国商论,2012,(6).

[30]姚曦,秦雪冰.以广告产业集群为导向建设广告产业园[J].广告大观(综合版),2012,(4).

[31]张金海,谭辉煌,刘艳子.欧洲广告研究的现状与当代转向——以《国际广告学刊》所刊论文为例[J].广告大观(理论版),2012,(12).